現代経営基礎シリーズ
1

現代経営学の基礎

佐久間 信夫 編著
壽永 欣三郎

学文社

執筆者

白坂　　　亨	大東文化大学経営学部准教授	（第1章）
＊佐久間　信夫	創価大学経営学部教授	（第2，3章）
西村　　　晋	創価大学大学院博士後期課程	（第4，9章3，4）
山口　　厚江	作新学院大学経営学部非常勤講師	（第5章）
野村　佐智代	埼玉学園大学経営学部准教授	（第6章）
黒川　　文子	獨協大学経済学部教授	（第7，14章）
＊壽永　欣三郎	國學院大學経済学部教授	（第8，13章）
ビシュワ・ラズ・カンデル	創価大学大学院博士後期課程	（第9章1，2，4）
水元　　　昇	創価女子短期大学准教授	（第10，11章）
澤田　　茂雄	創価女子短期大学非常勤講師	（第12章）
石井　　泰幸	愛知産業大学経営学部准教授	（第15章）
青木　　英孝	千葉商科大学商経学部准教授	（第16章）

（＊は編者，執筆順）

はしがき

　企業は常に経営環境の変化に対応していかなければ存続していくことができないが，近年，経営環境の変化のスピードはこれまでになく速いものになっている．20世紀末に企業経営に大きな影響を与えた環境要因はグローバル化やIT化であったが，21世紀初頭にはCSR経営や国際的な規制の強化がこれに加わった．たとえばアメリカやEUは競って自動車の環境規制を強化する新基準を打ち出し，この厳しい環境規制をクリアできない自動車会社は生き残るのが難しい時代となった．

　また，環境問題に強い関心をもつ利用者が増え，より環境負荷の少ない車が選好されるようになった結果，環境技術で優位をもつ企業がより大きな利益を獲得できるようになった．環境問題への取り組み強化を企業のコスト要因としてとらえるのではなく，企業の利益や企業の成長の要因としてとらえようとする環境経営は自動車産業だけでなく，電気や金融，サービスなどの他の産業に波及している．

　また，企業は環境問題への取り組みだけでなく，従業員や消費者，地域社会など，さまざまなステークホルダーとの間に生じる問題にも取り組みを迫られるようになり，いわゆるCSR経営が展開されつつある．しかもそれは議論の段階ではなく，すでに多くの企業において実践され，実行状況がCSR報告書や企業統治報告書などの形で公表されているのである．CSR経営への取り組みの度合いが企業の利益や企業の成長に直結する社会状況が到来したということができる．

　企業の環境問題への取り組み強化から環境経営へ，さらにCSR経営への展開はわずかこの10年前後の動向であり，その変化の速さに驚かずにはいられない．21世紀初頭の企業経営戦略を規定する要因は，グローバル化，IT化およびCSR経営であり，企業は経営戦略の中心にこれらの要因を据えな

ければならなくなっている．

　本書の第1部と第3部はこのような近年の急速な経営環境の変化を踏まえた内容となっており，第2部はオーソドックスな経営管理および経営組織の理論を中心とした内容となっている．本書は初学者向けの経営学のテキストとして編集されたものであるが，オーソドックスな経営理論と同時に近年の企業経営の潮流を理解するための一助としていただければ幸いである．

　2007年4月1日

編著者　佐久間　信夫

目次

第1部　企業論

第1章　現代企業の諸形態 …………………………………2
- 1.1　企業形態の発展　2
- 1.2　諸企業形態　9
- 1.3　株式会社　13
- 1.4　合同会社と有限責任組合　15

第2章　株式会社の発展と企業支配 …………………………17
- 2.1　株式会社の発展と株式の分散　17
- 2.2　所有と経営の分離および所有と支配の分離　19
- 2.3　バーリ＝ミーンズの企業支配形態分類　22
- 2.4　機関所有の進展と企業支配　26
- 2.5　企業支配論から企業統治論へ　30

第3章　アメリカの会社機関とコーポレート・ガバナンス ……………33
- 3.1　アメリカにおけるコーポレート・ガバナンス活動の歴史　33
- 3.2　トップ・マネジメント組織と企業統治　35
- 3.3　株主総会　38
- 3.4　取締役会　40
- 3.5　エンロン事件と企業改革法　43

第4章　日本の会社機関とコーポレート・ガバナンス ……………47
- 4.1　株式会社とコーポレート・ガバナンス　47
- 4.2　日本の株主総会　48
- 4.3　監査役設置会社の会社機関とその問題　51
- 4.4　委員会設置会社の特徴と監査役設置会社との比較　57

4.5　おわりに　59

第5章　現代企業の社会的責任 …………………………………………63

5.1　はじめに　63

5.2　アメリカにおけるCSRの歴史的展開と現状　64

5.3　CSRと市場　65

5.4　日本におけるCSRへの動向　68

5.5　CSRへの取り組み―企業倫理概念を中心として―　71

5.6　おわりに　74

第6章　現代企業の環境経営 ……………………………………………77

6.1　サステナブル経営の台頭　77

6.2　環境経営からサステナブル経営へ　78

6.3　地球温暖化防止の環境経営　82

6.4　環境保全と「投資」「コスト」　84

6.5　守りの環境経営，攻めの環境経営　86

6.6　環境経営達成のためのシステム構築　89

第7章　現代企業の経営戦略 ……………………………………………92

7.1　環境変化と経営戦略　92

7.2　事業構造の戦略　93

7.3　競争戦略　97

7.4　経営資源と競争戦略　105

第2部　経営管理・組織理論

第8章　マネジメントの古典―テイラーとファヨール …………………112

8.1　はじめに　112

8.2　工場の現場から生まれた科学的管理　112

8.3　ファヨールと経営管理過程論　121

第9章　人間関係論からモチベーション論へ ……………………………127

9.1　はじめに　127

9.2　人間関係論　127

9.3　モチベーション論　133

9.4　おわりに　139

第10章　近代的組織論（バーナードとサイモン） ……………………142

10.1　はじめに　142

10.2　バーナードの人物像　143

10.3　バーナード理論　144

10.4　サイモンの意思決定論の特徴　149

第11章　経営組織の基本形態 ……………………………………………156

11.1　経営組織の発展　156

11.2　組織の分化　158

11.3　集権と分権　160

11.4　職務，権限，責任　161

11.5　職能別組織の原型―ラインとスタッフ　162

11.6　組織編成原則―秩序化と柔軟化　166

11.7　事業部制組織―利益責任と戦略性　166

第12章　経営組織の発展形態 ……………………………………………169

12.1　マトリックス組織　169

12.2　プロジェクト・チーム　171

12.3　カンパニー制　173

12.4　フロント・バック混成組織　175

12.5　持株会社　177

12.6　ヴァーチャル組織　178

第3部　経営の国際化と情報化

第13章　製造業の国際競争力と生産管理 ………………………………182

13.1　はじめに　182
　　13.2　アメリカにおける自動車産業の生成と発展　182
　　13.3　日本の自動車産業と生産管理　191
第14章　経営のグローバル化と多国籍企業 …………………………………199
　　14.1　はじめに　199
　　14.2　多国籍企業の誕生　200
　　14.3　トランスナショナル組織　201
　　14.4　多国籍企業の研究開発活動　204
　　14.5　生産システムの海外移転　208
　　14.6　国際的な戦略的提携とM&A　211
　　14.7　グローバル企業の成功戦略　213
第15章　現代企業におけるIT戦略 …………………………………………218
　　15.1　はじめに　218
　　15.2　わが国の目指すIT戦略の現状　219
　　15.3　IT戦略の本質　221
　　15.4　企業に最適融合するIT戦略　224
　　15.5　事例研究　226
　　15.6　おわりに　229
第16章　日本型企業システムの変容 …………………………………………232
　　16.1　はじめに　232
　　16.2　金融システムの変容　233
　　16.3　雇用システムの変容　236
　　16.4　企業間関係の変容　238
　　16.5　コーポレート・ガバナンスの変容　240
　　16.6　おわりに　242

第 1 部　企業論

第1章

現代企業の諸形態

　本章においては，まず企業形態の原型を中世ヨーロッパにもとめ，その発展過程をたどり，次に欧米と日本における企業形態の発展形態を比較・対照する．しかる後，新たに2006年に施行された会社法において描かれている日本の各種企業形態について，その特徴を明らかにする．

1.1 企業形態の発展

(1) コンメンダ―ソキエタス―マグナ・ソキエタス

　企業はその形態を発展させながらその規模を拡大させてきた．つまりは個人営業形態から順に，合名会社，合資会社，そして株式会社である．

　企業規模が大きくなるに伴い，より巨額の資金調達が必要となってくる．そのため，会社の内外から出資者を募り，資金を調達せざるをえなくなる．しかし，出資に伴い出資したものには会社に対する責任と権限が付与されるために，その経営，支配には調整が必要となり，その仕組，機関がごく単純なものから順に複雑化し，発展拡大してきた．

　この企業規模の拡大と資金調達の巨額化，内部の機関の拡大，整備こそが企業形態の発展の背景である．

1) コンメンダ（無機能資本と機能資本の結合）

　中世のイタリアにおいては香辛料の需要が高かった．しかし，求める香辛料はヨーロッパ内では足りず，香辛料を求めて当時一大生産拠点であったアジアとの貿易ルートの拡大の必要に迫られた．

　しかし，当時の治安，交通状況では貿易事業は確実性の低い事業であっ

た．つまり，イタリアからアジアを目指すには海上交通機関が主流とならざるをえなかったが，その海上交通機関は風が頼りの帆船で，船の設計・造船技術はもとより，測量技術や航海技術も稚拙で，気象情報もままならない状況であった．加えて現代では考えられないほど海賊が横行していたのである．

　イタリアを発って，長い航海の後，生産地にたどり着き，イタリアより運んできた商品を売って，目的の香辛料を調達し，無事帰ってくる貿易商は，商人という性格以上に，むしろ冒険家という性格を強く帯びていた．無事帰ってくると，莫大な利益を得ることができたのであるが，船の調達から，人員の手配，商品の調達など，1回の航海にかかる費用は巨額であった．加えて出航したまま返ってこないケースも少なくなかったのである．

　それでも実際に自ら資金を出し，かつ船に乗り込む商人が存在し，一方で業務を委託し，資金だけを提供する者もいた．富める資本家は資金のみを提供し，資力のない商人に事業を立ち上げさせたのである．一航海一事業という形式で解散を繰り返したのであるが，この両者はその利益分配権も異なれば，責任範囲も異なっていた．

　つまり，資金のみを提供する者が提供した資金を限度に責任を負うのみである一方，実際の貿易業務を担う商人は債務に対して無限責任を負っていた．資金を提供する富める資本家が資金力のない商人に対し業務を委託し，主導権も資金提供者が握っていたのである．

　この，事業へ出資し，かつ経営に参加する機能資本家である商人が被委託者となり，出資額に応じて利益配当を受ける持分資本家（無機能資本家）である資金提供者が委託者となる結合をコンメンダといった．

2）ソキエタス（機能資本の相互結合）

　12世紀にはいると，ヨーロッパの各都市における市場圏の仲介にビジネス・チャンスを見出した機能資本家が各市場に分在しつつ協力するようになった．

フィレンツェやシエナといったイタリアの商業都市では機能資本家同士がその資本を結合させてより大きな資本を形成し，共同して経営する形態が生まれた．この共同体形態をソキエタスといい，多くの場合，家族もしくは血縁関係を基礎にしていたものであった．責任形態は営業に関する限り連帯責任で，無限責任制をとっており，意思決定は合議制で行われ，社員は代表権をもっていた．現在の企業形態でいう合名会社である．

3） マグナ・ソキエタス

15世紀になると，ソキエタスは限界を迎える．ソキエタスはその結合範囲を広げ，規模も急拡大を遂げたが，規模が大きくなるにしたがって，機能資本家しか存在しない組織は機能不全を露呈してくる．

つまり，多数の機能資本家のみの組織においては，経営上の意思決定，利益分配，職能の分担など，経営・支配において，それぞれの機能資本家間に利害の対立が顕在化してしまったのであった．

そこで考え出された企業形態が，ソキエタスに無機能資本家が有限責任で参加する形態である．少数である限り機能資本家間の相互協力は可能となるソキエタスに，「金は出しても口はださない」無機能資本家の有限責任によるコンメンダ出資で参加する形態が必要とされたのである．マグナ・ソキエタスといわれ，現在の合資会社形態が成立した．

このマグナ・ソキエタスには無限責任社員に対して匿名でコンメンダ出資が行われる場合（分散型マグナ・ソキエタス）と，ソキエタスに対してコンメンダ出資が行われる場合（集中型マグナ・ソキエタス）の2類型があった．

(2) 欧米における企業形態の発展

1） オランダ―株式会社の起源（オランダ東インド会社）―

企業形態の発展をたどる際，まずみるべきはオランダである．なぜならば，株式会社発生史に決定的に重要な存在としてあげられるのが，1602年に設立された，いわゆるオランダ東インド会社（連合東インド会社：VOC）で

あるからである．なぜならば，株式会社の特徴を，社員の出資を限度とする有限責任性，取締役などの会社機関の存在，そして資本の株式の分割による証券化といった特徴を兼ね備えた組織として規定すると，このオランダ東インド会社が初めてその基準を満たした組織であったのである．

オランダにおいてはこのオランダ東インド会社に先立ってフォール・コンパニーエン（先駆諸会社）が設立されていた．フォール・コンパニーエンは分散型マグナ・ソキエタスであった．その中には，いわゆる遠国会社があった．遠国会社は商業上の特権を与えられていたが，複数の会社同士による過当競争を防ぎ，他国に対抗するために合併が繰り返され，設立されたのがオランダ東インド会社である．

そのため，オランダ東インド会社の設立には「特許状」が与えられ，いわゆる「特許会社」として成立した．その特許状には，全社員の有限責任制，資本の株式による分割，譲渡可能な証券化，いわゆる「17人会」とよばれる取締役会の設置がうたわれていたのである．これが株式会社の起源をオランダ東インド会社に求める根拠となっているが，その設立過程の特殊性，つまり特許会社という性格から，株主総会をもたず，取締役専制の支配がなされていたという点で今日の株式会社とは性格を異にする．

しかし，このオランダ東インド会社の特許会社型株式会社形態はヨーロッパ各地に広がった．

2）イギリス

1555年，国王より特許状が与えられた，いわゆるロシヤ会社がイギリスで最初に合本（joint stock）で運営された会社であった．しかし，この会社は株式会社の要件の満たすような形態ではなく，先駆的企業であった．

遅れること約半世紀，前述のオランダ東インド会社に先駆けること2年，1600年にエリザベス女王による特許によりいわゆるイギリス東インド会社が設立される．設立はオランダ東インド会社に先駆けていたものの，当初の会社組織としては従来の合本企業（joint stock company）であった．永続性も

もたず当座企業の性格が強かったが，次第にその内容を変えていく．

1657年に，クロムウェルによりイギリス東インド会社は民主的性格をもつ．組織に総会がおかれたのである．また，1662年には有限責任性が導入されることにより，株式会社の要件を満たすようになった．

1711年に特許をうけて設立された南洋会社（South Sea Company）は株価を吊り上げるための画策をし，投機をあおったため，同社を含めてそれまでに設立された会社の株価は急騰した．そのため，特許をもたない会社が次々に設立されるという事態を迎えた．投機目的の実体のない，「泡沫会社」（Bubble Companies）が多数設立された．しかし，当然のごとく，時期がくれば投機熱も冷め，1720年，泡沫会社法が発布されたのを契機として，いわゆる「南海の泡沫」（South Sea Bubble）という恐慌を迎えた．

イギリスでは1825年，この泡沫会社法が廃止される．1844年に登録法（Registration Act）が制定され，それまでの特許主義から準則主義への移行がはたされた．1855年には有限責任法（Limited Liability Act）により出資者の有限責任性が明らかにされ，1862年には会社法（Companies Act）ができ，イギリスにおける株式会社制度は一応の完成をみる．

3）アメリカ

基本的に，アメリカにおける会社形態の発達は，イギリスの植民地時代であったことにより，イギリスとシンクロするのであるが，制度についてはイギリスより30年以上も早く，1811年には，ニューヨーク州で一般会社法が制定された．これは一方で，会社設立に関する準則主義をうたったものであるが，他方では当時アメリカに存在した反株式会社思想により，会社の設立を規制しようとする性格をもつものであった．反株式会社思想とは，株式会社は個人の自由や富を脅かす存在だと捉える考え方であった．しかし，株式会社における資本の蓄積がすすみ，株式会社に対する認識が変ってくる．すると，逆に規制緩和の要請が強まる．1875年にはニュージャージー州で会社設立について，それまでの規制を大幅に緩和した法律が通過した．以降，各州

に広まる．時期を同じくして巨大な株式会社が数多く誕生してくるのである．

(3) 日本における企業形態の発展
1） 会社制度の導入の難しさ

江戸時代末期，明治維新に向かって社会が不安定になっていった時期，実は幕府側で会社制度の導入が図られた．この会社制度導入の中心には，日米修好通商条約の批准書交換のためにアメリカに派遣された使節に随行し，アメリカに渡った後，ヨーロッパを経由し，世界を一周して帰国した小栗上野介がいた．

小栗は帰国後，兵庫開港に際して，兵庫商社を設立する．この商社の設立建議書には「コンペニー」という言葉が使われており，構想にあった組織は欧米の会社制度を実際に見聞してきた影響が色濃く出ている．また業務の中には銀行業務も盛り込まれており，後述する国立銀行設立にまで影響をあたえた．が，いざ設立となったこの兵庫商社は，設立直後に幕府の崩壊という現実を迎え，組織としては十分に機能しないまま消滅する．

小栗は討幕軍に討たれ，政権は明治政府に移る．新政府においても会社制度の導入は積極的に行われたが，明治政府の構想は小栗の構想の延長線上にあった．

1868（明治元）年，商法司という役所が京都に設置され，その下に商人に対する貸付け業務を行う商法会所が設けられた．この商法会所名で「商法大意」が布告され，旧来の閉鎖的営業特権が剥奪され，新規参入を容易に可能とし，商業の振興が図られた．

1869（明治2）年になると，商法司の役割を引き継ぐ形で通商司を東京および各開港地におき，民間による一層の商社設立を勧めた．東京では貿易商社が設立したが，すぐにこの貿易商社は政府の肝いりで諸商社を統括すべく通商会社に格上げされ，また諸商社に対して銀行業務を行う為替会社を，通

商会社とともに各開港地に設けた．

政府主導でされたものの，通商会社と為替会社は数年で破綻する．政府の干渉が強すぎたことや有能な経営者に恵まれなかったことなどが原因とされる．

この通商会社と為替会社の組織については欧米の株式会社を模倣したもので，取締役などの制度は存在したが，出資に対する有限責任性はなく，また利子という認識でリターンがあるとされ，制度は歪曲されて導入された．株式会社の要件は満たさぬものであったが，これは出資に二の足を踏む商人資本家に対しての配慮である．外国から完成した形での株式会社を導入すべく制度を整えても，それまでの家族中心に事業を営んできた商人には，昨日までの競争相手と資本を出し合ってより大きな組織で事業を営むということになかなか理解が得られず，意欲も起こらなかった．導入から一応の要件を満たす組織は1872（明治5）年の国立銀行の設立をみるまで待たねばならなかった．

2） 第一国立銀行以降

明治政府はその成立時より歳入を確保すべく，各種の紙幣を巨額に発行してきたが，これらの紙幣の流通はかえって経済を混乱させることとなり，対応を迫られ，アメリカのナショナル・バンク制度の導入を決め，「ナショナル・バンク」の翻訳に「国立銀行」をあてたため国立銀行条例が成立する．1872（明治5）年のことである．

この国立銀行条例においては，出資の証券化，重役制度，有限責任性が整備されていた．国立銀行条例により5行が設立を許可され，4行が開業に至った．その4行の中で最初に許可を得たのが第一国立銀行で1873（明治6）年に開業し，日本における最初の株式会社となった．

国立銀行条例は1876（明治9）年に改正され，設立基準などが大幅に緩和された．そのため，国立銀行は153行にまで増加した．

銀行以外の民間会社としては1869（明治2）年の丸屋商社が最初となる

が，まだ株式会社の要件を満たすような組織ではなかった．民間会社で株式会社組織となったのは，大阪紡績会社で1882（明治15）年のことである．つまり，国立銀行設立ブームが他の事業株式会社設立に火をつけた形で設立された．

　1884（明治17）年になると官営工場・鉱山の民間払い下げがはじまり，三井，岩崎（三菱），住友，安田をはじめとした政商が財閥コンツェルンと成長してゆく契機となった．

　本格的な株式会社設立の環境を整えるべく証券市場の整備も図られ，1878（明治11）年に株式取引所が東京と大阪に株式会社組織で設立された．

　最後に，日本における株式会社制度の導入で特徴的なのは，政府主導で維新当初から株式会社制度導入のためにさまざまな法整備がなされたのではあるが，肝心の商法の成立は1890（明治23）年まで待たねばならず，この年いわゆる旧商法が公布されたにもかかわらず，施行まではさらに3年（1893（明治26）年）かかり，しかも部分施行となってしまった．新商法が公布，施行されたのは1899（明治32）年になってのことである．

1.2　諸企業形態

(1)　経済的形態

　企業をその形態から分類しようとすると，出資者，出資と経営のありようから捉える経済的形態と法律に規定された形態から分類する方法とがある．

　経済的形態で企業を分類すると，まず出資はどのようになされているかという点で私企業，公企業，公私合同企業とに分類される．

1）　私企業

　私企業は出資が民間人によってなされ，その出資者が1人の場合，単独企業となり，複数で出資されている場合は集団（共同）企業となる．

　集団企業はさらにその人数の多寡によって，少数集団企業と多数集団企業とに分類される．

単独企業は，設立が容易で，個人が出資し，経営にたずさわるので個人の自由な意思決定ができる．一方で，無限責任であり，資金調達は個人の資力に限られ，借入れも，個人の信用に基づくために限度がある．

少数集団企業は，出資と経営が一致するかしないかで，さらに第1種少数集団企業と第2種少数集団企業に分類される．第1種少数集団企業は出資者と経営を担当する者が一致し，合名企業に相当する．第2種少数集団企業は出資者と経営を担当する者が部分的に一致し，経営に関与しないものも存在するところに違いがある．合資会社に相当する．

多数集団企業は，出資もしくは所有と経営が原則的に分離しているが，営利を追求するか否かで，さらに営利的多数集団企業と非営利的多数集団企業に分かれる．営利的多数集団企業は株式会社にあたり，非営利的多数集団企業には協同組合や相互会社が存在する．

2) **公企業および公私合同企業**

公企業とは，国または地方公共団体が出資したもので，政府現業や地方公営企業といった行政企業と公社，公庫，事業団といった公共法人に分類される．

公私合同企業とは，国または地方公共団体と民間が合同で出資，運営する企業で，政府公私合同企業には日本銀行などがある．また地方公私合同企業にはいわゆる第3セクターとよばれる事業組織がある．

(2) **会社法施行以前からの法的形態**

2006（平成18）年，商法が改正され，新たに会社法が施行された（公布は2005（平成17）年）．

この商法が改正されるまでは，商法第2編に会社の種類として，合名会社，合資会社，株式会社が存在した．そして有限会社法により有限会社が，保険業法により相互会社が規定されていた．ここでは会社法成立でもっとも影響を受けた株式会社は節をたてて後述することにして，合名会社，合資会

社，有限会社および相互会社についてその形態を概観する．

1） 合名会社

合名会社は会社形態のうちもっとも単純かつ小規模な組織で，最低資本金の規定はなく，2人以上の無限責任社員で構成される．この無限責任とは会社の資産をもって負債を返済できないときには，社員個人の資産をもって返済義務を負うことを意味する．

合名会社では，出資者がそのまま経営にたずさわる．各社員がそれぞれ会社を代表する．そのため持分の譲渡制限は厳しく，社員全員の了承がなければ譲渡できない．

社員相互の人間関係が重要な要件となっており，しばしば，家族，および血縁関係のある人びとによって組織される．そのため人的会社ともよばれる．

会社法では持分会社のひとつとして規定されている．また，会社法により社員が1人だけになっても解散する必要はなくなった．さらに社員の責任を有限にすることにより株式会社への組織変更も可能となった．

2） 合資会社

合資会社は，無限責任社員と有限責任社員から構成される．この有限責任とは出資した額を限度に責任を負うというものである．最低資本金の規定はない．

出資者のうち無限責任社員が経営を担当し，有限責任社員は経営にはタッチしない．

持分の譲渡は有限責任社員の場合，全員の無限責任社員の承諾が必要で足りるが，無限責任社員の持分の譲渡は社員全員の承諾がないと譲渡できない．

合資会社は出資者に有限責任制度を付与することにより，出資者を増やし，より大規模な資本をもった組織を作ることを目的としたものである．

合資会社も合名会社同様に会社法では持分会社の範疇に入れられている．

合名会社同様，無限責任を有限責任にすることで株式会社への組織変更が可能となった．

3） 有限会社

有限会社は，有限責任社員から構成される．最低資本金は300万円で，出資者の数が50人までと制限されていた．

最高意思決定機関として社員総会が設置され，業務執行機関として取締役がおかれ，代表は取締役がつとめる．任意で代表取締役と監査役が選任できる．

持分の譲渡については社員間では自由であるが，社員でない者への譲渡は社員総会の承認が必要となっている．資本金を小口に分割し，一口5万円で，出資口数1口について1票の社員総会における議決権を付与する．

改正前商法では株式会社が大規模かつ株式が自由に譲渡されることを前提としていたため，会社の設立，運営には規制が厳しいものとなっていた．そこで有限責任でありながら持分の譲渡制限があり，設立手続きや会社機関を簡素化したものとして1938（昭和13）年に導入された有限会社法によって規定されていたが，会社法により，この有限会社制度は廃止された．そのため現在，新たに有限会社を設立することは不可能である．

4） 相互会社

相互会社は，保険業法により，保険事業を営む企業に対して認められた会社形態である．この組織は保険加入希望者が出資し，有限責任社員となって組織され，その組織が保険者となって出資した社員に対し，病気，事故等の場合に，経済的補償を行うとする相互扶助の目的で設立されたものである．

最高意思決定機関は社員総会であるが，社員総数が多すぎて総会は機能せず，現実には社員総代会がその任を担っている．

現在，相互会社組織をとっている保険会社は生命保険会社のみ6社である．損害保険会社で相互会社組織をとっている会社はなく，株式会社に組織転換した相互会社もある．

保険業法で規定されている相互会社は会社法の成立による制度変更はない．

1.3 株式会社

(1) 会社法成立

今回の会社法施行によりもっとも影響を受けたのは株式会社である．

株式会社は元来，大規模な企業を創出するために用意された会社形態である．そのために特有の仕組みが施されている．ところが，現実には小規模の株式会社の方が圧倒的に多く，株式会社でありながら実態は有限会社と変わらない会社も多数存在する．商法第2編と有限会社法，商法特例法を抜本的に見直し，会社法として新たに法律が制定された．

この会社法成立によって，前述のように有限会社がなくなることになる一方，株式会社の資本金の規制がなくなった．つまり，大規模企業を対象としていた株式会社を規模による制限を外したのである．そのため資本金1円で取締役1人，取締役会も，監査役もない1人社長株式会社の設立も可能となった．また，後述するが，会計参与という制度が新たに導入し，さらに各株式会社の状況にあわせて，機関のありように選択肢を広げたことなどのポイントがあげられる．

(2) 株主の有限責任制

株式会社においては，その名のとおり出資者は出資額に応じた株式数をもつことで社員つまり株主となる．株主の責任は株式の引受け額を限度としている．このことは株式の自由譲渡性とあいまって，その株式会社に出資したい者が株主になれる可能性を高める．そのため株式会社は，前述の合名会社や合資会社の人的会社に対して物的会社とよばれる．

(3) 資本の証券化

株式会社は，資本金を均等に分割した株式の発行によって証券化している．株式と交換に株式会社に払い込まれた資本は会社内部で機能するが，加えて株式はそれ自体が価値をもち，資本市場で流通する．出資者は株主となるが，株式を売却して資金の回収をすることが可能で，また投資家は株式を購入することで株主となることができる．

(4) 株式会社の機関

① 株主総会

株主総会は，株式会社の最高意思決定機関である．株主によって構成され，決議は株式1株につき1票の原則で行われた．毎年度1回，決まった時期に行われる定時株主総会と必要に応じて招集される臨時株主総会がある．取締役および監査役の選任・解任を行う．

② 取締役会

取締役会は取締役3人以上により構成され，業務執行に関する意思決定を行う．代表取締役は取締役会で選任・解任されるが，その代表取締役の監督も取締役会の役目になっている．取締役会の決議は過半数の出席で出席者の過半数をもってなされる．公開会社では取締役会の設置が義務づけられている．

取締役会は公開会社では設置を義務づけられているが，非公開会社では取締役会の設置は任意である．

③ 監査役

監査役は会計監査と取締役の業務執行を監査する．取締役会設置会社においては，資本金5億円以上または負債額200億円以上の大会社の場合は監査役の設置が義務づけられており，さらにその大会社が公開企業である場合は監査役会を設置しなければならない．

委員会設置会社では，監査委員会が設置されるので監査役は置けない．

④　会計監査人

会計監査人は株式会社の計算書類を監査するもので，公開大会社は会計監査人を設置しなければならない．

⑤　会計参与

会計参与とは取締役（委員会設置会社においては執行役）と共同で会社の計算書類の作成にあたる機関である．この会計参与は設置を強制するものではなく，任意に設置することができることになった．

(5) 委員会設置会社

委員会設置会社はそれぞれ取締役3人以上で構成される指名委員会および監査委員会，報酬委員会を取締役会の中に設置し，業務執行は執行役員が行う．

委員会設置会社においては会計監査人を設置しなければならない．

1.4　合同会社と有限責任組合

(1) 合同会社（日本版LLC）

合同会社は，会社法成立により新たに創設された企業形態である．会社法では，従来からあった合名会社と合資会社を持分会社という範疇にくくり，合同会社もその中に加えている．アメリカで制度化されたLimited Liability Company（LLC）がモデルとなった．

出資者は有限責任でありながら合名・合資会社のように出資者の個性が重視される組合的の規律が適用され，人的会社の色合いが強く，業務執行に伴う企業内部の規律については定款による自治が広く認められている．また，株式会社よりもさらに会社機関のありようも自由に設定できる．

課税方法がアメリカLLCの構成員（社員）課税と違い，法人税の対象となっている．

(2) 有限責任事業組合(日本版 LLP)

「有限責任事業組合契約に関する法律」に基づき創設された企業形態で,イギリスで最初に制度化された Limited Liability Partnership(LLP)をモデルにしたとされる.

この有限責任事業組合は出資者が有限責任であるということ,組織の内部関係の設定の自由度が高いとは合同会社と同じであるが,法人格をもたないということと課税方法が構成員(出資者)課税となっていて,赤字を計上した場合には税制上優遇を受けることが可能である.

◆参考文献

大塚久雄『株式会社発生史論』中央公論社,1954年
菅野和太郎『日本会社企業発生史の研究』経済評論社,1966年
江頭憲治郎『株式会社法』有斐閣,2006年

第2章

株式会社の発展と企業支配

2.1 株式会社の発展と株式の分散

　株式会社は株式を発行して資本を調達する．株式は会社の資本を均一な金額に分割した証券であるが，1株当たりの価格は小額に設定されているのが普通であるから，富裕な人でなくとも簡単に買うことができる．また，株式を購入して株主となった人は，必要があれば，その株式を市場でいつでも売却して出資金を回収することができる．株式の売買価格を小額にすることで株式の購入者を富裕層だけでなく，一般市民にまで拡大したため，また株式の自由譲渡が保証されたため，株式会社制度によって株式の購入者つまり出資者を飛躍的に増大させることが可能となった．株式の自由譲渡は実際には証券市場の発達によって実現される．株式の自由譲渡が制度として導入されたとしても，実際に株式を自由に売買する市場が存在しなければ，株式の自由な売買は行えないからである．

　株式会社制度および証券市場の発達によって多数の小額出資者が容易に株式を購入することが可能になったため，遊休資本を集中することによって株式会社の資本規模は飛躍的に拡大した．大規模な株式会社の株式は次第に多数の小額な出資者によって所有されるようになり，また出資者の地域的分散も進んでいった．株主数の増加および株主の地域的分散は株式の分散とよばれる現象であるが，企業規模の拡大とともに株式の分散が進んだ．

　現在でも大規模でない株式会社のほとんどは個人または同族などによって所有される企業であるが，これらの株式会社が大規模化するにしたがい，増

資，相続などの要因によってこれらの個人や同族の持株比率は低下するのが普通である．資本主義経済においては企業は常に他企業と競争状態にあるため，厳しいコスト競争を強いられるのが普通である．企業は規模の経済性（スケール・メリット）の追及を強いられるために，規模の拡大，したがってより多くの資本の集中を常に要請されることになるのである．

　市場競争によって常に資本規模の拡大を要求される企業は，増資や企業合併などをくり返し規模の拡大をはかるが，これが株式の分散をもたらすことになる．したがって企業規模が大きければ大きいほど株式は分散する傾向にある．また，個人や同族によって所有されている大企業では，これらの大株主が死去した場合には，相続人はきわめて巨額の相続税を支払わなければならず，相続税の支払いのために相続した会社の株式を売却しなければならないため，創業から歴史の長い企業ほど株式が分散する傾向がある．

　創業者の持株比率が企業規模の拡大とともに低下する事実を奥村宏は松下電器を例として次のように説明している[1]．1950年の松下電器は資本金が1億2,000万円であったが，創業者松下幸之助の株式所有比率は43.5％であった．小さな町工場のような企業から出発した松下電器は成功し，増資によって資本金を増強し企業規模を拡大していくが，増資のたびに松下幸之助の株式所有比率は低下していくことになる．すなわち，1955年には幸之助の所有比率は20.43％に，1975年には3.8％へと低下していった．1983年の資本金（792億円）は1950年の660倍に増加していたが，幸之助の所有比率は2.9％となっていた．このように企業規模を拡大するための増資の繰り返しによって，大株主の所有比率は低下し，株式の分散が進むのが普通である．松下幸之助が死去したとき，松下電器における彼の持株比率は2％に満たなかったが，彼の遺産は松下グループ企業の持株を含めて約2,500億円であった．幸之助の子孫がこれを相続することになったが，相続税を支払うためには松下電器の株式のほとんどを市場で売却しなければならず，その場合には株式の分散がさらに進むことになる．大量の株式売却は株価の急落をもたらし，売却され

た株式が敵対的企業買収者によって買い集められる危険もあるため，当時の松下電器経営者は，この株式を松下グループの企業が買い取ることでこの問題を解決した．

2.2 所有と経営の分離および所有と支配の分離

　ほとんどの大規模でない株式会社においては，出資者である大株主が自ら経営を行い，他の小額出資者である多数の小株主は経営を担当せず，出資から得られる配当のみを受けとる立場にあるのが普通である．このように，多額出資者であり自ら経営にたずさわる大株主は機能資本家とよばれ，小額出資者であり自ら経営にたずさわらない小株主は無機能資本家とよばれる．これらはいずれも主として経済学において用いられる用語である．株式分散の初期の段階においてはこのように資本家に2種が生じ，機能資本家においては所有と経営が結合した状態，すなわち企業の所有者が経営を担当する状態にある．

　企業規模がさらに拡大し，同時に株式の分散もいっそう進んだ大規模企業においては，企業経営はきわめて複雑になり，経営者は科学的，専門的な知識と能力を必要とするようになる．経営についての専門的な知識や能力をもった人物は，専門的教育を受け，大きな企業組織の現実の企業活動において業績をあげることによって企業組織を昇進してきた人びとの中に容易に見つけ出すことができる．大株主の子孫がこうした専門的な知識・能力をもっていたとしても，それは単なる偶然にすぎないであろうが，成功のゆえに企業組織を昇進してきた人物は必然的にこの知識・能力をもっているということができる．したがって大規模な企業であればあるほど，経営について専門的な知識や能力をもついわゆる専門経営者（professional manager）が大株主に代わって経営を行う傾向が強くなる．これが経営学でいうところの所有と経営の分離ないし資本と経営の分離であり，それは所有者（大株主）と経営者の人格的分離を意味する．ここにいう専門経営者は（資本ないし株式を）

所有せざる経営者のことであり，被傭経営者，俸給経営者と同義である．経営者は俸給（給与）をもらって大株主に雇用されているのであり，経営者が大株主の意にそわない行動をとれば大株主はこの経営者を解雇し別の専門経営者を雇用することになる．したがって，この場合，支配者は大株主である．つまり，所有と経営は分離していても，所有と支配は結合した状況にあるのである．所有者が企業を支配している状態は所有者支配とよばれる．

発行済株式の50％以上を所有するような個人や同族であれば完全にその企業を支配することができる．しかし，きわめて大規模な企業においては，その50％以上の株式を所有するためには莫大な資本を必要とするため，このようなケースは現実には稀にしか存在しない．株式の分散が極度に進んだ大規模な株式会社においては，まとまった株式をもつ大株主は50％未満の株式所有であったとしても会社の支配が可能である．このような大規模会社においては，株式が広範に分散し，他に大株主が存在しない場合には5％以上の株式所有によって企業の支配が可能であると考えられている．

株式の分散がさらに進み5％以上の大株主が存在しないような企業では，これまでのような株主による支配は成立しなくなる．このようにすべての株式が広範に分散した企業においては，株主からの委任状を収集するための機構を掌握しており，また取締役会の決定を掌握している専門経営者が支配を行うことになる．大規模な株式会社においては，株主数は膨大な数にのぼるため，株主総会に実際に出席する株主の比率はきわめて低い．そこで企業は株主総会の定足数を満たすために委任状を収集することになるのであるが，経営者は企業の費用と人手を使って委任状を収集し，それを経営者自らの提案に賛成する形で容易に行使しうる立場にある．その結果経営者は自ら株式を所有することなく，事実上，過半数の議決権を握り，株主総会の決定権を掌握することになる．また，経営者に対する任命権をもち，経営者の経営活動を監視する立場にある取締役会も，取締役が株主総会において選出されることが法律で定められているため，事実上経営者によって選任される取締役

で占められることになる．取締役会が経営者を選任するという法律上の規定とは逆に，経営者が取締役を選任することになるため，結局，経営者は経営者によって選任されることになる．経営者が経営者を選任する権限と，企業の広範な意思決定を行う権限を掌握するこのような状況は経営者支配と呼ばれている．

　経営者支配は株式が広範に分散し，支配力を行使しうるような大株主が存在しない大規模な企業にのみ成立しうる．株式が分散することだけでただちに経営者支配が成立するというような議論もあるが，株式の分散という量的変化が支配形態の転換という質的変化にそのまま結びつくわけではない．大株主による支配力はその持株比率が減少することにともない徐々に小さくなっていくが，それにともなって，経営者は株主総会や取締役会などの機関を通して支配力を獲得するようになるのである．支配が所有者（株主）の手から離れ，経営者に移行した状況は一般に所有と支配の分離とよばれている．

　所有と経営および所有と支配の分離はこのように株式の分散度合いに応じて3段階で進展していくと考えることができる．まず出資者が無機能資本家と機能資本家に分かれた第1段階では，機能資本家においては所有と経営は結合した状態であり，資本家による直接管理が行われている．所有と経営の人格的分離が起こった第2段階では，所有者はなお支配を行っており，支配者である所有者は専門経営者を通して企業を管理している．これは資本家による間接的管理ともいわれる．[2] 株式が最高度に分散した第3段階では，企業機関を掌握することによって経営者が自らの任免権をもつ経営者支配が成立する．資本家は直接的にも間接的にも企業の管理にかかわらない．

　アメリカでは1920年代から第二次世界大戦まで大企業の株式が個人に分散する現象が進んだ．株式の個人株主への分散が進み経営者支配企業が増加したのであるが，統計調査によってこの事実を最初に実証したのはバーリ（Berle, A. A.）とミーンズ（Means, G. C.）であった．しかし，このバーリ＝ミーンズの調査結果に反論する研究も次々と発表された．バーリ＝ミーンズ

と同様の調査方法によって，大企業の支配者は依然として個人大株主（所有者）であるという調査結果や，支配者は銀行であるという調査結果が提示された．これらの主張は所有者支配論あるいは金融支配論とよばれ，経営者支配論を主張する研究者との間で長期に渡る論争がくり広げられることになった．第二次世界大戦後，個人への株式の分散はさらに進んだが，他方で金融機関への株式所有の集中も進んだ．これは機関化現象とよばれ，金融機関が大量の株式所有を背景に大企業を支配していると主張する金融支配論が大きな力をもった．しかし，現実には金融機関は株式を所有するにもかかわらず，その支配力を行使しなかったため，アメリカの大企業では経営者支配が続いたのである．

このように，バーリ＝ミーンズが，アメリカの大企業が経営者支配型に移りつつあることを実証して以来，経営者支配論，所有者支配論，金融支配論の立場に立つ研究者との間で60年間にも及ぶ論争が続けられてきた．しかし，アメリカ大企業の実態は経営者支配であり，そのためにアメリカでは1970年代から企業統治の必要性が唱えられることになった．以下では，アメリカの企業支配論争に沿って企業支配の実態をみていくことにしたい．

2.3 バーリ＝ミーンズの企業支配形態分類

バーリ＝ミーンズは，1929年時点でのアメリカの資産額で，上位200社の株式分散状況を調査し，200社のうち会社数で44％，資産額で58％の会社が経営者支配型の企業であることを指摘し，アメリカにおいて株式会社革命が進行していると主張した（図表2-1）[3]．かれらは個人や少数のグループが，株式を80％以上所有することによって支配している会社を私的所有（完全所有支配）型企業とよんだ．同様に50％以上を過半数所有支配型企業，20％以上50％未満を少数所有支配型企業，5％以上20％未満を株主と経営者の共同支配型企業，5％以上の大株主のいない企業を経営者支配型企業と分類した．さらに持株会社を利用することによっていくつもの子会社を同時に支配

図表2-1　最大資産額200社の支配型別分布　　（％）

支配の型	直接的支配		窮極的支配	
	会社数	資産額	会社数	資産額
完全所有支配	6	4	6	4
過半数所有支配	5	2	5	2
法律的手段による支配	10 1/2	12	21	22
少数所有支配	36 1/2	32	23	14
経営者支配	32 1/2	44	44	58
共同支配	8	6	—	—
特殊なもの	1 1/2	—	—	—
管財人の手中	—	—	1	—
計	100	100	100	100

注）1930年初頭におけるこの200社を業種別にみると，42鉄道会社，52公益事業会社，および106の工業会社からなる．

出所）Berle, A. A. and Means, G. C., *The Modern Corporation and Private Property*, 1932, pp. 115-116.

するピラミッド型支配や，無議決権株，議決特権株，議決権信託などによって支配が行われている企業を法的手段による支配とよんだ．このような分類基準にもとづいて分類された支配形態分類は直接的支配形態分類とよばれるものであるが，かれらはさらに，少数所有支配と共同支配に対して統計上の操作を加える．すなわちまず，少数所有支配に分類された企業のうち支配者が企業であったものについては，この支配企業の支配形態を分析する．そして支配企業が経営者支配型企業である場合には被支配企業（調査対象企業）も経営者支配に分類し，支配企業が経営者支配型企業以外の場合には被支配企業をピラミッド型支配（法的手段による支配）に分類した．次に，共同支配に分類されたものについては，きわめて便宜的に，半数を少数所有支配型企業に，半数を経営者支配型企業に分類した．こうして得られた支配形態分類が窮極的支配形態分類である．

　このようにかれらは株式の分散状況を基礎にして支配形態を分類したのであるが，経営者支配の成立については，株主総会において取締役が現実にどのような方法によって選出されるのかという実態分析から結論を導き出して

図表 2 - 2　最大非金融200社の利益集団別・支配型別分布（会社数）

	過半数所有支配	少数所有支配			支配的利益集団なし	系	%
		30～50%	10～30%	10%以下			
単一家族支配	9	13	13	8	―	43	21.5
複数家族支配	6	6	17	5	―	34	17.0
家族・会社支配	―	1	5（4）	―	―	6	3.0
単一会社支配	22	14	6（7）	―	―	42	21.0
複数会社支配	5（4）	3（4）	6	―	―	14	7.0
支配的利益集団なし	―	―	―	―	61	61	30.5
計	42	37	47	13	61	200	100.0
%	21.0	18.5	23.5	6.5	30.5	100.0	

注）1．本表は最大非金融200社の利益集団の型別分布のsection Iの表（Monograph No. 29, pp. 1486-1487）から作成したものである．
　　2．（　）内の数字はsection IIの表（pp. 1488-1503）を参照した場合のものである．section Iの表とは若干異なるところがある．
出所）正木久司『株式会社支配論の展開（アメリカ編）』文眞堂，1983年，76ページ

いる．かれらはアメリカの多くの大企業で所有にもとづかない支配が行われていることを重視し，このような株式会社においては所有権の意味が変わってきており，「財産の変革」が起こっていることを指摘する．すなわち，株式を所有することによって会社という財産を所有しているにもかかわらず，所有者は会社に対する支配権をもつことができない状況が起こっているのである．そして所有者が支配する私的な企業（private corporation）が所有者ないし株主に対して主たる責任を負っていたのに対し，経営者が支配する準公的な企業（quasi-public corporation）は企業をとりまく多くの利害関係者に対しても責任を負わなければならないと主張した．

　バーリ＝ミーンズの経営者支配説は大きな反響をよび，多くの支持者を得ると同時に批判者もあらわれた．臨時国民経済委員会（TNEC）はバーリ＝ミーンズと同様の方法でアメリカの非金融最大200社に対する支配形態を調査し，1940年に「TNEC報告書」を公表した（図表 2 - 2 ）が，それは所有者支配説の立場からの，バーリ＝ミーンズ説に対する最も強力な批判であった．TNECの調査結果によれば，資産額で最大200社のうち139社（69.5％）

が所有者支配型企業に分類された．しかし，この調査においても「支配的利益集団なし」と分類された企業は61社（30.5％）に達したことは注意されなければならない．「支配的利益集団なし」と分類された企業はバーリ＝ミーンズが経営者支配型企業と呼んだ企業であり，この形態が全体の30.5％を占めたことは，TNEC調査が経営者支配説を完全に否定することができなかったということを意味する．とはいうものの，TNECの調査結果はスウィージー（Sweezy, P. M.），ランドバーグ（Lundberg, F.），バーチ（Burch, P. H.）などをはじめとする多くの研究者によって経営者支配説批判の根拠として用いられることになったため，アメリカの企業支配論の展開に大きな影響を与えることになった．

　このTNECの調査結果は後にゴードン（Gordon, R. A.）によって批判されることになった．ゴードンは，支配を「経営者を選任ないし解任する力の所有」と定義するならば，このような支配力を行使するためには支配力は「緊密にして，小さな集団の手に握られていなければならない」から，所有に基づく支配が成り立つためには，所有もまたこのような集団の手に集中していなければならない，と主張する[4]．また支配が顕著であるためには，支配力がその力を行使する意思と能力をもった集団によって保持されていなければならないが，保険会社，投資会社，基金（foundations），団体（institutions）などはこのような意思と能力をもたない場合が多い．そこで支配と結合しうる所有として重要なものは，「個人および同族」（個人持株会社，同族持株会社，信託，エステイトを含む）と「非金融他会社」の2つのタイプの株主である．このような基準によってTNECの調査結果を分類し直すならば，所有者支配の会社は3分の1以下に減少するとゴードンは主張する．

　ここでゴードンが保険会社，投資会社，基金，団体などの，後に機関投資家と呼ばれる大株主を支配主体から除外したのは重要である．これらの機関投資家は，その当時，株式を所有していても支配力を行使していないことが後の研究によって判明したからである．TNECの所有者支配論はゴードン

図表2-3　ラーナーによる非金融上位200社の
窮極的支配形態分類

	会社数比率	資産比率
私的所有支配	0	0
過半数所有支配	2.5	1
少数所有支配	9	11
法的手段による支配	4	3
経営者支配	84.5	85
計	100	100

出所) Larner, R. J., Ownership and Control in the 200 Lagest Non-financial Corporations 1929 and 1963, *American Economic Review*, Sep. 1966, pp. 782-783.

によって否定されたが，その後さらにアメリカ大企業は経営者支配型への移行が進んでいった．

バーリ＝ミーンズの『近代株式会社と私有財産』の出版から34年後の1966年，ラーナーはバーリ＝ミーンズと同様の方法でアメリカの非金融200大企業の支配形態を調査した[5]．その結果，経営者支配型企業は会社数で83.5％，資産額で84％であった．ラーナーはこの調査結果をもって，バーリ＝ミーンズが1929年に進行中であると述べた経営者革命（managerial revolution）が30年後にほぼ完成したと主張した．1960年代にはすでに広く機関集中が進行していたが，ラーナーはこれについて全く検証を行っていない．したがって，彼の企業支配論は個人所有段階の企業支配論に位置づけられる．

2.4 機関所有の進展と企業支配

第二次世界大戦後アメリカの株式会社の所有構造には大きな変化が起こっていた．すなわち，一方において個人株主への株式の分散が進むと同時に，他方において商業銀行信託部への株式集中がすすんだのである．1960年代から70年代にかけて金融機関への株式のいちじるしい集中と，それによる金融機関の産業支配の懸念は重大な社会的関心事となった．このような社会状況

を背景に，SEC（証券取引委員会）やアメリカ議会などによって機関集中や機関投資家の行動についての大規模調査が次々に行われることになった．これらの調査資料の分析にもとづいて，ブランバーグ（Blumberg, P. I.）は，機関集中の下においてもアメリカの大規模産業会社には経営者支配が成立していると主張した．それに対して，同様の資料に依拠しながらコッツ（Kotz, D. M.）は銀行支配説を主張した．ここでも対立する2人の研究者の調査結果を取り上げることによって，当時の企業支配の状況をみていくことにしよう．

　ブランバーグは，①株式所有が個人に広範に分散していること，②機関投資家がウォール・ストリート・ルールにもとづいて行動していること，③委任状勧誘機構を経営者が支配していること，という3つの事実を基礎に経営者支配が成立していると述べている[6]．ウォール・ストリート・ルールとは，機関投資家が投資対象会社の経営者をほとんどいつも支持する態度をとっており，もしも経営者に不満のある場合には，投資対象会社の経営者に圧力をかけるのではなく，むしろその所有株式を市場で売却するという当時の機関投資家の行動パターンのことである．

　ブランバーグは，産業会社と金融機関の支配関係の分析に関して，産業会社と金融機関の間の取締役兼任（取締役連結制）も問題にしている．金融支配論を主張する人びとは，銀行が産業会社に取締役を派遣していることも銀行による産業会社支配の根拠の一つにあげるのが普通である．しかしブランバーグの調査によれば，銀行から産業会社への取締役派遣よりもむしろ産業会社から銀行への取締役派遣の方が数が多く，金融支配論者の指摘は当らないと述べている．産業会社や銀行では取締役連結のネットワークによって経営者どうしが結びつけられており，このようなネットワーク化された経営者集団が利害を等しくする一つの利害者集団となっている，と彼は主張している．

　これに対してコッツは，銀行支配説の立場からアメリカ大企業の支配の実

証的な分析を行った．これまでの企業支配形態が株式所有比率ないし株式の分散度を基準に分類されてきたのに対し，コッツは銀行支配の立証に有効と考えられる，株式所有，融資，取締役派遣の3つの要素を支配形態の分類基準として用いた．1967年から1969年における，資産額で上位200の非金融会社の支配形態分類で金融支配は69社（34.5%），支配中心の確認しえないものは93社（46.5%）であった．コッツの分析方法において注目されるのは，彼が支配の源泉として従来の株式所有の他に融資と取締役派遣という2つの要素を加えたことである．これまで金融支配論者によって指摘されてきた融資や取締役派遣による産業会社への支配力あるいは影響力の行使を，支配形態分類の基準として数値化し，分析を行った結果，彼のいう金融支配形態が最大200社の3分の1以上を占めることを実証したことは評価されなければならないであろう．しかし，バーリ＝ミーンズが経営者支配とよんだ「支配中心の確認しえないもの」が半数近く（46.5%）に達し，これから金融支配と推定されるものや所有者支配と推定されるものなどを差し引き，「支配中心の確認しえないもの」を狭く定義してもなお，いわゆる経営者支配（「支配中心を確認し得ないか推定し得ないもの」）の形態が32%に達した．コッツの支配形態分類は，分類基準や支配範疇の設定などにおいて金融支配形態が多くなるような操作が行われているにもかかわらず，経営者支配説を否定しうるものではなかった．

銀行や大株主などの利害関係者による取締役会や株主総会などを介した大会社の意思決定への支配力，あるいは影響力の行使を受けながらも主要な意思決定を内部経営者が行っている（企業を支配している）現実を極めて詳細かつ正確に把握し，このような事実をもとに支配形態分類を行ったのがハーマン（Herman, E. S.）であった．

彼は会社の主要な意思決定を行っているのが経営者であり，経営者の支配力は会社の戦略的地位を経営者が占有することによって生じていると考える．そして株主や金融機関が株主総会や取締役会などの機関において，この

経営者の意思決定に抑止力を行使していると考える．彼は支配を，経営者による文字通りの支配（literal control）と金融機関によって行使される抑止力（power to constrain）とに分ける．ハーマンのこの支配概念は，金融機関による産業会社への支配力行使の現実を適切に表現するものといえる．

「文字通りの支配」とは会社の主要な決定を行う権力（power to make the key decision of a company）であり，製品，主要な市場，投資の額と対象，商業的・政治的戦略，最高人事などについて選択する権力である．これに対して抑止力（部分的支配；partialcontrol ともいう）とは，新しい設備に支払われる資金や配当に支払われる資金の上限について，あるいは人事に対する拒否権などのように特定の選択について制限する権力である．制約とは否定的に行使される支配の一形態であり，選択の範囲を制限するような方法で行使される．内部経営者は外部からの「制約する権力」の制約を受けながら会社の主要な意思決定を行っているとするのがハーマンの「制約された経営者支配」説である．

ハーマンはバーリ＝ミーンズと同様にアメリカの非金融最大200社（1974年）の支配形態の分類を行っている．その結果「制約された経営者支配」を含め経営者支配の会社は200社中165社，82.5％（窮極的支配形態分類）に達した．

またハーマンは，取締役会を支配の中心的場と位置づけ，入念な分析を行っている．株式会社経営の法律的支配権限は取締役会（そして窮極的には株主）にあるため，彼は取締役会の動向の分析を株式会社支配分析の要諦（linchpin）と位置づけている．ハーマンのように会社支配を最高意思決定と関連させて定義した場合，その最高意思決定の場が取締役会であるため，株式会社支配の議論は株式所有比率の統計的分析からしだいに取締役会の構造および機能分析へと中心を移行してくることになる．

2.5 企業支配論から企業統治論へ

　巨大会社における経営者の支配がしだいに誰の目にも明らかになるにつれて，強大な権力を振るう経営者の専横ぶりも人びとの目につくようになってきた．所有者支配企業においては経営者の権力は所有者（大株主）から与えられたものであり，経営者のもつ権力には正当性が与えられていた．所有者支配企業における専門経営者は所有者によっていつでも解任される立場にあり，所有者の権力は私有財産制度によって正当性を与えられたものであった．しかし，経営者支配企業の経営者の強大な権力は私有財産制度によって与えられたものではない．数万人・数十万人という従業員を雇用・解雇したり，莫大な経営資源の配分を行ったり，あるいは地域社会や消費者，取引企業，国や地方自治体などの利害関係者に重大な影響を与える意思決定の権限をもつ経営者の権力に正当性があるのかどうかが問われ始めたのである．近年とくに，権力の正当性が問われることになった理由について正木久司も「株式会社が今や社会的存在になったこと，さらに権力の所有主体が大株主から経営者に変わった」ためであり，「特に，近代株式会社において，大株主支配が後退し，経営者支配となっている」ためであると述べている[9]．経営者権力の正当性という視点から経営者を監視していこうとする，株主をはじめとするステークホルダーの活動が，企業統治（corporate governance＝コーポレート・ガバナンス）である．

　アメリカにおいて株主の企業統治活動が活発化したのは1980年代後半のM&Aブームに際してであった．当時，企業買収の標的となりそうな企業の経営者たちはポイズン・ピルやゴールデンパラシュート等といった買収防衛策を用いて自らの利益を守ろうとしたが，これらの買収防衛策は標的企業の株主には著しい不利益をもたらすものであった．株主の企業統治活動はこれらの買収防衛策に反対する機関投資家を中心とする株主の株主提案権の行使として現れた．その後，機関投資家なかんずく年金基金へのさらなる株式

集中が進むにつれて株主提案権はM&Aにかかわる問題だけでなく，より一般的な経営政策にかかわる問題に対しても活発に行使されるようになってきた．そればかりでなく，経営者の政策に反対する株主提案が株主総会において過半数の賛成を獲得するような事例もみられるようになった．1990年代の初頭には，年金基金の激しい企業統治活動によってアメリカの巨大企業の著名な経営者が次々に解任されるような事態ももたらされた．さらに1990年代の後半には，アメリカ大企業1,000社の発行済み株式に占める機関投資家の保有比率は60％にも達し，経営者の更迭は日常的なものとなった．

機関投資家の中でも中心的な活動主体はかつての商業銀行から年金基金に移った．さらに年金基金の中でも他の企業との企業取引などを配慮しなければならない企業年金基金よりも，こうした活動上の拘束のない，カルパース（Calpers；カリフォルニア州公務員退職年金基金）やTIAA — CREF（Teachers Insurance and Annuity Association-College Retirement Equity Found；教職員退職年金基金・株式ファンド）などのようないわゆる公的年金基金が最も活発な企業統治活動を展開した．彼らの活動の目的は当初M&Aに際して株主の利益を守ることであったが，その後は経営者が常に株主の利益を考慮して，すなわち長期的な企業業績の維持・向上をめざして企業を経営するように経営者を監視することに変わってきている．機関投資家が直接要求するのはこのような意味における経営者に対する監視システムの改善であり，それは特に取締役会の改善に集中している．

大会社において広く経営者が強大な権力を行使している今日，株主のみならず多くの人々の関心は巨大企業経営者の権力の監視や制御に移ってきている．長い間「モノ言わぬ株主」とよばれてきた機関投資家は，かつての潜在的支配力を顕在化させ，経営者支配を崩壊させつつある．しかし，機関投資家の目的は決して企業支配にあるのではなく企業統治，すなわち企業および経営者の監視にあることが注意されなければならない．

注)
1) 奥村宏『企業集団時代の経営者』日本経済新聞社，1978年，111ページ
2) 株式の分散にともなう株主，経営者の企業管理への関与の変化については，次を参照のこと．村田稔『経営者支配論』東洋経済新報社，1972年，4-5ページ
3) Berle, A. A. & Means, G. C., *The Modern Corporation and Private Property*, 1932.（北島忠男訳『近代株式会社と私有財産』文雅堂書店，1958年）
4) Gordon, R. A., *Business Leadership in the Large Corporation*, 1945, p. 36.（平井・森訳『ビズネス・リーダーシップ―アメリカ大会社の生態―』東洋経済新報社，1954年，40ページ）
5) Larner, R. J., Ownership and Control in the 200 Largest Nonfinancial Corporations, 1929 and 1963, *The American Economic Review*, Vol. 56, Sep. 1966.
6) Blumberg, P. I., *The Megacorporation in American Society*, , 1972, p. 145.（中村瑞穂監訳『巨大株式会社』文眞堂，1980年，191ページ）
7) Kotz, D. M., *Bank Control of Large Corporations in The United States*, 1978．（西山忠範訳『巨大企業と銀行支配』文眞堂，1982年）
8) Herman, E. S., *Corporate Control, Corporate Power*, 1981, p. 17.
9) 正木久司「会社支配論から会社統治論へ」『同志社商学』第45巻2/3号，1993年，133ページ

第3章

アメリカの会社機関とコーポレート・ガバナンス

3.1 アメリカにおけるコーポレート・ガバナンス活動の歴史

　アメリカでは1960年代に公民権運動や反戦運動，消費者運動などの社会運動が盛んになったが，これらの社会運動家は企業に対してもさまざまな要求を行った．社会運動家は企業の株式を取得したり，委任状を獲得することによって企業の株主総会で議決権を行使するといった方法で企業に対して圧力をかけ，企業の経営政策を変更させるなど，大きな成果を得た．70年代になると，ペンセントラル社の倒産やクライスラー社の経営危機をきっかけに，株主が企業統治（corporate governance：コーポレート・ガバナンス）活動に参加することになった．一方70年代にはSEC，ニューヨーク証券取引所，労働省のような政府機関およびその他の自主規制機関がアメリカの企業統治を改善するための法律や制度の整備を進めていった．そして80年代後半には，M&Aブームを契機として，年々増加する運用資金を背景に急速に発言力を強めてきていた年金基金を中心に，激しい企業統治活動が展開されることになるのである．

　90年代にはこうした機関投資家の活動の成果により取締役会を中心にアメリカ企業の企業統治改革が進展し，著名な経営者が機関投資家の圧力によって次々に解任されるというような状況がもたらされた．90年代末にはアメリカの企業統治がグローバルスタンダードとみなされるようになり，各国はアメリカの企業統治をモデルに企業統治改革を推進するかにみえた．しかし，2001年12月のエンロン事件によってアメリカの企業統治にも多くの欠陥があ

ることが露呈し，アメリカ政府は急きょ企業改革法の制定を余儀なくされた．

ここでは特に，今日のアメリカの会社機関に関する法律や制度が整備された70年代の動向について詳しくみていくことにしよう．1970年代にはアメリカの巨大企業が倒産や経営危機に見まわれ，株主が大きな損失を被るというような事件が相次いだ．その結果，株主の経済的利益を守る側面から企業統治への関心が高まることになった．株主の立場から企業統治を見直すきっかけとなったのは，年間9,000万人の乗客を運び，95,000人の従業員を擁するペンセントラル鉄道が50億ドルの負債を抱えて倒産した事件である[1]．同社の倒産は従業員，債権者，顧客，地域社会などのステークホルダーにも大きな影響を与えることになったが，特に人びとの関心を集めたのは，ペンセントラル社の企業統治に大きな欠陥があったことである．すなわち，同社の取締役会は，経営者が行っていた粉飾決算やインサイダー取引の横行を見逃していたことが倒産の後に明らかになった．社外取締役も企業統治の機能を全く果していなかったのである．

この他にもロッキード社の経営危機（1971年），ウォーターゲート事件（1973年），クライスラー社の経営危機（1979年）など，70年代には企業統治の欠陥に由来する事件が相次いで発生し，株主の経済的利益を守るための企業統治改善の必要性が強く認識されることになった．このような社会的背景から，1970年代には，国家機関や行政機関，自主規制団体などによる企業統治改善への意識が高まり，これらの組織による法律的・制度的整備が進んだ[2]．証券取引委員会（SEC）は1974年，取締役会に監査委員会，指名委員会，報酬委員会が設けられているかどうかを委任状説明書に記載することを求めた．これらの取締役会内の委員会は経営者に対する監視という観点から，したがって企業統治の観点から今日最も重視されている委員会である．ニューヨーク証券取引所（New York Stock Exchange）は1978年，社外取締役のみから成る監査委員会の設置を義務づけた．

また，1974年には従業員退職所得保証法（Employee Retirement Income Security Act），いわゆるエリサ法が成立した．この法律は年金基金の管理・運用者に受託者としての責任を果たすことを義務づけるものであり，年金基金は労働省の監督の下に年金加入者への情報開示，株主総会での投票などに関して受託責任を果たすことが義務づけられたのである．

さらに，アメリカ法曹会（American Bar Association）やアメリカ法律協会（The American Law Institute）などの団体も企業統治の改善についての提言を行った．すなわち，アメリカ法曹会は1976年に『取締役ガイドブック』（Corporate Director's Guidebook）を発表し，アメリカ法律協会は1978年から『企業統治と構造の原理』（Principles of Corporate Governance and Structure）の作成を開始した．1982年に公表された『企業統治と構造の原理』は企業の経済的目的が「法の遵守」「倫理的考慮」「慈善寄付行為」などによって損なわれることを容認し，また社外取締役による企業統治機能の強化を重視している．すなわち，CEO（Chief Executive Officer：最高経営責任者）と家族関係やその他の利害関係になく，また会社と雇用関係や取引関係のない「独立的な」社外取締役が取締役会の過半数を構成することによって取締役会の経営者に対する監視機能を強化すべきことを勧告している．

3.2 トップ・マネジメント組織と企業統治

アメリカでは会社法は州ごとに異なっており，日本のような統一的な会社法は存在しない．しかし，アメリカの多くの大企業はデラウェア州で設立されているため，デラウェア会社法がアメリカにおける会社法のひとつの標準と考えることができる．

アメリカの一般的な大企業においては，株主総会，取締役会，最高経営責任者などの機関が設けられている．大企業においては株式が広範に分散しており，したがって所有と経営が分離しているのが一般である．取締役は株主総会で選任されるが，その過半数は社外取締役（outside director）によって

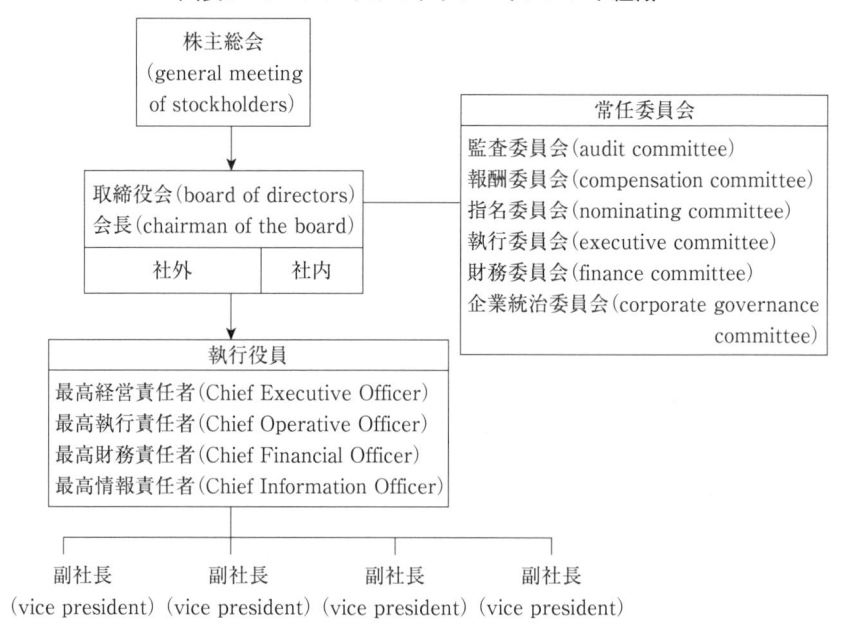

図表3-1　アメリカのトップマネジメント組織

```
         株主総会
    (general meeting
     of stockholders)
            │
            │                              常任委員会
   取締役会(board of directors) ──── 監査委員会(audit committee)
   会長(chairman of the board)        報酬委員会(compensation committee)
   ┌──────┬──────┐             指名委員会(nominating committee)
   │ 社外 │ 社内 │             執行委員会(executive committee)
   └──────┴──────┘             財務委員会(finance committee)
            │                      企業統治委員会(corporate governance
            │                                              committee)
         執行役員
   最高経営責任者(Chief Executive Officer)
   最高執行責任者(Chief Operative Officer)
   最高財務責任者(Chief Financial Officer)
   最高情報責任者(Chief Information Officer)
   ┌────┬────┬────┬────┐
  副社長  副社長  副社長  副社長
(vice president)(vice president)(vice president)(vice president)
```

占められるのが普通である．ニューヨーク証券取引所は取締役会の過半数を社外取締役とする規定を上場基準として設けている．取締役会は年間に10回程度開催され，全社的な意思決定と経営の監視を主要な任務としている．取締役会は株主のために経営を監視する受託機関として位置づけられている．取締役会の中にはいくつかの常任委員会が設置され，それぞれ専門的領域の職務を担当するが，たとえば監査委員会などは経営者すなわちCEOを頂点とする業務執行担当者の業務の監視が主たる任務となるため，経営者と利害関係をもたない，独立性の強い社外取締役が選任されることになっている．

　業務執行は取締役会によって任命される，少数の執行役員（executive officer）によって担当される．業務執行の最高責任者はCEOであり，きわめて大きな権限をもつ．CEOは日本の代表取締役社長に相当し，アメリカでは取締役会会長をも兼任することが多く，会長兼CEOはさらに大きな権限を

もつことになる．法律上は株主総会が取締役会に権限を委譲し，取締役会がCEOなどの執行役員に権限を委譲するという形で責任と権限の関係が形成されている．しかし，株主総会や取締役会においても会長兼CEOが最も大きな権限をもち，CEOをはじめとする経営者層に対する監視機能が働かなくなっているケースも多い．

　アメリカ企業では多くの副社長（vice president）が任命されることが多く，かれらは部門管理者であるのが一般である．多数の副社長がいる場合には，執行副社長（executive vice president），上級副社長（senior vice president）などのように副社長の中に序列がつくられている．

　CEO（経営者）はひとたびその地位に就任すると強大な権力を握り，取締役の選任も次期CEOを含む執行役員の選任もCEO自身が行うばかりでなく，企業の広範な意思決定の権限もCEOが掌握するというような状況がアメリカでは長く続いてきた．これがいわゆる経営者支配といわれる企業支配形態である．株式会社は本来株主のものであり，株主の利益のために経営されなければならないのであるが，株主に代って経営者を監視することを任務とする取締役会や株主総会が形骸化し，その機能を果たさないばかりでなく，むしろ経営者が経営者自身の利益を得るためにこれらの機関を利用するというような事態が長い間続いてきた．

　アメリカで1980年代後半から活発になった企業統治活動は，株主が株主の利益のために企業を経営するように経営者を監視していこうとする活動である．企業統治活動は，上述のような理由から，形骸化し，CEOによって掌握されてしまった取締役会を株主の手に取り戻し，独立的な社外取締役によってCEOの経営行動に対する株主の監視機能を回復させることを主眼とするものであった．

　ところで，現代の大企業はたんに株主の利益のためだけに運営されてはならない．現代の大企業の行動は，従業員，消費者，供給業者，地域社会，債権者などいわゆるステークホルダー（stakeholder：利害関係者）に対してき

わめて大きな影響を与えていることは周知の通りである．現代の大企業はこれらのステークホルダーの利益も考慮して経営されなければならないのである．なぜならば，元来企業は社会の創造物であり，企業がこれらのステークホルダーの利益を損なうような事態になれば，社会は法律を改正するなどしてこれまでのような企業の存続を許さなくなるからである．すでに以前からアメリカの大企業はこのような観点からさまざまなステークホルダーの利益を経営に反映させる仕組みを取り入れている．たとえば，一部のアメリカ企業においては，取締役として少数民族や女性，環境問題の専門家などを選任し，彼らの利益を経営に反映させることを試みてきたのである．

このように企業統治は株主と経営者の（会社機関構造を介した）関係，および企業とステークホルダーの関係という2つの概念で捉えることができる．前者は狭義の企業統治，後者は広義の企業統治であり[3]，以下ではアメリカの株式会社の会社機関構造を狭義の企業統治の視点からみていくことにする．

3.3 株主総会

アメリカの企業経営者は株主総会を広報活動の一環と位置づけ，株主の好意を得ることや株主総会が好意的に報道されることに注意を払っている．デラウェア会社法は，会社の合併や解散，定款の変更などの重要な事項が株主総会の承認を得なければならないことを定めているが，ほとんどの年次株主総会は取締役の選任が中心的議題となっている[4]．一般にCEOまたは取締役会会長が議長となって総会が運営される．

近年のアメリカのコーポレート・ガバナンスの特徴は機関投資家の活動の活発化であるが，機関投資家は株主総会の場以外にも経営者と非公式に接触し，経営者に意見を述べ，経営者に説明を求める．最近の機関投資家は常に経営者の監視を行っており，機関投資家のこうした行動はリレーションシップ・インベストメント（relationship investment）とよばれている．

デラウェア会社法は，株主総会の定足数を議決権株総数の3分の1以上と定めている．わが国と同様，大会社において3分の1の議決権をもつ株主が実際に総会に出席することはほとんど不可能であるため，経営者は広く委任状の勧誘を行うことになる．ほとんどの株主は総会に出席せず，個々の議決事項について指示を与えた委任状によって議決権を行使することになる．「したがって，年次株主総会に至るまでの委任状の勧誘の過程が会社支配に対する株主の参加の中心となっているのであって，実際の株主総会の方はこの過程を締めくくる段階であるにすぎなくなっている」[5]．つまり，株主総会において株主や経営者の間に対立する問題があるような場合には，争いは委任状勧誘競争において行われることになるのである．

　従来，委任状勧誘機構は経営者の会社支配にとってきわめて有利なものとなっていた．1970年代前半までのアメリカの大株式会社において経営者支配が優勢であると結論づけたブランバーグは，①個人株主への株式の分散，②「ウォール・ストリート・ルール」に基づいて行動する機関投資家，③委任状勧誘機構に対する経営者の支配を経営者支配の根拠と位置づけた[6]．そしてこの中でも特に経営者支配にとっての積極的な根拠と考えられる委任状勧誘機構に対する経営者の支配は「主として州会社法，ならびに証券取引委員会の委任状規則が生み出した結果である」と述べている[7]．すなわち，ブランバーグは州会社法と委任状規則が，経営者にとって有利なものとなっていることが経営者支配の重要な要因のひとつであると考えたのである．

　しかし，経営者支配の有力な根拠のひとつを提供してきたSECの委任状規則が段階的に改正されたことにより，経営者に反対する株主が従来よりも容易に委任状勧誘に参加できるものへと変わっていった．

　従来，株主が経営者に対抗して委任状を勧誘しようとする場合，株主は2つの点で経営者に対して不利な立場に立たされていた．すなわち，経営者は委任状説明書を作成し，委任状を印刷・郵送する費用やSECへの届出のための費用などを会社の経費として支出することができるのに対し，株主がこ

れを行おうとする場合にはその莫大な費用を自ら負担しなければならなかった．さらに，経営者に対抗する株主が委任状を勧誘しようとする場合，株主間のコミュニケーションに制限が設けられており，株主にとっていちじるしく不利なものとなっていた．1991年6月の第1次委任状規則改正案，1992年6月の第2次委任状改正案を経て1992年10月15日に発表されたSECの委任状規則改正は，経営者に対抗する株主が経営者と公平に戦えることをめざしたものであった．アメリカにおいてはこれまでもわが国とは比べ物にならない程活発な株主提案が行われ，しかもそれが無視できない数の賛成票を集めてきたため，このSECの委任状規則改正は経営者に対する株主の圧力を飛躍的に高めることになった．この1992年のSEC委任状規則の改正は1980年代後半から活発な活動を展開してきた機関投資家の強力なロビー活動の成果のひとつであった．

3.4 取締役会

機関投資家のコーポレート・ガバナンス改善の要求は，機関投資家と経営者の非公式な接触，株主提案，委任状勧誘などの方法を通して取締役会の改善に向けても行われた．アメリカの取締役会は，日本と異なり，以前から比較的多数の社外取締役によって構成されていたが，80年代以降の企業統治運動は，社外取締役を取締役会の過半数にまで増員すること，および会社や経営者と利害関係をもたない独立性の高い社外取締役を選任することをめざしていた．そして今日その目標はほぼ達成されている．取締役会の中にはいくつかの常任委員会が設けられており，独立取締役が重要な役割を果している．取締役会は1ヵ月に1回程度開催され，業務の執行はCEOを中心とする業務執行役員によって担当されているが，CEOと取締役会会長を同一の人物が兼務することによって意思決定と業務執行の権限を集中させている会社が多い．

常任委員会には執行委員会（executive committee），監査委員会（audit

committee)，報酬委員会（compensation committee），指名委員会（nominating committee），倫理委員会（ethics committee）などがある[8]．取締役会の開催は年間10回程度と比較的少なく，会議時間も限られている．巨大な多国籍企業の場合は取締役が世界各地に分散していることも多い．常任委員会は取締役会のこうした限界を補うとともに，取締役がそれぞれの専門の問題に取り組むことを可能とする．1997年のアメリカ巨大株式会社500社における各常任委員会の設置状況は，監査委員会が100％，報酬委員会が99.5％，指名委員会が86.9％，執行委員会が61.7％であったが[9]，一般に規模が大きいほどこれらの委員会の設置率が高い．

執行委員会はすべての常任委員会の中で最も大きな権限をもつ委員会であり，取締役会が開催されていないときは，日常的な事項に関する限り，取締役会のもつ権限のすべてを行使できる．つまり執行委員会は，会社の定款の変更，合併，買収，解散等の重要な事項を除き，事実上取締役会の意思決定を代行する機関として機能している．

監査委員会は通常，社外取締役のみによって構成され，その構成メンバーの数は3名から5名程度である．監査委員会の任務は会計監査，内部管理についての監査，不正の調査，外部監査人（公認会計士）の選任等である．ニューヨーク証券取引所に上場する企業には社外取締役だけから成る監査委員会の設置が義務づけられている．

報酬委員会もすべて社外取締役によって構成されるのが普通である．役員報酬には給与，ボーナス，インセンティブ・プランなどの他に，退職金，年金，医療費，生命保険などの付加給付がある．長期のインセンティブ・プランはストック・オプション（stock option）が一般的である．報酬委員会は外部のコンサルタントに委託するなどしてこれらの役員報酬を決定する．

指名委員会は，取締役，会長，CEOの候補者を推薦することおよび取締役の評価などを主要な任務としている．この委員会においても独立取締役が重要な役割を果たしている．従来，取締役候補者の推薦は専ら会長兼CEO

によって行われ，その結果取締役の人事権を会長兼CEOが握る会社が多くを占めた．会長兼CEOが取締役の人事権を握ることになると取締役会の経営者に対する監視機能が働かなくなり，企業統治の観点からきわめて重要な問題となっていた．

アメリカでは90年代の企業統治改革によって，取締役等の事実上の指名権が指名委員会に大きく移行した．しかし，現在でも「会長兼最高経営責任者の影響力は依然大きく，社外取締役のみで候補者を選定する企業は7％の少数派で，46％においては会長兼最高経営責任者の意向を考慮して社外取締役より構成される指名委員会が候補者選定にあたり，39％においては指名委員会の結論が取締役会で審議される」[10]との調査結果もある．現在の経営者が取締役等の選任になお大きな力をもっているとはいえ，経営者による経営者の選任，すなわちいわゆる「経営者支配」が崩れつつあることはきわめて大きな意味がある．近年，指名委員会はコーポレート・ガバナンス委員会に名称を変更したり，あるいは両方の委員会をもつ企業も増えている．

取締役会は業務執行を監督する立場にあり，みずから業務執行にあたることはない．業務執行は取締役会によって選任されたCEOを中心とする執行役員によって担当される．取締役会に内部取締役が少ないことからも明らかなように，トップ・マネジメントの機関は，意思決定と経営の監視を担当する取締役会と業務執行を担当する執行役員との区別が比較的明瞭である．取締役会は受託機関，すなわち，株主の利益を代表し，株主の立場から業務執行を監視する機関として位置づけられている．

アメリカの取締役会と執行役員には，コーポレート・ガバナンス改善の観点から次のような批判がなされてきた．第1に，経営者がきわめて高額の役員報酬を獲得し，これが長い間批判されているにもかかわらず一向に是正されないこと，第2に，CEOが会長を兼任することが多いため，CEOに対する取締役会の監視機能が働かなくなること，第3に，CEOが自分と親しい人物あるいは自分や会社と利害関係をもつ人物を社外取締役に選任する傾向

があるため，CEOに対する監視が不十分になることなどである．

　これらの問題のうち，経営者の高額報酬およびCEOと会長の兼任などはこれまでほとんど改善がみられない．今日なお大企業の80％でCEOが会長を兼任している．それに対して独立的な社外取締役の選任についてはいちじるしい改善がみられ，大企業では取締役会のほぼ4分の3が独立取締役によって占められている．

3.5 エンロン事件と企業改革法

　2001年12月2日，約12兆円の売上高をもつアメリカ最大のエネルギー卸売り会社エンロンが経営破綻した．アメリカ史上最大の倒産劇となったこの経営破綻は，同社の企業統治における問題点を次々に明るみに出すことになった．この事例は企業統治先進国アメリカでもなお多くの企業統治問題が存在することを示した．

　エンロンをめぐっては，破綻後あまりにも多様かつ深刻な企業統治上の問題点が次々に浮上したため，アメリカの企業統治の水準が日本のそれと同等程度であるというような主張もみられるが，このような主張はアメリカの企業統治の歴史と企業統治の本質を見誤った主張といわざるをえない．本章でみてきたようにアメリカの企業統治活動には1960年代からの長い歴史があり，株主提案の件数や内容，委任状争奪戦の激しさなどをみても日本とは比較にならない程企業統治が機能している．特に70年代に整備された企業統治のための法律や制度，自主規制団体のルールなどは日本とは30年以上の格差があることを示している．エンロンの破綻によって明らかになったのは，企業統治のシステムが整備されており，株主をはじめとするステークホルダーの企業統治活動が活発であっても企業統治の形骸化は起こりうるということであり，経営者による企業統治の骨抜きがいかに容易であるかということであろう．

　エンロンはアメリカのガス・電力の卸売りで最大の企業であったが，不透

明な簿外債務が次々に明らかになったことにより，株価下落と格付けの低下が生じ破綻に追い込まれた．エンロンの企業統治上の問題として指摘されているのは，①取締役会が全く機能していなかったこと，②監査法人が会計不正に加担していたこと，③証券アナリストや格付け機関が監視機能を果さなかったこと，などである．

　まず取締役会の問題についてみていくことにしよう．エンロンの取締役会は14人の社外取締役とケネス・レイ会長兼CEOの15人で構成されていた．社外取締役は企業経営者，金融コンサルタント，大学教授，イギリスの上院議員などで占められており，独立性の点からも社外取締役の比率の点からも，取締役会の監視機能は形式上は万全であるように思われた．現にエンロンはイギリスの経済紙によって企業統治の最も優れた会社と評価されていた．しかし，それにもかかわらず，取締役会は巨額の簿外債務の存在を把握し，適切な対処をすることができなかった．エンロン問題表面化の端緒となったのは2001年8月に，CFOの部下だった従業員が同社の会計処理の不正を指摘した内部告発である．レイ会長に宛てた内部告発の手紙は8月に書かれたにもかかわらず，社外取締役がその事実を知ったのは10月になってからであり，取締役会に簿外取引問題を検討する特別委員会の設置が決定されたのは，それからさらに2週間後のことであった．それはエンロンの破綻の2ヶ月前であった．取締役会が無機能化したのは，社外取締役の独立性が大きく損なわれていたためである．社外取締役はエンロンからあまりに巨額の報酬（現金と株式の合計で年間1人約5,300万円）を得ていただけでなく，社外取締役の所属する組織がエンロンから多額の寄付を受けていたなどの理由により，同社の社外取締役は独立性を失っていた．

　この事件では監査法人の監査機能の空洞化にも厳しい批判の目が向けられた．アメリカの監査法人は同一企業に対し監査業務のほかにコンサルタント業務も提供しており，厳正な監査を確保するためには両業務を分離すべきであるとの主張が以前から行われていた．監査法人は利益率の高いコンサルタ

ント業務を失いたくないため，厳正に監査することをためらう傾向があるからである．

　エンロンの監査を担当していた，世界5大会計事務所のひとつアーサー・アンダーセンは，エンロンに監査業務とコンサルタント業務の両方を提供していた．アンダーセンの担当会計士はエンロンの不正会計を見逃していたばかりでなく，証拠となる書類を破棄するなど事件に積極的に関与していた．エンロン事件は，監査業務とコンサルタント業務の分離にとどまらず，アメリカの監査制度を根底から見直す契機となった．SECは会計事務所を監視する機関である上場会社会計監視委員会（PCAOB）を新たに設置した．

　エンロンの破綻は，エンロンに融資している金融機関，エンロンとエネルギー受給契約を結んでいる2,8000余りの企業や団体など，多くのステークホルダーに大きな影響を与えた．ステークホルダーのなかでも特に深刻な打撃を受けたのが従業員である．エンロンの従業員は会社の倒産によって退職金ももらえず失業することになった上，年金として積み立てていた資金もそのほとんどを失うことになってしまった．アメリカでは401K（確定拠出型年金）が広く普及しているが，「エンロンの401Kは投資先の6割が自社株．一時90ドルを越えたエンロン株は1ドルを割るまでに急落したため，50～60代で50万ドル前後の年金を失った人が」[11]多くいた．エンロンの経営陣がインサイダー取引きによって高値で自社株を売り抜けながら，従業員には自社株を推奨して年金のほとんどを奪ったことに対して厳しい批判が出された．

　エンロン事件をきっかけにアメリカでは企業統治改革を目的とした企業改革法（Sarbanes-Oxley Act）が2002年に制定された．企業改革法には不正を働いた経営者への厳罰，上場会社会計監視委員会の設置，厳しい内部統制システムの整備などが盛り込まれた．

注）
1) この事件については次を参照のこと．出見世信之『企業統治問題の経営者

的研究』文眞堂，1997年，53-54ページ
2) 同上書，94-97ページ
3) 同上書，8ページ
4) ディビット．G．リット，池田・川村訳「米国における株主総会」『商事法務』No. 1300，1992年10月5日，39ページ
5) 同上稿，40ページ
6) Blumberg, P. I., *The Megacorporation in American Societies*, 1975. p. 145. (中村瑞穂監訳『巨大株式会社』文眞堂，1980年，191ページ)
7) Ibid., p. 145. (同訳書，192ページ)
8) 取締役会内常任委員会については，次を参照のこと．新納徳男『アメリカ企業経営を知る』有斐閣，1988年，15-35ページ．
9) 染宮秀樹「米国コーポレート・ガバナンスの展開：株主と経営者の攻防」『財界観測』1998年7月10日，151ページ
10) 吉森賢『日米欧の企業経営―企業統治と経営者』放送大学教育振興会，2001年，167ページ
11) 『朝日新聞』2002年2月15日

第4章

日本の会社機関とコーポレート・ガバナンス

4.1 株式会社とコーポレート・ガバナンス

　創業して間もない企業や，規模の小さい企業であれば，企業の所有者と経営者は同一の人物である場合が多い．しかし，証券取引所に上場している大規模な株式会社では，企業経営やリーダーシップに関する専門的あるいは高度な能力や経験が経営者に必要になり，また，所有者である株主の人数は非常に多くなる．このような状況の下では，通常，所有者である株主とは別の人物を経営者に据えて所有者の代わりに企業を経営させるようになる．

　大規模株式会社における，取締役などのトップ・マネジメントの構成員の多くは，所有者とは別人の専門経営者（被庸経営者・俸給経営者ともよばれる）である．わが国の典型的な専門経営者は「サラリーマン重役」とよばれる内部昇進者である．従業員が同僚との出世競走に勝ちぬき，サラリーマン人生の成功の到達点としてトップ・マネジメントの構成員となることを示す言葉である．

　大規模株式会社の社長や役員は所有者である株主から雇われている存在なのだから，別人である彼らを所有者である多数の株主が統制する仕組みが必要になる．わが国の株式会社には，株主総会・取締役会・監査役会といった会社機関が存在しているが，本来これらは，株主の利益に適う行動を経営者にとらせるために設置されているものである．

　しかし，株式を上場しているような大規模株式会社においては，しばしば株主総会や取締役会の株主の受託機関として機能する本来の役割が失われ

て，経営者の地位を強化する機関として逆の役割を果たすようになってくる[1]．株主が経営者の任免を決定したり，企業活動を厳しく監督することは困難になり，経営者にとって株主の権力は脅威とはならなくなる．つまり，実際の企業経営が株式会社制度の本来の姿と異なったものへと変化することになる．近年のコーポレート・ガバナンス改革は，企業の支配権を所有者たる株主に取り戻し，経営者を所有者によってけん制する仕組みを整備しようとする動きと判断することができる．

コーポレート・ガバナンス（企業統治ともよばれる）は現在さまざまに定義されているが，狭義には，株主と経営者の関係とそれを制度化した会社機関構造を指し，広義には，企業と従業員・政府・消費者・地域社会などの利害関係者との関係のことを指す[2]．本章においては株主と経営者の関係を捉える狭義のコーポレート・ガバナンスの視点から，日本の大規模株式会社をみていくことになる．

4.2 日本の株主総会

株主総会は株式会社の最高決定機関であり，会社の所有者である株主が会社の重要事項を決定するための機関である．株式会社制度を用いる国の法制度では，ほぼ例外なく株主が株式会社の主権者であるという株主主権の立場をとっている．株主総会において株主は自身の持株の多寡に比例して議決権を行使することができる．定款の変更や取締役の人事や利益処分などの会社と株主にとって重要な事柄は株主総会で株主の了承を得なければ決定することができない．

本来，株主総会は株主の意思によって会社をコントロールするための機関であるが，わが国の株主総会はいちじるしく形骸化されてきた．これまで，株主総会の問題点として，同一日時での一斉開催，出席者からの質問を無視するなどの非民主的運営，30分程度のきわめて短時間で終わるといった事柄が指摘され続けてきた[3]．会社の重要な決定に株主が関わることはおろか，株

主と経営陣とのコミュニケーションすらほとんどとられていなかったといってよい．

その背景には，日本企業における株式相互持合い（株式相互所有ともよばれる）の存在と経営者間での白紙委任状の交換があった．日本企業は戦後長らく，敵対的買収からの防衛などを目的として友好的な企業同士で株式を持ち合ってきた．多くの場合，当該企業の株式を所有する友好的な法人株主の議決権は全く反対意見が示されていない白紙委任状として当該企業の経営者に送られ，当該企業の経営者はその友好的な法人株主たちの議決権を行使できるようになる．白紙委任状は経営者側の議案への無条件の賛成を示すものであって，委任状が多数集まれば経営者の提案が総会で賛成多数で可決されることが確実になる．これは事実上，株主総会の開催以前から経営者側の議案が承認されているようなものであり，その結果として経営者が株主総会とその出席者を軽視することが可能となったわけである．

最近になって，これらの問題の一部は急速に改善されてきた．株主総会を株主と経営陣との重要なコミュニケーションの場として経営側が判断し，近年多くの企業で株主総会に長い時間をかけるようになり，ビデオやパワーポイントなどを用いたプレゼンテーションでわかりやすく会社側の方針や成果などを示したり，株主からの質問に一つひとつ丁寧に社長や担当役員が答えるようになってきている．2006年の社団法人商事法務研究会による上場企業1,942社を対象とした調査では，パソコンやビデオ等を利用した株主総会のビジュアル化に取り組んでいる企業は6割を占めている[4]．さらに同調査では，総会の所要時間が伸びつつある傾向にあることも明らかにしている[5]．特に巨大企業の株主総会は長時間化する傾向にあり，資本金の額が1,000億円を超える企業では「120分以内」との回答がピークとなっている．

株主総会改善の背景としてはいくつかの要因がある．一部の企業で，経営者に対して厳しい要求を行う外国人機関投資家の持株比率が急激に上昇してきている．さらに，株主オンブズマンなどの積極的な意思表示を行う国内の

活動的な株主が現れ，また，個人株主や一部の機関投資家が彼らの活動に同調するようになってきている．さらに，大規模企業であっても内外の野心的な企業や投資グループからの敵対的買収の標的となる可能性もある．これらの変化を受け，上場企業の経営者は個人株主を普段から味方につけておく必要がでてきたわけである．

とはいえ，わが国の大企業の株主総会には未だ多くの問題が残っているように思われる．徐々に開催日も分散し，また，個人株主からの質問に丁寧に応えるようになってきたとはいえ，大半の企業の株主総会は平日昼間に開かれる．これでは勤労者の個人株主は出席しがたい．出席する個人株主には，専業主婦や退職後の高齢者といった現代の企業経営の実際を深く知らない人びとが数多く含まれ，彼らの多くはどのような経営政策や利益処分を実現させれば自らの利益に結びつくかという知識にも乏しい．前述の商事法務研究会の調査では，株主からの質問でもっとも多かったものが「経営政策・営業政策」(36.4%)であり，より株主の利益に直結する問題となる「配当政策・株主還元」(23.4%)や「財務状況」(11.8%)を大きく上回っていることは注目に値する．「経営政策・営業政策」に関する問題は，配当や財務といった事項に比べれば，あまり株主の利益に寄与しないものである．さらに，経営や営業に関して，個人株主が経営陣より優れた提案を行う情報や能力をもっているケースはきわめて稀であろう．近年の大企業の株主総会では，当該企業の製品やサービスへの苦情や改善案など，本来株主総会で議論すべきでない瑣末な問題が個人株主によって質問されることも珍しくない．

より重大な問題は，株主総会での議案の採決の方法がきわめて杜撰かつ形式的であることだ．ほとんどの上場企業の総会において，議案の決裁は出席者による拍手や挙手などの厳密な測定がほぼ不可能な方法によって行われる．前述の商事法務研究会による調査においても，対象企業のじつに92.3%が拍手によって議案の採決を行っており，さらに98.9%の企業が株主総会出席者の賛成・反対の明確な票数を報告していない．拍手による採決と

は，議案に対する拍手が大きければ議長（当該企業の会長か社長が担当するのが一般的である）が「賛成多数」と宣言し，議案が可決されるというきわめて簡単な手法である．短い時間で出席者の同意をとることができ，特別な準備も必要なく，出席者の大多数が賛成ないし反対の場合は問題ない手法ではあるが，賛否の公正・厳密な測定ができないことは確実である．拍手や挙手では1000株保有している株主と1万株保有している株主の区別すらできない．

経営者や総務担当者が一般株主に親しまれやすい株主総会を開催しようとする姿勢を示しつつあることは認められるものの，もっとも重要な株主による議決権行使は依然として形式的なものに留められている．個々の企業が自主的に株主総会の改善に取り組んできたとはいえ，株主総会は依然として公正さをいちじるしく欠いた決定機構である．

形骸化された株主総会よりも有効な経営者に対する株主の圧力行使は株主代表訴訟である．これは経営者や従業員が過失を犯して会社に損害を与えた場合に，株主が会社に代わって経営者に賠償請求できる制度である（経営者は株主に賠償するのではなく会社に賠償する）．株主代表訴訟は和解あるいは株主側の訴えが棄却されるケースが多い．たとえば，大和銀行ニューヨーク支店の巨額損失では，平成12年に，大阪地裁が被告11人に対し830億円の支払いを命じ話題となったが，旧経営陣49名が総額2億5千万円を支払うことで和解が成立している[10]．和解や棄却になる場合が多いとはいえ，監督を怠ったゆえに，莫大な賠償金の支払いをさせられる可能性があるということは経営者にとって大きな脅威である．それゆえ，株主代表訴訟は，未然に不祥事を防ぐ抑止力としてきわめて効果的なものである．

4.3 監査役設置会社の会社機関とその問題

現在，わが国の上場企業の大多数が，監査役設置会社の会社機関を採用している．監査役設置会社は戦後日本で長らく用いられてきたものであり，従来型ともよばれる．監査役設置会社では，最高決定機関である株主総会の下

に，取締役会と監査役を設置し，業務執行担当者のトップとして取締役会によって任命された代表取締役を置く．

(1) 取締役会

　監査役設置会社の取締役会は意思決定と業務執行の監督の役割を担う．取締役会の構成員である取締役は株主総会によって選任・解任される．取締役会は株主の受託機関として位置づけられる．つまり，本来の取締役会は，代表取締役以下の業務執行担当者に株主の利益に適う行動をとらせるための機関であって，代表取締役以下の管理者を厳正に監督し，場合によっては株主の利益に寄与できない代表取締役を解任することも必要である．

　しかし，実際の取締役会と業務執行担当者のトップの代表取締役の力関係は法律で想定されたものと逆転しており，代表取締役によって取締役会構成員の事実上の人事権は掌握される．取締役会の法制度上の役割と実際の役割にはかなり大きな食い違いが生じてきた．

　わが国の大規模株式会社の取締役会には次のような問題点が存在している[11]．① 業務執行とそれに対する監督という2つの機能が分離されていない．② 取締役会の中に代表取締役を頂点とする業務執行担当者としての序列が形成されている．③ 社外取締役がきわめて少ない．④ 取締役会の構成員数が多い．⑤ 取締役会の構成員の中に多くの部門管理者が含まれている．

　これらの問題点は相互に関連しあっている．代表取締役は自らに送られてきた安定株主からの委任状を背景に取締役の人事権を行使することができる（取締役は株主総会で選任されるが，第2節で述べたように株主総会が形式的なものになっているため，総会で反対されることなく現経営陣が提案した取締役候補が承認される．ただし，不祥事発生や敵対的買収などの危機的状況にさらされている場合は別である）．その結果，代表取締役は自らの部下である部門管理者（部長クラスや事業部長クラスの管理者）を取締役として登用し，取締役会において代表取締役を頂点とする業務執行担当者の序列を形成することがで

きる。また，ほとんどの取締役を内部昇進者が占めるため，社外取締役の人数・比率は必然的に少なくなってしまう。法制度上は取締役会が代表取締役の人事権を握っているが，実際には，代表取締役が取締役会構成員の人事権を握ることができる。実際の取締役会の構成員には，代表取締役の部下である部門管理者が多数含まれる。この結果，取締役会の業務執行に対する監督機能は形式的なものとなり，取締役会は株主の視点に立った行動をとらなくなる。

さらに，大規模企業では取締役会の構成員が多いが，会議に参加する人数があまりに多くなれば，実のある討議は困難となってしまう。そのため，大規模企業では上級執行担当者である社長・副社長・専務・常務などから構成される常務会（経営会議などともよばれる場合がある）を形成し，常務会が実質的な意思決定機関となる。典型的な大企業では，取締役会は常務会の決定を事後承認する機関として機能してきた。

(2) 執行役員制と社外取締役

これまでみたように，わが国の取締役会は大きな問題を抱えるものであったが，近年，執行役員制の導入や社外取締役の活用など，個々の企業での自主的な取り組みによって改善されている側面も無視できない。ここでは特に重要と思われる執行役員制と社外取締役の活用について述べる。これら2つの取締役会改革は，次節で述べる委員会設置会社の仕組みを理解するためにも知っておく必要がある。

執行役員は，代表取締役の指揮の下で業務執行を分担して行う責任者を意味する。1997年にソニーによって用いられた役職であり，日本のトップ・マネジメント組織をアメリカ的なものへ近づける改革である。現在，多数の大企業が執行役員制を採用している。

ソニーの導入事例は，取締役会がグループ全体の経営方針策定や監督の役割を果たし，個々の事業・業務を遂行する役割は執行役員が担うというもの

であった.[15)] 取締役会に多数の部門管理者が含まれているとか,取締役会メンバーの人数が多すぎるといった問題は執行役員制を用いることである程度解消できる.しかし,執行役員制の取り組みは,個々の企業にバラツキがあり,経営改革を外部にアピールするために執行役員制を導入しているケースも存在する.

　次に,わが国の社外取締役について述べる.わが国においては取締役会の主要な構成員が内部昇進者で占められるため,社外取締役の比率は非常に少ないものとなっていた.社外取締役とは当該企業の業務執行担当者ではない取締役であり,かつ当該企業やその子会社の従業員を出自としない取締役である.他の先進資本主義国では,近年,社外取締役の導入・活用を中心とする取締役会改革が行われてきた.社外取締役は自分が監督する会社の管理者や従業員ではないので,業務執行担当者を兼務する取締役より妥当かつ公正に社長以下の業務執行担当者を監視・監督できる.取締役会の監督機能を高めるには業務執行担当者からある程度の独立性を保つことができる取締役会を構成する必要があり,そのためには社外取締役を活用することがもっとも効果的である.

　しかし,わが国においては社外取締役の人数が少ないだけではなく,取引銀行や取引先企業,また,株式相互持合いを行っているグループ企業などから派遣される場合が多かった.彼らは派遣先企業と出身企業とのパイプ役として機能することはできても,株主の立場から業務執行担当者を兼務する取締役を牽制する存在とはなり得ない.ちなみに,アメリカや中国の上場企業の取締役会では,独立取締役とよばれる当該企業や経営者と利害関係をもたない社外取締役の選任が証券取引所の規則等で強制されている.大口取引先や主要取引銀行から派遣される取締役は独立取締役とはみなされない.

　1990年代中頃から,自主的に独立性の高い社外取締役を導入する取り組みが一部の大規模上場企業でなされてきた.弁護士・会計士などの職業専門家や学者やジャーナリストなど当該企業と利害関係をもちにくい者を社外取締

役に招く企業も若干ではあるが出現している．ただし，ここで注意しなければならないのは独立性の高い人物からの厳しい監視を，経営者自らがあえて望んでいるのかどうかということである．わが国の経営者は，社外取締役を「安いコンサルタント」とみなす傾向が強い[16]．多くの場合，社外取締役に，外部からの厳しい監視を期待するというよりは，あくまで自社外の新鮮な視点に立った助言をしてもらうという程度の動機からのものである．とはいえ，社外取締役を導入し，執行担当者以外の者を取締役会に加えることは，企業経営の透明性を向上させることに寄与する．

実際，近年のわが国のコーポレート・ガバナンス改革の中で社外取締役を上場企業に活用させることは重要な課題となっている．次節で述べる委員会設置会社において社外取締役が重要な役割を果たすだけでなく，監査役設置会社においても社外取締役の設置を奨励する制度改革がなされてきた．

2006年施行の会社法では，6名以上の取締役の存在する会社で，うち1名以上が社外取締役である場合，取締役会は3名以上の特別取締役を選任することができるようになった．取締役会は特別取締役に重要財産の売買や融資などの決定権を委譲でき，より迅速な意思決定が可能となった[17]．特別取締役の元となった制度は，2002年の商法改正から用いられるようになった重要財産委員会である．2001年の商法改正の中間試案では，社外取締役の選任を義務化させる予定であったが，経団連の強い反対にあったため，社外取締役選任の義務化は見送られた[18]．その代わり，社外取締役の選任を重要財産委員会の設置の条件として位置づけ，社外取締役の導入を奨励しようとしたわけである．この制度に対しては，単に1名の社外取締役を選任するだけではコーポレート・ガバナンスの改善には程遠い，あるいは，取締役会の構成員を機動的な意思決定ができる人数にまで削減させるのが本来の筋である，といった批判的な評価もある[19]．

わが国の上場企業の経営者の多くは社外取締役導入の義務化に拒絶反応を示しているといえるが，一部の経営者は，社外取締役の活用と取締役会の業

務執行担当者からの独立性の向上を重要な課題とみなしつつある．さらに，全国社外取締役ネットワークや日本取締役協会などの社外取締役の導入と活用をサポートする組織も誕生している．法改正等で社外取締役の導入を強制するよりも，自主的な取り組みによってわが国に社外取締役の活用が根づくことを期待するのが現実的であろう．また，一般投資家も社外取締役を選任・活用するよう上場企業に圧力をかけていくことが望ましい．

(3) 監査役

会社の業務執行担当者や取締役が法律や定款に違反していないか，また，企業会計が不正なものでないか，資金の使い道が適当なものであるかといったことを監査するのが監査役の役割である．言い換えれば，経営チェック機構となるのが監査役である．これらの従来の役割に加え，2006年の新会社法では取締役会に出席し意見を述べることも義務づけられている[20]．委員会設置会社ではない公開会社・大会社には監査役の設置が会社法で強制されている[21]．また，監査役は，他の役職を兼任することができない．監査役は取締役や社長以下の業務執行担当者からある程度独立した立場で，厳格・公正な監査をすることが望ましい．しかし，実際には数多くの問題点が存在する．

監査役の法律上の権限や制度上想定される役割は非常に重要なものだが，実際には，監査役は不祥事の防止等の本来の役割をあまり積極的に果たすことができなかった．従来は，監査役の多くが内部昇進者であり，また，社外監査役も社長以下の執行担当者と利害が一致しやすい会社OBや取引先の役員だったため，代表取締役や取締役会に対して厳正な監査を行うことは難しかった[22]．取締役会と同様の問題が監査役にも存在しているわけである．さらに，実務家の間で監査役の地位・機能が尊重されてこなかったことは大きな問題である．監査役は「閑散役」であると揶揄する声もあり，特に1990年代に続発した企業不祥事では，（事件・騒動を起こした会社の）監査役は不正行為を未然に防ぐことができなかった[23]．

2002年の商法改正では監査役の任期が3年から4年に延長され，また，監査役の半数に当該会社の従業員ではない社外監査役を任命しなければならなくなった．[24] 特に社外監査役選任の義務化は，監査役設置会社には社外取締役の導入が義務づけられていないだけに重要なものと思われる．これらの改正は監査役の社長等の業務執行担当者からの独立性を高めようとする目的をもつものである．新会社法でもこれらの改正点が受け継がれている．しかし，これ以前にも監査役の権限や独立性を高める改正が行われたものの，期待通りの成果は上がっていない．新会社法が実際の監査役の独立性と機能を高められるかどうかは未知数である．

4.4 委員会設置会社の特徴と監査役設置会社との比較

委員会設置会社は2002年の商法改正から選択的に導入できることとなった会社機関の仕組みであり，アメリカの上場企業の会社機関をモデルとしているためアメリカ型ともよばれる．以前は，委員会設置会社を採用する会社は資本金5億円以上あるいは負債200億円以上の大会社か，みなし大会社に限られていたが，2006年施行の会社法ではこのような制限が取り払われた．

株主総会で選任された取締役によって取締役会が構成される点は委員会設置会社も監査役設置会社と同様である．しかし，多くの点で両者の仕組みは異なる．[25] 委員会設置会社の仕組みでは，監督と業務執行の機能が制度上明確に分離され，さらに社外取締役の導入も義務づけられる．委員会設置会社においては，代表取締役は廃止され，業務執行の責任者である代表執行役と執行役が設置される．執行役は監査役設置会社の執行役員とは異なるもので，法律で設置が義務づけられる役職である．次に，取締役会内に過半数の社外取締役によって組織される指名・報酬・監査の3つの委員会の設置が義務づけられる．そして，取締役会の独立性と監督機能が強化されたため，監査役は廃止される．

委員会設置会社では，業務執行は代表執行役と執行役に委ねられ，取締役

会は代表執行役と執行役に対する人事権をもつことで業務執行を監督する．さらに，取締役会は指名委員会によって株主総会に提出する取締役の選任・解任議案を作成し，報酬委員会によって取締役と執行役の個人別の報酬を決定し，監査委員会によって取締役と執行役の職務の監査を行うという形で，取締役会は会社経営を株主に代わって監督する[26]．委員会設置会社の形態を採用する場合，これらの機関をすべて設置しなければならない．

監査役設置会社において，多くの取締役が業務執行を兼務していることは前節で述べたが，委員会設置会社では執行役を兼務しない取締役が業務執行をすることはできない[27]．また，新株発行や社債発行など，従来は取締役会が決定権をもっていた事項を執行役に委ねることができるようになった[28]．

委員会設置会社のメリットとしては次のようなものが指摘できる．業務執行担当者からの独立性の高い取締役会は監督機能を発揮しやすく，社外取締役を中心とする取締役会内の委員会によって業務執行をより厳正に監督できること，そして，外国人投資家に馴染みのある形態であり，企業と資本の国際化に適した形態であること[29]があげられる．

監督と執行を明確に分離することは，株主主権を実現する上で大変有益であり，また，企業の透明性を向上させ不祥事を防止する点でも効果的である．HOYA，ソニー，オリックス等，外国人投資家の増加に積極的に取り組み，また，株主重視のガバナンスを標榜する企業はいち早く委員会設置会社に移行した．

しかし，株主利益を重視すると経営に中長期的視点がなくなるのではないか，株主利益の重視は従業員や取引先を軽視することになりかねないのではないか，また，日本の風土になじまないのではないか，といった委員会設置会社に対する不安も存在する[30]．そのため，今のところは委員会設置会社の形態を採る企業は少数派であり，依然として大多数が監査役設置会社の形態を採っている．さらに，キヤノン，トヨタ，松下のような日本を代表する超優良企業は従来からの監査役設置会社の形態・特徴をあえて維持し，好業績を

あげている．

　キヤノンは取締役会を社内の事情に精通した者のみで構成するという理由から，社外取締役を1人も採用せず，取締役の数も26名と比較的多い．代わりに企業倫理委員会等の任意の取締役会内委員会と監査役に監視機能を発揮させようとしている[31]．トヨタ自動車の場合も，社外取締役を採用しないばかりか，「現場重視」の目的から意図的・意識的に業務執行担当者と取締役を重複させている[32]．両社とも内外の投資家から人気が高い優良企業であるが，あえて閉鎖的かつ透明性に欠ける取締役会を構築していることは注目に値する．これらの企業に対して強制的に取締役会の独立性を高めさせる措置が必要かどうかは議論が分かれるところであろうが，上場企業にとって取締役会の独立性が保障されないのは好ましいこととはいえない．

4.5　おわりに

　本章では，まず，株主の受託機関として位置づけられる会社機関の制度と，実際の企業経営がそれといちじるしく乖離していることを明らかにした．さらに，近年の法制改正や自主的な取り組みによって監督と執行を分離するなどの改革がなされていることについて論じた．これらのコーポレート・ガバナンス改革は上場企業に対して株主の利益に適う行動をとらせるためのものである．株式会社制度を用いている以上，これらの改革は現代企業にとって必要不可欠かつ妥当なものである．株主からの圧力を拒絶し続けたいのであれば上場をとりやめ閉鎖会社となるべきである．

　しかし，株主の利益のみ達成できれば，企業を取り巻くすべての問題が解決するというわけではない．企業は地域社会や消費者，従業員や環境など多様なステークホルダーの利害に大きな影響を与える．特に従業員の利害は株主の利益と一致しない場合が多い．近年，ただでさえ激しい国際競争にさらされている企業の経営者が，さらに株主および株式市場から強い圧力を受けるようになってきている．これは，企業がより厳しいコスト削減の圧力にさ

らされるということであり，従業員や取引先の利害は優先度の低い課題とならざるを得ない．1990年代から，日本企業は従業員の削減，非正規従業員の利用や不公正な派遣・請負契約による労働力の確保など，一般の生活者に大きな負担をかける改革を断行しつづけており，この流れは2000年代中盤の景気回復期においても厳しさを増すばかりである．これらの従業員への負担の増加は長引く不況を引き金としたものではあるが，上場企業の経営者が投資家から大きな圧力を受けるようになったこととも無関係ではない．大規模な株式会社をいかにコントロールするかという問題は，現代社会におけるきわめて重要な課題である．

注）
1) 公開株式会社の株主と経営者の支配権力の逆転については，貞松茂『コーポレート・ガバナンスとコーポレート・コントロール』ミネルヴァ書房，2004年，60-62ページおよび76-78ページを参照した．
2) 出見世伸之『企業統治問題の経営学的研究』文眞堂，1997年，8-9ページ
3) 佐久間信夫『企業支配と企業統治』白桃書房，2003年，204-205ページ
4) 商事法務研究会『旬刊商事法務 株主総会白書 No. 1784』商事法務研究2006年，46ページ
5) 同上書，79-81ページ
6) 同上書，108-109ページ
7) 筆者が参加した明治製菓の2003年6月の定時株主総会では，同社のレトルトカレーの1パックの分量が多すぎること等が個人株主によって質問された．
8) 筆者が参加したソニーの第88回定時株主総会では株主オンブズマンからの役員報酬開示の提案が否決されたが，筆者が観察した限りでは会社側の総会運営担当者が出席者の賛否を正確に測定しようとした形跡はみられなかった．ガバナンス改革に積極的と評価されてきたソニーですら，株主重視の姿勢はひとつの演出であり，株主による権限の行使は形式的なものにとどめたかったのかもしれない．
9) 商事法務研究会，前掲書，84-85ページ
10) また，雪印食品の牛肉偽装事件をめぐる代表訴訟では，経営者が具体的にどのような社内体制を整えるべきだったか不明確であるとして，平成17年に原告の訴えが棄却されている．あずさ監査法人『新会社法による取締役・執行役・監査役実務のすべて』清文社．2006年，488-491ページ．

11) 佐久間信夫編著『企業統治構造の国際比較』ミネルヴァ書房，2003年，21-22ページ
12) 安田賢憲「会社機関構造とコーポレート・ガバナンス」佐久間信夫編『アジアのコーポレート・ガバナンス』学文社，2005年，48-49ページ
13) 同上稿，48-49ページ
14) 同上稿，49-50ページ
15) 平田光弘「日本における企業統治改革の基盤作りと提言」菊池敏夫・平田光弘編著『企業統治の国際比較』文眞堂，2000年，166-167ページ
16) 小林秀之編著『第二版　新会社法とコーポレート・ガバナンス』中央経済社，2006年，36-37ページ
17) 同上書，37ページ
18) 同上書，22ページ
19) 同上書，39ページ
20) あずさ監査法人，前掲書，188-189ページ
21) 同上書，151ページ
22) 佐久間信夫編著，前掲書，18-20ページ
23) 平田光弘，前掲稿，146ページ
24) あずさ監査法人『新会社法による取締役・執行役・監査役実務のすべて』165-167ページ
25) 新会社法における委員会設置会社の会社機関制度の特徴については，同上書，98-105ページおよび，小林秀之編著，前掲書，21-24ページを参照した．
26) 小林秀之編著，前掲書，23ページ
27) 同上書，24ページおよび，あずさ監査法人，前掲書，98ページ
28) 小林秀之編著，前掲書，24ページ
29) 同上書，34ページ
30) 同上書，34-37ページ．また，同書では株主利益の重視が必ずしも企業の中長期的な発展やステークホルダーの利益と矛盾しない根拠についても記している．
31) キヤノン株式会社「コーポレート・ガバナンスに関する報告書」http://www.tse.or.jp/disclose/pdf/77510/200605310000_0010.pdf　2006年5月13日
32) トヨタ自動車「コーポレート・ガバナンスに関する報告書」http://www.tse.or.jp/disclose/pdf/72030/200612250000-0010.pdf　2006年12月25日

◆参考文献

奥村宏『最新版　法人資本主義の構造』岩波書店，2005年
菊池敏夫・平田光弘『企業統治の国際比較』文眞堂，2000年
小林秀之編著『新会社法とコーポレート・ガバナンス』中央経済社，2006年

佐久間信夫編著『アジアのコーポレート・ガバナンス』学文社，2005年
出見世伸之『企業統治問題の経営学的研究』文眞堂，1997年

第5章

現代企業の社会的責任

5.1 はじめに

　現代社会において，企業は圧倒的に大きな影響力を有する組織体である．そしてその影響は経済だけでなく，政治・教育・思想・文化など多くの領域にわたる．それは，人びとの生活が企業の活動に大きく依存していることを意味する．「良い企業」（good company）とは，高収益を生み長期的に存続する企業であるという，一般的な理解に異論はないであろう．しかし，企業経営において経済性・効率性を重視する従来からの視点に加え，近年，社会・環境にも配慮し，公正・公平の視点を重視する「企業倫理」（business ethics）や「企業の社会的責任」（corporate social responsibility：CSR）（以下，CSRという）への社会的な関心ならびに取り組みが加速している．それは，個々の企業における「不祥事」の頻発に対する批判からだけではなく，グローバリゼーションのもたらす社会的課題や環境の将来にかかわる深刻な課題への対応などをも含め，ミクロ・マクロ両視点から考慮されなければならず，その内容は複雑である．

　CSRの具体的内容については，「責任」という語の多義性，また，それが問われる時代の背景，対象とする領域，論者の視点・方法論等において多様性が否めず，確定した定義は未だ存在しない．そこで本章では，CSRをまずはもっとも基本的に捉え，以下のように定義する．すなわち，CSRとは，企業がその活動の具体的内容，ならびに利害関係者（stakeholder）[1]との相互関係において，公正性・公平性，人権尊重，環境保全などの視点を組み入れ

て，社会の持続可能な発展を目指す自主的な取り組みである．

　本章では，企業に求められるCSRについて，それが早くから問われてきたアメリカにおける歴史的展開，そしてCSRの市場とのかかわりを概観し，その日本における近年の動向，また現に展開されつつあるCSRへの取り組み等について検討する．

5.2 アメリカにおけるCSRの歴史的展開と現状

　アメリカの代表的なCSR研究者であるキャロル（Carroll, A. B.）は，アメリカの1950年代から1990年代におよぶCSRに関する主要な研究を分類している．[2] 以下ではCSRをめぐる論議の展開をキャロルの分類に基づいて概観する．

　CSRは，1950年代にボーエン（Bowen, H. R.）が企業人の社会的責任を定義したことに始まったといわれる．そして1970年代には，CSRの明確な定義づけへと発展し多くの試みがなされた．そこには，当時に至る過去10年間のアメリカにおける社会事情への反省，経済団体の政策見解の公表，[3] 企業と社会（Business and Society）との関係についての本格的な研究ならびに教育の開始，[4] さらに「企業の社会的即応性」（corporate social responsiveness），[5] ならびに「企業の社会的業績」（corporate social performance）の概念の提示が含まれる．[6]

　その後，1980年代には，より経験的（empirical）・実務的なCSR研究の展開が進む一方，企業における道徳性（morality）ないし倫理（ethics）の重要性が認識される．すなわち，「企業の社会的業績」（corporate social performance : CSP），「利害関係者論」（stakeholder theory），そして経営学と倫理学との2つの領域を原点とする「企業倫理論」（business ethics theory）等，CSRに関連するいくつかの新しい定義の出現をみる．

　そして1990年代には，CSRは中核的な概念として有用であり続けるが，他の主題，すなわち「企業の社会的業績」「利害関係者論」「企業倫理論」，

そして「企業市民」（corporate citizenship）などの概念を用いる理論的枠組みに道を譲るか，もしくは変容してきている．

このような論議の展開とともに実社会においても，企業経営における価値的側面が重視される動向，すなわち，ペイン（Paine, L. S.）が「価値転換」（Value Shift）と称する大きな変化が生じてきている．その背景には，企業の評価における新たな基準の出現や，環境問題を契機とする「持続可能な発展」（sustainable development）を求める社会の要請がある．「持続可能な発展」は，国際連合の「環境と開発に関する世界委員会」（World Commission on Environment and Development : WCED）により1987年に発表された『われら共通の未来』（"Our Common Future"），通称「ブルントラント報告書」（Bruntland Report）において中心的な理念とされたものである．この理念は環境保全に重点が置かれ，「将来の世代の欲求を満たしつつ，現在の世代の欲求も満足させるような開発」と説明されている．

それはその後，1992年「国連環境開発会議」（United Nations Conference on Environment and Development : UNCED）で環境宣言として採択された「アジェンダ21」等を通じ，1990年代半ばには，「持続可能な発展」の語のもつ意味が単に環境問題に留まらず，人権問題・貧困・労働等，社会的課題に対し，企業が果たすべき役割や責任への具体的対応をCSRに求める議論における重要な概念となっている．

5.3 CSRと市場

消費者が市場において財・サービスを購入する際，従来は，主に価格・質・利便性を選択基準とするのが一般的であった．しかし，1990年代後半から，責任をもって生産された製品，ならびに責任をもって遂行されるサービスの市場が拡大してきている．すなわち，企業を評価する市場の基準が変化しつつある．換言すれば，生産主体に対して，社会的に責任を遂行している企業か否かが問われてきている．それは，どのような状況の下，どのような

過程で財・サービスが生産されたのかをも問われるのである．このような傾向を代表する具体的な動きに，欧米を中心に進展している「社会的責任投資」(Socially Responsible Investment：SRI)（以下，SRIという）の進展，ならびにサプライチェーン（supply chain：SC）（以下，SCという）にまで要求される「CSR調達」(CSR procurement)[10]があげられる．

SRIは，財務的指標に，社会・環境的指標，すなわち非財務的指標を加えて企業を評価し，社会的に責任を果たしている企業を選別し投資する行動，または社会的・環境的・倫理的側面に関する企業の姿勢を考慮した投資行動である．アメリカにおける一部のキリスト教会が，教義に反する対象に教会資産を投資することを排除したことが始まりとされる．その後，1997年にイギリスのサスティナビリティ社（SustainAbility）のエルキントン（Elkington, J.）がその著書 *Cannibals with Forks : The Triple Bottom Line of 21st Century Business* [11]の中で提起した「トリプル・ボトムライン」(triple bottom line)，すなわち，企業活動を経済のみならず，社会・環境に対する適合性をも含めた視点から捉えて評価するという考え方がSRI投資行動の基本となる．

アメリカのSRI推進団体であるSocial Investment Forum (SIF) の"2001 Trends Report"[12]では，SRIの主な投資方針(strategy)（すなわち広義のSRIと理解する）を，① 選別(screening)，② 社会志向的株主行動(shareholder advocacy)，③ 地域社会投資(community investing)の3つに類別している．

選別とは，CSRに対する取り組みを勘案して投資銘柄を選定するもので，CSRに積極的に取り組んでいる企業を投資先として選定する肯定的選別(positive screening) と，特定の基準により不適当であると判断された企業を排除する否定的選別 (negative screening) との2つの方法がある．これは，社会的責任を果たしている企業ほど持続的な好業績が見込めるという長期的な視野を基本とする．社会志向的株主行動とは，株主が株式を保有している

企業に対して，① 企業市民の視点に立ち，より責任を果たす行動，② 会社の利害関係者すべての福利を高める活動に向けた管理に導くこと，③ 長期的財務業績の向上等の要求を，対話や議決権行使を行って要請することである．地域社会投資は，貧困層や地域の小規模事業者の経済的自立の促進，低所得者居住地域の開発などを支援することを目的として，低利の融資提供や投資を行う投資手法のことを指し，社会貢献とは区別される．SRI は企業を評価することで市場を通して企業に支持（ないし不支持）を与えることになるもので，欧米において，その市場は拡大している．

また，市場のグローバル化が進展したことにより，グローバル・サプライチェーン・マネジメントの中でも CSR は重要な要素となってきている．1990年代後半には，多国籍企業の SC である開発途上国の企業における労働条件および労働環境，児童労働，人権等に関する劣悪な現状が NGO や報道機関の活動を返して顕在化し，それに対する批判が噴出した．これらの問題は企業の深刻な課題事項（issue）に相当するのである．企業にとって納入業者は重要な利害関係者であり，企業はその状況をも考慮しなければならない．

経済協力開発機構（Organization for Economic Cooperation and Development：OECD）（以下，OECD という）は，1976年に企業社会における権利と責任の双方を定義する枠組みを定めた「国際投資と多国籍企業に関する OECD 宣言」の一部として多国籍企業ガイドライン（Guideline for Multinational Enterprises）を採択したが，グローバル化の急速な進展は，SC に内包する課題をさらに深刻なものとし，またそれに対する OECD への非難等により，その後1979年，1984年，1991年，2000年に改定が行われた．2000年の改定では，労働・環境・贈賄・情報開示・消費者利益などの分野で，児童労働や強制労働の禁止，環境情報の公開等の項目が新たに盛り込まれた．同ガイドラインには法的拘束力はなく，実施は企業の自主性に委ねられており，OECD 各国政府は連絡窓口を設置してガイドラインの普及や照会の処

理等に当たっている.

また，アメリカのサプライマネージメント協会（Institute for Supply Management : ISM）は「社会的責任原則」（Principles of Social Responsibility）(2004年)の中で，SCについて地域社会（community），多様性（diversity），環境（environment），倫理（ethics），財政的責任（financial responsibility），人権（human right），安全（safety）と，7項目を規定している．この中で注目すべきは人権に関する原則の第3項，すなわち「自社とサプライチェーンに対し，人権または就業上の権利に関する侵害行為の共犯とならないように奨励すること」（下線は引用者挿入）において，人権や雇用権に関する侵害行為の容認が「共犯」（complicity）と認識されていることである．欧米ではSCに対してもCSRの取り組みを要請する「CSR調達」を促し，国際的な枠組みの中で共通の調達基準の検討が進展している．

5.4 日本におけるCSRへの動向

日本で「企業の社会的責任」という用語は，かつて1970年代に多発した公害の際，普及した用語である．しかし，当時においては「倫理的課題事項（ethical issue＝引用者挿入）に属する諸種の事象が，その内的性格においてそれぞれ個別独立のものと理解され，それらの共通性において認識されることがきわめて少ない．したがって，それらの事象をめぐる具体的な実践も，その発生原因に遡及して問題の根本的解決を求めるものではなく，むしろ，それらが招来する当面の結果の処理に専念する性格のものとなっている」と指摘されるように，公害を含む主な課題事項への対処は，企業の危機管理や企業防衛のための対策，すなわち，企業イメージの維持・回復に関する対策，または現行法令遵守の励行であったに過ぎず，「予測的（anticipatory）で先行的（pro-active）である行動」を重視する議論には至らなかった．

近年，CSRは企業活動における事後的責任や社会貢献という従来の責任概念のみならず，公正性・公平性，人権尊重，環境保全などの視点を組み入

れて「不祥事」に対する未然防止，また，社会の持続可能な発展に対する積極的な取り組みとして認識されるに至り，2003年には「CSR元年」といわれるように企業の一大関心事となっている．今日，これほどまでに日本においてCSRが隆盛している理由は，① 企業が社会体制の中心に位置づけられてきたこと，② 企業の大規模化とそれによる経済的権力の増大，③ 企業活動のグローバル化，④ 企業活動に起因する負の影響に対する批判の強まり，⑤ 利害関係者の意識変容，⑥ 市場による企業評価基準の変化，⑦ 企業の社会的機能を再確認する要請，⑧ 持続可能な発展に対する取り組みへの期待など多くの理由をあげることができるであろう．以下では，CSRに対して特に関心が高まった1990年以降の背景を，グローバル化の進展，利害関係者の意識変容など，日本社会の構造変化を中心に探る．

(1) グローバル化の進展

わが国のグローバル化は，1980年代の対米貿易における大幅黒字に対する規制が契機となり，1990年代以降，企業の生産拠点の海外移転，直接投資，労働力移動等により急激に進展している．企業活動のグローバル化が利害関係者や文化にもグローバル化をもたらした．ここで考慮しなければならないことは，関係国との間での公正性・公平性，人権，環境等に対する考え方の同質性ないし差異から生ずる負の影響である．とりわけ，開発途上国における労働環境に関する課題はしばしば取り上げられる．そのため，SCにも従来の調達要件である品質・コスト・納期に加え，CSRの要件が要求される．これにより，欧米で進展しているSCに対するCSR調達の要請に日本企業も積極的に取り組んでいかなければならない．欧米のSRI評価機関によるSRI指標に基づく評価では日本企業もその対象となってきており，CSRを意識せざるを得ない状況にある．問われているのは，自国企業の抱える課題への対処と同時に，国境を越える社会的課題事項に対する高い感受性と配慮とである．日本におけるCSRの隆盛は，グローバル化により国際的に広が

ったこのような課題・問題に対するCSR論議や圧力により牽引されてきたことも否定できない．

(2) 利害関係者の意識変容

本項では利害関係者としての株主・従業員・地域住民についてその意識の変容をみる．これまで日本における株式所有構造は，敵対的企業買収等の回避の方法として，企業間で株式を相互に保有し合う株式の相互持合が広く行われてきた．したがって，株主による経営者のチェックは機能せず，実質的には，経営者支配が容認されてきた．しかし，「バブル経済の終焉」以降，① 資金効率の低下，② 持合株式の株価下落による業績悪化，③ 株主重視・資本効率重視志向の増大――等の要因により株式持合の構造は崩壊し，代わって外国人投資家による持株比率が上昇している．それは1995年には10％台に上昇し，現在では，日本の上場企業株全体に占める外国人投資家の持株比率は約26.7％（2006年6月現在）に達している．この現象は，前述のグローバル化ともかかわり，日本経済の構造変化を意味する．高い投資利益率を指向する外国人投資家（特に機関投資家）の積極的な発言権の行使により，企業行動における公正性等，厳しい規律の確立とともに資本市場における公正な機能の充実が求められる．

また，1980年代までの日本企業と従業員との関係は，企業が内部に従業員を包含する形態（＝内部労働市場）が主であった．すなわち，雇用保証が企業の責任であると考えられ，労使協調の下での，経済性・効率性指向と無縁ではなかったのである．しかし，戦後の日本企業に広く普及し定着してきた特徴的な雇用慣行が，1990年代以降，国際競争の本格化という状況を迎え，業務遂行における自立性や自己完結性が求められ，見直しの必要を迫られた．それに伴い，従業員の意識も変容せざるを得なくなったのである．

さらに，1995年の阪神・淡路大震災時のボランティア活動を契機として，市民の社会に対する意識に変容がみられる．自己責任・自己能力を基点とし

て自発的に市民公益活動を行う個人や，組織力を基点として自らの組織に課された社会的使命（mission）を達成することを目的とするNPO（Non Profit Organization），また開発・人権・環境・平和等における地球規模の課題に対し国境を越えて取り組んでいるNGO（Non-Governmental Organization）の進展がそれである．営利や政府から独立した立場を取るNPOならびにNGOによる企業活動の調査・分析，情報提供，監視は企業のCSRに対する取り組みに，一層，拍車をかけることになるであろう．

以上，株主・従業員・地域社会の意識変容，すなわち，それらによる企業に対する権利の主張，行動様式の評価，また監視，批判等は，従来の日本社会に特に欠けていた行動であり，企業のあり方を問う状況を促進し，したがってCSRを強く求める声として大きな影響を与えている．

5.5 CSRへの取り組み ―企業倫理概念を中心として―

社会に責任のある企業経営・事業活動のあり方を推進するため，国際機関・NGO・NPO・経営者団体等によるさまざまな取り組みが1990年代から顕著にみられる（図表5-1を参照）．これらの取り組みは，社会におけるCSRの認知，そして企業による促進に対して有効性が高い．しかし，多くは法的強制力がなく，企業の自発的・自主的な取り組みに期待されている．

CSRに期待されることは，企業が社会に対して与える影響を「マイナスからゼロへ」転換すること，すなわち，企業が社会的存在であることの必要条件の充足に加え，「ゼロからプラスへ」，すなわち，さらにその十分条件の充足に対しての，自発的・自主的・積極的な取り組みの促進である．前者はもっとも基本的な要件としての「不祥事」の根絶であり，後者は前者の達成後に求められるより高度の要件となる．したがって必要条件の達成は絶対的に不可欠である．それへの対処には現行法令遵守（compliance）や説明責任（accountability）だけでは十分でなく，「灰色領域」（gray zone）（グレイゾーン：適法・違法の判断が微妙な問題）への対処や，課題事項に対する予測的・

図表 5-1　CSRへの取り組み

年	国際的な取り組み		日本の取り組み	
	主体	内容	主体	内容
1990年	国際連合	第2回世界機構会議 開催		
1991年	アメリカ	連邦量刑ガイドライン 施行	経済団体連合会	「経団連企業行動憲章」制定→「実行の手引き」作成
1992年	国際連合	国連環境会議（リオ）：持続可能な発展を求める行動計画「アジェンダ21」の採択　地球サミットにおいて「気候変動枠組条約」採択		
1993年	FSC	森林管理協議会認証制度（FSCラベル）開始		「環境基本法」制定
1994年	経営者団体	コー円卓会議：「企業の行動指針」採択		
1995年	国際連合	世界社会開発サミット：「コペンハーゲン宣言」採択　気候変動枠組条約第1回締約国会議（ベルリン）		
1996年	ISO	環境マネジメントシステムに関する国際規格（ISO14001）発行	経済団体連合会	「経団連企業行動憲章」改定→「実行の手引き」改定
1997年	SAI FLO MSC	国際労働規格（SA8000）発行　国際フェアトレードラベル機構設立　海洋管理認証ラベル（MSCラベル）発行　気候変動枠組条約第3回締約国会議（京都）「気候変動に関する国際連合枠組条約の京都議定書」議決	経済団体連合会	「経団連環境自主行動計画」策定
1999年	国際連合 PEFC	世界経済フォーラム：アナン事務総長「グローバル・コンパクト」提唱　森林認証プログラム発行	環境庁	「地球温暖化対策推進法」施行
2000年	OECD 国際連合 GRI	国際投資と多国籍企業に関するOECD宣言：「多国籍企業の行動ガイドライン」(第5版)制定　「グローバル・コンパクト」制定　持続可能性報告書指針（GRIガイドライン）発行	環境庁	「循環型社会形成推進基本法」施行
2001年	イギリス NGO/NPO	貿易産業省（DTI）の閣外大臣がCSR担当大臣として任命「世界社会フォーラム」開催	環境省	環境省発足
2002年	フランス 国際連合	CSR担当大臣設置　「持続可能な発展に関する世界サミット」（ヨハネスブルク会議）開催	日本経済団体連合会　経済同友会　内閣府国民生活審議会　経済産業省	「京都議定書」批准　「企業行動憲章」→に改定→「実行の手引き」改定　「日本企業のCSR：現状と課題」発行　「企業の自主行動基準指針」策定　「CSR標準委員会」設置
2003年	ISEA	「AA1000保証規格」発表	経済同友会	第15回企業白書「市場の進化と社会的責任経営」
2004年	国際連合	「グローバル・コンパクト」に第10原則を追加	経済同友会　日本経済団体連合会　経済産業省　環境省	「日本企業のCSR：現状と課題　自己評価レポート2003―」発行　「企業行動憲章」改定→「第2章」にCSRを盛り込む　「企業行動憲章」「実行の手引き」にCSRを盛り込む　環境配慮活動促進法成立
2005年	国際連合	「京都議定書」発効	日本経済団体連合会	「2003年度社会貢献活動実態調査結果」公表

先行的な取り組みが必要となる．これらへの取り組みをもっとも有効ならしめるものとして，企業内外における課題事項に対する組織的感受性（organizational sensitivity）の強化，ならびに企業の倫理的行動の厳守の推進を目指す企業倫理の確立，すなわち，その「内部制度化」と「社会的制度化」とが必要不可欠であろう．[18]

内部制度化は，個別企業における倫理綱領（企業行動憲章）の制定が基本となる．これは，企業内部に厳格な倫理的基準を定め，その価値観を共有・定着させることを意味する．その上で，① 可能な限り具体的に認識した課題事項（過去に生じた，もしくは今後生ずる可能性のある課題）の分析・研究，② 事例研究等による構成員の教育・訓練，③ 実務レベルにおける各種の有効な機関・役職・施策の設置・配置・活用を同時遂行することである（図表5-2を参照）．

図表5-2　企業倫理の制度化の主要構成内容

① 倫理綱領または行動憲章の制定・遵守
② 倫理教育・訓練体系の設定・実施
③ 倫理関係相談への即時対応態勢の整備
④ 問題告発の内部受容と解決保証のための制度制定
⑤ 企業倫理担当常設機関の配置とそれによる調査・研究，立案，実施，点検・評価の遂行
⑥ 企業倫理担当専任役員の選任とそれによる関連業務の統括ならびに対外協力の推進
その他，各種有効手段の活用（倫理監査，外部規格機関による認証の取得，等々）

出所）中村瑞穂「企業倫理と企業統治—概念的基礎の確認」中村瑞穂編著『企業倫理と企業統治—国際比較』文眞堂，2003年，9ページ．

しかし，個別企業における内部制度化の実践・成果をさらに強力なものとして定着させるためには，他方における社会からの支援，すなわち，社会的制度化をも必要とする．具体的には，① 各種利害関係者の支援，② NGO・NPOとの連携，③ 行政等による助成と奨励，そして，④ 同業者・

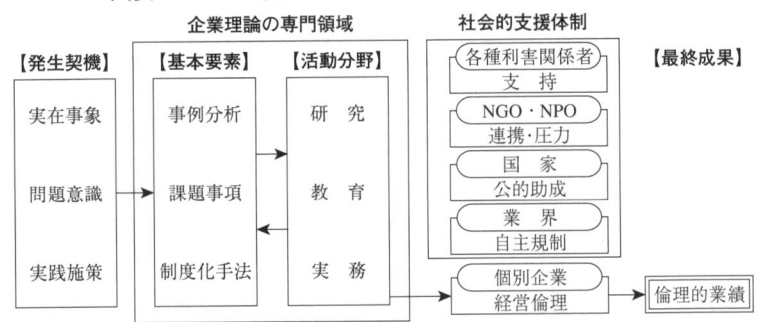

図表5-3　企業倫理の実現に向けての社会的取り組み

企業理論の専門領域			社会的支援体制	
【発生契機】	【基本要素】	【活動分野】		【最終成果】
実在事象	事例分析	研　究	各種利害関係者 支　持	
問題意識	課題事項	教　育	NGO・NPO 連携・圧力	
実践施策	制度化手法	実　務	国　家 公的助成	
			業　界 自主規制	
			個別企業 経営倫理	倫理的業績

出所）中村瑞穂「企業倫理と企業統治―概念的基礎の確認」中村瑞穂編著『企業倫理と企業統治』文眞堂，2003年，7ページに一部加筆

経済団体等による自主規制などである（図表5-3を参照）．

5.6 おわりに

　企業は社会の中の一員として，社会の資本（経済的資本・人的資本・自然環境的資本）を活用しつつ，新たな，より優れた価値を創造する，社会生活に有用な存在でなくてはならない．その実践に有効であるCSRについて検討した．

　CSRの取り組みは今後ますます重要性が認識されるであろう．それは，最近のわが国における「民営化」の急速な進展にも関連する．わが国では，従来，公的部門がその業務として推進してきた財やサービスの生産・販売を民営化する動向が進展している．それは，かつて不可侵とされてきた社会福祉の分野においてまでも展開されている．このように「公的責任」の下で行われてきた事業の民間受託企業に対しては，一般の企業が果たすべき責任に加え，さらに特殊な責任が付加され，より複雑で深刻な課題が発生することが予想される．それゆえ，CSRへの取り組みが一層強く求められるのである．

　CSR推進の動向を一過性のもので終わらせるのはなく，継続性をもたせ

るためには，企業の自発的な努力に期待するだけでは，到底，十分ではない．消費者・従業員等，利害関係者の理解・支持を獲得することとともに，NGO・NPO との連携や，CSR を推進している企業に対する国や地方行政による支援策の構築も必要である．企業経営・事業活動が利害関係者との相互関係を基礎として成立することを考慮すれば，利害関係者に支持される企業が"good company"となることは明らかであろう．

注）
1) 利害関係者とは，「組織体の目標の達成に影響をおよぼすことができる（can affect）か，もしくは，それによって影響をこうむる（is affected by）か―いずれかの集団または個人」である．Freeman, R. D., *Strategic Management : A Stakeholder Approach,* 1984, pp. 31-32.（中村瑞穂・丸山恵也・権泰吉編著『現代の企業経営―理論と実態』ミネルヴァ書房，1999年（新版第11刷）256ページ）
2) Carroll, A. B., "Corporate Social Responsibility : Evolution of a Definitional Construct", *Business & Society,* Vol. 38, September, 1999, pp. 268-295を参照．
3) 「企業の社会的責任」（Committee for Economic Development, *Social Responsibilities of Business Corporations,* 1971）．
4) アメリカでは，経営学分野において，企業と社会との間の多様で複雑な関係は，「企業と社会」（Business and Society : B&S），もしくは「経営における社会的課題事項」（Social Issues in Management : SIM）の研究領域で中心的に扱われ，1970年頃には「制度的な確立」（institutionalization）を遂げたといわれる（中村瑞穂「『企業と社会』の理論と企業倫理」明治大学商学研究所『明大商学論叢』第77巻第1号，1994年，中村瑞穂「経営社会関係論の形成」明治大学商学研究所『明大商学論叢』第77巻第3・4号，1995年を参照）．
5) エプスタインによれば，社会的即応性とは，企業の急速な変化により増大する社会的要請をどのように予測し，対応すべきなのかということに焦点を当てた概念である（Epstein, E. M., "Business Ethics, Corporate Good Citizenship, and the Corporate Social Policy Process : A View from the United States", *Journal of Business Ethics,* Vol. 8, No. 8, 1989, pp. 583-595）を参照．
6) 中村瑞穂「経営社会関係論の形成」明治大学商学研究所『明大商学論叢』

第77巻第3・4号，1995年，99-112ページを参照．
7) 企業が，消費者，地域社会，環境など利害関係者と積極的に良好な関係を築き上げることで，企業も社会を構成する一市民であるという捉え方を指す．
8) Paine, L. S., *Value Shift*, McGraw-Hill Companies Inc, 2003.（鈴木主税・塩原通緒訳『バリューシフト──企業倫理の新時代』毎日新聞社，2004年）を参照．
9) http://www.mofa.go.jp/mofaj/gaiko/kankyo/sogo/kaihatsu.html（2006年11月15日）
10) CSR調達とは，企業がその納入業者にまで社会的責任を果たしていること（たとえば，現行法令遵守だけでなく環境保全や職場の安全配慮など）を要請する行為である．
11) Elkington, J., *Cannibals with Forks : The Triple Bottom Line of 21st Century Business,* Capstone Publishing Ltd., 1997を参照．
12) http://www.socialinvest.org/areas/research/trends/SRI-Trends-Report-2001.pdf（2006年12月5日）を参照．
13) http://www.ism.ws/SR/content.cfm?ItemNumber=4767&CFID=4978756&CFTOKEN=59957864（2006年12月3日）を参照
14) 藤井俊彦・海野みづえ編著『グローバルCSR調達──サプライチェーンマネジメントと企業の社会的責任』日科技連出版社，2006年，19ページ．
15) 倫理的課題事項とは，「それへの対処がもしも適正を欠く場合には深刻な問題に発展することが不可避であるような性格を有する重要事項」（中村瑞穂「企業倫理実現の条件」『明治大学社会科学研究所紀要』第39巻第2号，90ページ）を意味し，各利害関係者別の具体的な課題事項については，中村瑞穂，前掲論文91ページ，図表2を参照．
16) 中村瑞穂「企業倫理と『日本的経営』」『明治大学社会科学研究所紀要』第37巻第1号，1998年，15-26ページ
17) Epstein, E. M., ibid., p. 585.
18) 中村瑞穂「企業倫理実現の条件」『明治大学社会科学研究所紀要』第39号第2号，2001年，97ページ

◆参考文献
中村瑞穂編著『企業倫理と企業統治──国際比較──』文眞堂，2003年
ペイン，R. S. 著，鈴木主税・塩原通緒訳『バリューシフト──企業倫理の新時代』毎日新聞社，2004年
谷本寛治『CSR──企業と社会を考える』NTT出版，2006年
岡本大輔・梅津光弘『企業評価＋企業倫理──CSRへのアプローチ』慶應義塾大学出版会，2006年

第6章

現代企業の環境経営

6.1 サステナブル経営の台頭

「環境に優しい」「地球に配慮した」「エコ」といった言葉が, 企業や商品名を飾る言葉として, CMや広告で目にする機会が増えてきた. こうした流れは, 1992年ブラジルのリオ・デ・ジャネイロで開かれた地球環境サミットが契機であったと考えられる. しかし, その後しばらくは, そうした言葉を用いることは, 企業のPRにすぎないと揶揄される見方もあった. しかし, 今では, PRを越えた企業の環境保全活動への意志が感じられるようになってきている.

また, 地球環境サミットで発せられた「持続可能性」や「持続可能な」という用語も, 今日, 一般に知られる言葉となった. 最近では, 「サステナビリティ (sustainability)」, 「サステナブル (sustainable)」という原語のまま用いられる機会も増えてきている. 持続可能な社会とは, 「次世代の人々のニーズを満たすことに障害がなく, 現在の人々のニーズを満たせる社会」[1] と定義される. しかし, 大量生産, 大量消費, 大量廃棄の社会といわれた20世紀は, その時々の現在の人びとのニーズを充足してきたとはいえても, 次世代のニーズを満たすものであったとは言い難い. それは, 地球が100万年かかって蓄積した化石燃料を, わずか1年で消費しているという事実からも明らかである[2]. 企業の環境保護活動推進の先駆者である国際NGOのナチュラル・ステップは, この持続可能な社会の定義を具体的な目標として用いるために, 次の4つを要件としてまとめている[3].

① 地殻から取り出した物質が生物圏に増え続けない
② 人工的に作られた物質が生物圏に増え続けない
③ 自然が物理的に劣化され続けない
④ 人びとの基本的なニーズが，世界中で満たされている

わが国でも，環境省による「最適生産・最適消費・最少廃棄」を目指した循環型社会の「環の国」づくり構想が発表された（2001年）．こうした内外からの環境問題に対する意識変革が要請される中で，企業の環境保護活動は単なる PR 活動ではすまされない時代に入った．

さらに今日では，持続可能な社会の構築を考えていく上で，企業は，より幅広い意味での「持続可能性」の概念を認識する必要性が生じてきている．端的にいえば，環境のみならず，社会や経済もともに持続可能な発展（sustainable development）を実現していくべきであるということを意味している．すなわち，現代企業は，「環境経営」の実践から，より広い意味での「サステナブル経営」を実現していくことが要請されているのである．

6.2 環境経営からサステナブル経営へ

「サステナブル経営」の要請の裏づけには，CSR（前章参照）の概念が根底にあり，次の事例からその背景がうかがえる．

2000年に設立された環境経営学会では，外郭の環境経営格付機構のもと，2002年度より「環境経営格付」を実施しているが，2005年度からは「サステナブル経営格付」に改進させた．その理由として，環境問題に取り組むことは CSR の観点からも当然であるとしたうえで，「国内外で議論が進められている CSR を企業が社会からの信頼を獲得する上での要諦と理解し，持続可能な社会の実現に不可欠な企業行動の理念と位置づけるとともに，これを実践する経営を『サステナブル経営』として環境経営を包含させた」と述べている．[4] その結果，「経営」「環境」「社会」面での評価項目は，第1回の環境経営格付の際から設定されていたが，サステナブル経営格付に移行するに

つれ，環境関連が収斂され，経営面，社会面の項目の比重が当初より高まる内容となっている（図表6-1参照）．

このような認識の広まりは，1997年にイギリスのサステナビリティ社というコンサルティング会社のエルキントン（Elkington, J.）が提示した「トリプル・ボトムライン」という考えに影響されているところが大きいと考えられる[5]．エルキントンは，「経済性」「環境性」「社会性」の3つの観点から，社会に対して価値を与えていける企業だけが，21世紀に存続していける企業であるとしている．また，CSRに関する情報開示のガイドラインのグローバルスタンダード化を目指すGRI（Global Reporting Initiative）も，2000年6月に発表したガイドラインの中で，企業の持続可能性について，「経済」「社会」「環境」の3つの側面から報告することを義務づけている．環境省がまとめる環境報告書ガイドラインは，当初は環境中心の内容であったが，その後の改訂でGRIガイドラインに歩み寄ったものとなった[6]．

こうした社会的な要請を認識し，そのことをすでに行動に移している企業もみられる．たとえば，これまでは，「環境報告書」を作成していた企業が，GRIや環境省のガイドラインに準じ，環境だけでなく他の要素も取り入れた「サステナビリティリポート」や「CSR報告書」を作成，公表し始めている．これらの報告書では，タイトルどおり，広い意味での「サステナブル経営」を目指す方向性が示されている．

このような意識の広がりは，環境問題とは縁がないとされていた金融の分野でも浸透しつつある．国連環境計画・金融イニシアティブ（UNEP・FI）では，投資先を決める際にESG（Environmental＝環境，Social＝社会，Governance＝企業統治）を重視して，投資分析と意思決定プロセスに組み込むことを，PRI（Principles for Responsible Investment：責任投資原則）の中の一項目にあげている．この原則には，世界25ヵ国，136機関（日本は8機関，2006年12月現在）が署名しており，投資対象としての企業は，当然，そうした投資家の姿勢を無視できなくなる．

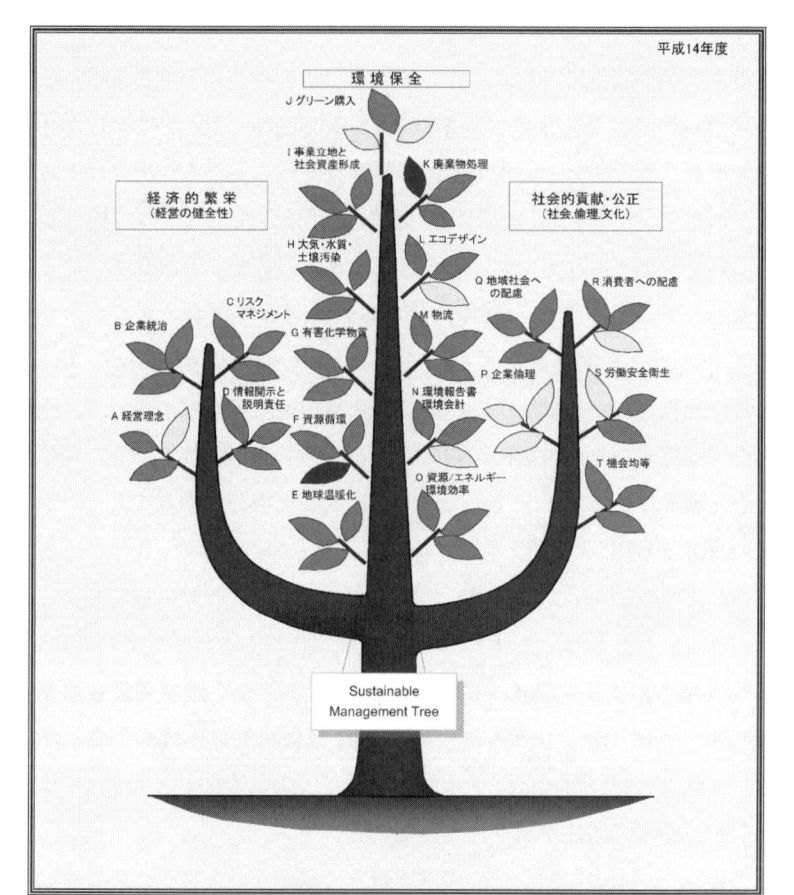

図表 6-1　環境経営格付とサステナブル経営格付

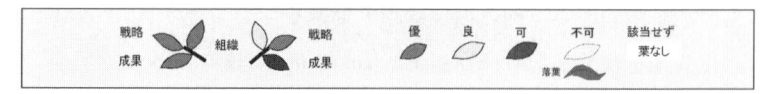

平成14年度

環 境 保 全
J グリーン購入
I 事業立地と社会資産形成
K 廃棄物処理

経 済 的 繁 栄
（経営の健全性）

社会的貢献・公正
（社会,倫理,文化）

H 大気・水質・土壌汚染
L エコデザイン
Q 地域社会への配慮
R 消費者への配慮

B 企業統治
C リスクマネジメント
G 有害化学物質
M 物流

A 経営理念
D 情報開示と説明責任
F 資源循環
N 環境報告書環境会計
P 企業倫理
S 労働安全衛生

E 地球温暖化
O 資源／エネルギー環境効率
T 機会均等

Sustainable Management Tree

戦略　組織　戦略　　優　良　可　不可　該当せず
成果　　　　成果　　　　　　　　落葉　葉なし

注）左が2002年度の「環境経営格付」，右が2006年度の「サステナブル経営格評
　　ツリーの葉の色で格付けされている．2006年版は，カラーが5段階に分か
出所）環境経営学会『サステナブル経営格付の狙いと特徴－2005年度サステナブ
　　事務局より2002年版を入手．

によるサステナブル・マネジメント・ツリー

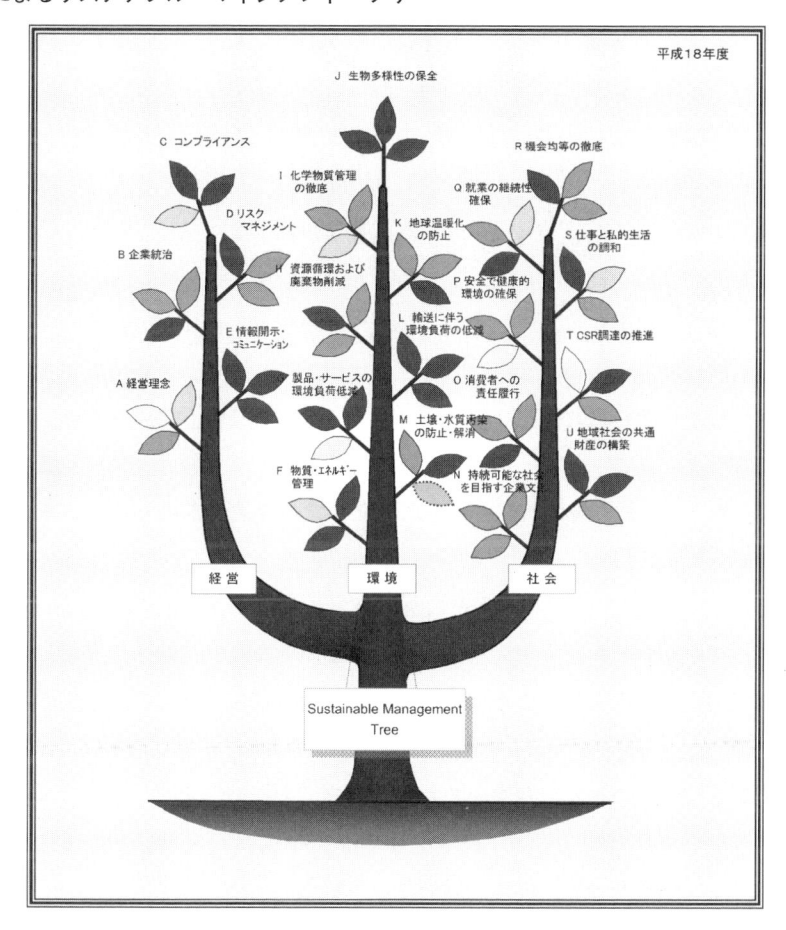

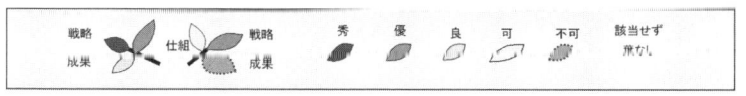

平成18年度

J 生物多様性の保全
C コンプライアンス
R 機会均等の徹底
I 化学物質管理の徹底
Q 就業の継続性確保
D リスクマネジメント
K 地球温暖化の防止
S 仕事と私的生活の調和
B 企業統治
資源循環および廃棄物削減
P 安全で健康的環境の確保
E 情報開示・コミュニケーション
L 輸送に伴う環境負荷の低減
T CSR調達の推進
A 経営理念
製品・サービスの環境負荷低減
O 消費者への責任履行
M 土壌・水質汚染の防止・解消
U 地域社会の共通財産の構築
F 物質・エネルギー管理
N 持続可能な社会を目指す企業文化

経営　環境　社会

Sustainable Management Tree

戦略　仕組　戦略　秀　優　良　可　不可　該当せず
成果　　　成果　　　　　　　　　　　　原ない

付」の格付けを示すツリーの原図である．実際の図は，カラーで表され各価項目の
れ，茶色から緑色が濃くなるほど評価が高くなる．
ル経営格付の総括』2006年（経営評価調査票のページ）および，格付機構の

先に，現代企業は，「環境経営」の実践から，より広い意味での「サステナブル経営」を実現していくことが要請されていると述べた．企業の社会的責任の概念は，公害問題や人権問題，製品の品質に関わることなど社会的なものから端を発している．それは解決策の1つとして論じられてきた「社会監査」や「社会会計」という「社会」という名称にも表れている．その後，環境問題は企業にとって緊急を要する大きな課題となったことから，社会的諸問題の中でも，「環境経営」として，独立する形で取り扱われてきた．そして，現在，企業が抱える社会的な問題や環境問題すべてが，企業の存続に関わる問題であるということから「サステナブル」という言葉に集約されるにいたったと考えられる．すなわち「サステナブル経営」というのは，環境問題プラスアルファという広い意味での「サステナブル経営」という意味よりも，むしろ，「サステナブル」本来の意味での経営が求められていると解釈できる．

　それが，「次世代の人々のニーズを満たすことに障害がなく，現在の人々のニーズを満たせる社会」構築と「人々の基本的なニーズが，世界中で満たされている社会」を作ることにつながると考えられる．そして，もちろん，「環境経営」に対する確固たる信念が企業になければ，「サステナブル経営」を構築していくことができないことはいうまでもない．なお，本章では，前章に社会的責任に関する章が設けられているため，「環境経営」の内容に絞って，話を進めていく．

6.3　地球温暖化防止の環境経営

　企業にかかわらず，全人類が取り組まなければならない環境問題は，土壌・水質汚染，天然資源の枯渇，酸性雨，砂漠化等，さまざまあげられるが，現在，世界規模で共通して早急な対策が必要とされているのは，地球温暖化であろう．すでに，温暖化が原因と思われるハリケーンや台風による洪水被害が世界中で起こっており，さらに，干ばつ，水資源の枯渇，農業生産

性の低下，海面上昇などその被害が拡大されることが懸念される．

こうした状況が憂慮される中，2006年10月，エコノミストのスターン (Stern, N.) によって報告された研究結果が全世界の注目を集めた（スターン報告）．これまで，さまざまな研究者により個別の角度から，地球温暖化の影響が実証されてきたが，同氏の報告は，世界経済に与える影響を包括的に捉えた初めての研究成果として評価されている．同報告では，「気候変動はかつてない市場の失敗」であり，気候変動対策をとらないでこのまま温暖化の要因といわれる CO_2（温暖化ガス）排出を続けた場合の経済的損失は，世界の GDP の 5～20％であると述べられている[7]．しかし，一方で，今すぐ，対策をとることで，将来の経済的損失を少なくすることが可能であるとし，その場合の費用は GDP の 1％ですむとしている．

温暖化防止の解決策として，1997年12月にはすでに，161ヵ国の代表が集まり CO_2 などの温暖化ガス削減の具体的な数値目標が話し合われた（COP 3：第3回気候変動枠組条約締約国会議）．1990年の排出量を基準とし，参加国それぞれに削減の数値目標が定められ，日本の場合は，6％削減することが義務づけられた（京都議定書）．日本経済新聞社のアンケート調査によれば，この削減目標に対して，達成困難と答えた企業が4分の3にのぼる（上場・非上場1,992社のうち有効回答数612社）[8]．また，同アンケートでは，目標達成のための必要な措置に，省エネなど国内対策の強化をあげる企業が7割を超えていたが，省エネ対策については，わが国は，省エネ先進国とよばれるほど多くの方策がすでに採られており，「乾いた雑巾を絞るに等しい」といわれている．

一方で，京都議定書で削減手法（京都メカニズム）として採択されている CDM（Clean Development Mechanism：クリーン開発メカニズム）や JI（Joint Implementation：共同実施）をビジネスチャンスとして積極的に利用しようとする企業も出始めている．CDM は，途上国において，JI は先進国同士で排出削減事業を行うもので，いずれも，削減分を排出枠（クレジット）とし

て取得できる．先のアンケート調査でも，CDM の活用により対策を進めるとする企業が約65％に達している．

ただし，その他の措置としてあげられる環境税に対しては，経済的な影響が大きいという理由で，産業界全体を通じ依然として反対の声が高い．環境税は，電気・ガス・ガソリンなど，地球温暖化の原因となる CO_2 を排出するエネルギーに課税するもので，CO_2 の排出量に応じた負担をする仕組みであるが，当然それらのエネルギーを多く使用する製造業などは特に反発が強い．しかし，日本の温暖化ガス排出量は，2005年度には，90年比ですでに8.1％増になっている（環境省調査）．また，スターン報告でも，現状のままでは，2035年の温暖化ガス濃度は産業革命前の2倍，平均気温は2度以上上昇すると予測され，気候変動の影響を抑えるには，2050年までに現在の温暖化ガス排出量を少なくとも25％か，それ以上減らす必要があると次の危機を予告している．環境税のような強攻策を取らないわけにはいかないという段階まで来ているのが日本の現状である．

さきほど述べた京都メカニズムには，排出権取引制度（ET：Emission Trading）も含まれている．同制度は，これまでコストのかからなかった温暖化ガスに価格を付与して取引するというものである．あらかじめ温暖化排出枠が参加する事業体に割り当てられ，その枠よりも排出を削減できればその分が余剰分となり，他の事業体に売ることが可能となる．実際の取引としては，2002年4月にイギリス政府が国内市場を開設し，2005年1月にEUが域内の取引を開始した．日本でも2005年2月に参加企業の募集を開始した．国同士の取引は2008年に開始される予定である．

いずれにせよ，温暖化防止対策が遅れれば，対策コストは増え手遅れになる．次に環境経営をコストの視点から捉えてみよう．

6.4 環境保全と「投資」「コスト」

伝統的な経済学者や保守的な企業のトップの間では依然，環境問題に対処

することイコール,コストがかかることと,捉えている.しかし,一方で,環境経営に着手することは,ビジネスチャンスでもあるとの見方も広がってきている.その例には,しばしばトヨタがあげられる.同社のハイブリッド車がエコカーとして先駆したことで,海外での市場拡大やグリーンコンシューマーといった新しい消費者層の確保などを得ることができたといわれる.

企業や地方自治体などの環境保護活動を支援するアトキソン(AtKisson, A.)は,「環境活動に投資する資金はコストではなく,投資と捉えるべきである」と主張する[9].その主張を裏づけるものとして,同氏もまたトヨタを例にあげ,トヨタの環境報告書にあげられているコストに注目している.2004年の報告書には,2,010億円の「環境コスト」を投じ,また「地球に優しい会社」としての評判を得たことで結果的に2,600億円の売り上げ増につながったとある.それに対し,アトキソンは,環境対策として投じたコストが結果的に約30%もの収益増につながったことから,それは「コスト」ではなく「投資」と解釈すべきであると述べている.また,同氏は,先のスターン報告についても,同じ視点で言及している.すぐに着手すれば世界のGDPの1%ですむ支出を,対策が遅れることによって,GDPの5〜20%にものぼる支出を投じなければいけない場合には,その支出は「コスト」となる.一方,すぐに対策をとることによってかかるGDPの1%の支出は,将来の経済的損失を少なくする効用からコストではなく投資であると主張する[10].

また,スターン報告の中でも,気候変動はかつてない市場のチャンスであると述べられている.1%のコストは,一時的にはさまざまなモノの価格を1%上昇させることになるが,気候変動対策に伴って新技術の開発が進み,新製品が登場することで市場には新しいビジネスの機会が生まれるものと考える.

一方,環境省による環境会計のガイドライン(2005年版)では,環境保全コストは,「環境保全コストのための投資額および費用額」とされている.ここでいう「投資額」とは「支出の効果が数期にわたって持続し,その期間

に費用化されていくもの」であり,「費用額」は,「環境保全を目的とした財・サービスの費消によって発生する費用または損失」であるとされる.2000年に初めて公表されたガイドライン（当時は環境庁）から,2005年のガイドラインに至るまでは,環境保全コスト全体の分類や効果の見直しがされてはきている.しかし,「投資額」と「費用額」の定義は変わらない.これは,財務会計における資産・費用概念に由来するものであり,会計上は,この概念は定着するものと考えられる.しかし,アトキソンの考えやスターン報告でもふれられているように,今後は,環境保全コストとよばれるものの中に付加価値を生むものが含まれているという観点に着目し,たとえば,財務上の視点から「環境保全コスト」と「環境保全投資」の概念整理を再考する余地があると思われる.

6.5 守りの環境経営,攻めの環境経営

　企業が,環境保全活動に取り組む動機は何であろうか.これまで述べてきた中では,地球温暖化防止策にいち早く着手しなければ,地球の存続はもとより企業の存続も危ぶまれるという危機感,また,環境保全に取り組むことで,他の業種に先駆けて競争優位を測れると考える積極的な姿勢等があげられる.さらに,他社に倣って,環境会計を導入する,環境報告書（サステナビリティ報告書,CSR報告書も含む）を作成する,ISO14001（環境マネジメントシステム規格）[11]を取得するといった横並び意識や,あるいは,それらの導入が取引先の取引条件になっており,やむを得ずといった場合もある.

　こうした企業の動機や実際の取り組みは,リスク管理の側面から捉えたり,企業戦略（環境戦略）の側面から捉えたりすることができる.たとえば,リスク管理としては,環境関連の法規制を遵守するといったことがあげられる.たとえば,日本では,各種リサイクル法が含まれた循環型社会形成推進基本法（2001年制定）や,海外ではEUによる化学物質に対する安全評価を義務づける規制（REACH）などがある.これらの法規制を遵守しなけ

れば，社会的な制裁はもとより，取引停止や消費者の信用を失うなどのリスクを招きかねない．また，経営活動により河川や土壌汚染を起こした場合にも，そのような企業は，法規制を遵守しなかった場合と同様に，信用の低下を招いたり原状回復のための膨大なコストが発生したりする．当然，企業は，これらの損失を生むことがないようなリスク管理を行っていかなければならないが，こうした環境保全のための活動は，どちらかというと消極的な環境経営ともとらえられる．なぜなら，法規制の遵守にしても，環境汚染を引き起こさないよう注意深く経営管理を行っていくことにしても，CSRの観点からみれば，どちらも，企業が当然果たしていかなければならないことと考えられるからである．

　一方，環境保全対策が新しいビジネスを産んだり，市場で先駆したりすることなどは，経営戦略の1つと考えられる．環境保全と結びつくことで「環境戦略」あるいは「環境経営戦略」と言い換えてもいいだろう．これは，環境リスクマネジメントと対比すると，より積極的な環境経営と捉えられる．

　先のアトキソンは，「地球温暖化防止に対する投資を3R」という3つのチャートに分けて，企業活動と関連づけている．3Rとは，'Risk'（リスク），'Reward'（報酬），'Responsibility'（責任）のことを指す．具体的には，'Risk'は，先にも述べたリスク・マネジメントの観点から企業にとっては，コスト増や社会的信用の喪失など企業にとっての脅威であり，'Reward'は，温暖化防止に対する投資に見合ったプロフィット（利益）を得られるという点で，ビジネス機会に結びつく．また，'Responsibility'は，温暖化防止に投資し，温暖化ガスを削減することによって最終的に企業倫理や企業が掲げる持続可能な社会構築のためのビジョンを果たすという責任の遂行を可能にすると説明している．同氏の提言するこれらの概念は，温暖化防止に対する投資だけでなく，環境問題全般に対する投資に置き換えることも可能であろう（図表6-2）．たとえば，'Risk'のチャートにおける企業にとっての「脅威」は，環境の分野におけるリスク・マネジメントが，先ほど述べたとおり

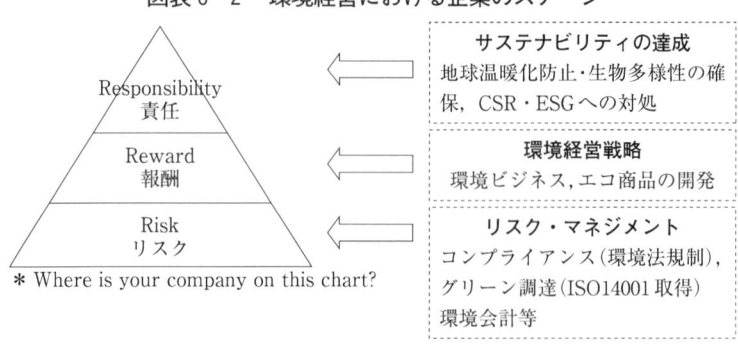

図表 6-2 環境経営における企業のステージ

```
        Responsibility          ←   サステナビリティの達成
        責任                        地球温暖化防止・生物多様性の確
                                    保,CSR・ESGへの対処

        Reward                  ←   環境経営戦略
        報酬                        環境ビジネス,エコ商品の開発

        Risk                    ←   リスク・マネジメント
        リスク                      コンプライアンス(環境法規制),
                                    グリーン調達(ISO14001取得)
* Where is your company on this chart?   環境会計等
```

出所)アトキソンの報告(フォーラム「地球温暖化防止:授業の戦略的アプローチ-現状を打破する次の一手」2006年11月15日開催)による「地球温暖化防止対策投資の3R」の図および概念をもとに著者が作成

消極的な環境経営であるとするならば,それを乗り越えることで,次の'Reward'のチャートにステップすることができる.また,'Reward'のチャートに進むことは,まさに,企業が環境問題に積極的に取り組んで投資し,それによってリターンを得るということが実現するという意味で,戦略的な側面を示している.また,'Reward'のチャートに位置づけられる場合には,その結果として,たとえば$CO2$が削減できたり,その他の環境保護を実践できるという'Responsibility'のチャートにも同時に位置づけられることになると考えられる.

このチャートのトップの'Responsibility'に到達している企業例にイギリスのBP社があげられる.同社は,かつては石油会社といわれていたが,近年ではエネルギー関連会社とよばれるようになった.その背景には,環境問題を深刻に捉えた脱石油化の企業戦略がある.先のチャートにBP社を当てはめて考えると,いずれ石油,石炭といった同社が扱っている化石燃料が枯渇するという'Risk'(脅威)や,また,CO_2を排出する燃料を販売しているという'Risk'を次の'Reward'のチャートに移行することで乗り超えている.たとえば,同社は,1990~2001年の間に,業務効率の向上,技術革新の適

用，エネルギー管理の改善を目的とするさまざまなプロジェクトを展開した．具体的には，再生可能資源としてソーラービジネスを推進し，エネルギー効率を高めたり，また，排出権取引を積極的に行ったりした．その結果，正味現在価値が約6億5,000万ドル増加した．[12] さらに，2004～2005年にわたるエネルギー効率化プログラムのため，3億5,000万円を投資する計画も立てており，その効果はまだ公表されていないが，それに見合ったリターンを見込んでの投資だと考えられる．一方，'Responsibility'のチャートでは，投資に見合った'Reward'とともに，2001年には，当初の予定より9年早く温暖化ガスの削減目標を達成し，1998～2004年の間には，絶対排出量を14％削減するという，サステナビリティに対する責任も果たしている．

次にトヨタの環境経営をチャートに当てはめてみると，まず，'Reward'では，1999～2003年の間に，生産部門における投資額は84億円，投資による経済効果は102億円とされる．その効果は，環境負荷低減のための製品・工程変更，エネルギー効率を高める，輸送システムをCO_2排出といった環境負荷の少ない鉄道や船の移動に転換していくモーダルシフト化を進めることなどにより実現されている．そして，'Responsibility'では，2004年までに，温暖化ガス排出量を1990年比で19％削減，2004年時点で日本政府が掲げる2010年の燃料費基準をほぼ達成している．

双方の事例は，まさに，エコノミーとエコロジーの両立によるWin-Winの関係を成立させている．

6.6 環境経営達成のためのシステム構築

冒頭に，今や日本企業の環境経営においては，PRを越えた環境保全への意思が感じられるようになってきていると述べた．しかし，京都議定書の温暖化ガス削減義務に対しては達成が困難との声があがっており，また実際に資金力がなくコスト面で環境経営着手に躊躇している企業の存在も多い．これらの状況を克服するための第一歩として，前節で述べた3Rの概念を企業

が認識し，自分の企業は，今どこに位置し，どう，チャートを登りつめていくのか考えていくことは有効である．

その一方で，企業にそれを強いるだけでなく，企業が，最終的に持続可能な社会を構築の達成に向かえるような経済システムを，創り出していくことも不可欠である．たとえば，環境活動に取り組むことで，企業価値が上がり，最終的にプロフィットを生み出せるようなシステムの創造である．サステナブル経営格付などの環境格付により高く評価された企業が，市場でも高く評価され，その結果，何らかのメリットにつながるようなシステムが確立されることが望ましい．たとえば，それが株価や社債等の格付け，銀行の融資に反映され，資金調達に有利になれば，企業が環境経営に取り組むモチベーションにつながるだろう．そのためには，利害関係者に，自社の環境に対する取り組みの姿勢をきちんと伝え，それがIRの中で用いられることで，投資家サイドもそれを評価していくような流れも必要となってくる[13]．UNEP・FIは，「ESG問題に取り組む企業は，パフォーマンスがよいという仮説は，まだ実証されていないが，その仮説を信じることが大事である」と述べている．この仮説が，実証されるような経済システムが構築されれば，企業の環境経営活動が促進され，持続可能な社会の構築を実現していく大きな糧となるであろう．

注）
1) 1987年にノルウェーのブルントラント首相が公表した報告書 "Our Common Future" の中で述べられた言葉（外務省ホームページ）．
2) 高見幸子『日本再生のルール・ブック－ナチュラル・ステップと持続可能な社会』海象ブックレット，2003年，15ページ
3) 同上書，29ページ
4) 環境経営学会環境格付機構『サステナブル経営格付の狙いと特徴－2005年度サステナブル経営格付の総括』環境経営学会，2006年，7-9ページ
5) Elkington, J., *Cannibals With Forks The Triple Bottom Line of 21st Century Business,* New Society Publishers, 1998.

6) 環境省『環境報告書ガイドラインとGRIガイドライン併用の手引き』2005年
7) スターン報告（'Stern Review on the Economics of Climate Chang'）全文は，英国大使館ホームページで閲覧可能．
8) 『日本経済新聞』2006年12月14日付朝刊．「達成はやや難しい」と答えた企業が49.3%，「実現は困難」と答えた企業が26%という結果を示している．アンケートは2006年8－11月に実施されている．
9) AtKisson, A.: If It Makes Money, It's Not a Cost, *AtKisson Report ISSUE*, 10 Published 14 Ap2005, AtKisson Inc. HP（アトキソン・レポート）http://www.atkisson.com/atkissonreport/atkreport10.html）
10) 日本で開催されたフォーラム「地球温暖化防止：企業の戦略的アプローチ─現状を打破する次の一手」（2006年11月15日開催）でのアトキソンの報告による．
11) 国際規格認証機構（ISO：International Organization for Standardization）が，1996年9月に発効させた国際統一規格としての環境マネジメント規格．ISO14000シリーズが環境マネジメント規格となっているが，そのうちISO14001（環境マネジメントシステム規格）が認証登録制度となっている．同規格の認証を受けているということは，環境マネジメントシステムを経営システムの中に取り入れていることを意味し，環境に配慮した経営を自主的に行っていることの証明になるとされる．
12) The Climate Group, *Carbon Down Profits Up Second Edition 2005*．（ザ・クライメート・グループホームページ，http://www.theclimategroup.org/index.php?pid=354）トヨタのデータについても同上．
13) 環境省は，「環境と金融に関する懇談会」（環境省）を設けて，こうしたシステムづくりの実践をはかっている．『環境等に配慮したお金の流れの拡大に向けて』環境省，2006年．

◆参考文献

Carbon Disclosure Project, *Climate Change and Shareholder Value In 2004*, Beacon Press, 2004.
坂本恒夫・大坂良宏編著『テキスト現代企業論』同文舘出版，2004年
高見幸子『日本再生のルール・ブック─ナチュラル・ステップと持続可能な社会』海象ブックレット，2003年
矢野昌彦ほか『経営に活かす環境戦略の進め方─環境経営からCSRに向けて』オーム社，2004年

第7章

現代企業の経営戦略

7.1 環境変化と経営戦略

　近年，企業をとりまく環境の変化がいちじるしい．企業は，環境の中で活動を営んでいるため，環境にうまく適応し，かつ諸問題に素早く対処していくことが大切である．その適応や対処いかんによって，企業の成長や存続自体が左右されるのである．

　企業環境には，経済環境，政治環境，社会環境，競争環境がある．「経済環境」の変化には，景気，株価，金利，為替レート等の変動がある．たとえば，製品を輸出している企業にとって，円高は収益圧迫要因となってしまう．「政治環境」には，規制，戦争やテロのリスク等がある．「社会環境」には，社会の価値観や慣習，少子・高齢化といった人口動態，公害問題や地球環境問題等があげられる．たとえば，地球温暖化や公害問題が自動車産業に及ぼす影響は大きく，少しでもそれを緩和すべく，ハイブリッド車の導入や燃費の改善が行われている．

　「競争環境」は，直接的に企業の活動や業績に影響を及ぼす．ポーターは，5つの競争要因として，① 競争相手，② 新規参入者の脅威，③ 代替品の脅威，④ 売り手の交渉力，⑤ 買い手の交渉力をあげている[1]．また，顧客ニーズの変化や，当該産業の市場成長率なども競争環境に関わってくる．

　企業はこれらのさまざまな環境の変化に適応する必要がある．しかし，企業は環境の変化に事後的に適応するだけでなく，自ら進んで新しい環境を創造していくという姿勢も必要である．たとえば，ヤマト運輸の小倉昌夫は，

宅配便事業を始める際に，事業の障害となるさまざまな政府の規制と戦い，事業が行えるような環境を積極的に創造してきた．すなわち，同社は政治環境を克服してきたのであり，企業と環境の間には相互作用が働いているのである．

　企業は，環境と関わりあう中で，企業の目標を具現化するための経営戦略が必要となる．企業の経営戦略は，さまざまな場面で組織が意思決定をする際の指針の役割を果たすことができる．経営戦略を構築する際，あまりに詳細な計画は，企業が環境の変化に柔軟に対応できなくなる可能性がある．反対に，あまりに抽象的な経営戦略は，意思決定の指針とはなりにくい．

　ミンツバーグは，戦略は「計画」であり，「パターン」であるという．これは，計画とその実行が，時間的ギャップによって実際には異なったものになることを示している．まず，当初意図した戦略は，計画に沿って，組織行動に安定したパターンを強いる．しかし，環境からの脅威や機会などの不測事態によって，安定的なパターンが崩される可能性が高い．このようにして，実際に行われた組織行動が，実施された戦略のパターンとなる．この場合，「計画」とは「当初意図した戦略」であり，「パターン」とは実際に「実現された戦略」を指す．また，当初意図していなかった戦略が実現された場合，それは「創発型戦略」となる[2]．

7.2 事業構造の戦略

　企業の経営戦略は，「全体戦略」と「個別戦略」に分けることができる．全体戦略には，「ドメインの決定」と「事業ポートフォリオ戦略」がある．まず，企業は環境変化に対応させて，企業の活動領域であるドメインを決定・変更しなければならない．事業範囲を拡大させて，多角化を選択した企業にとっては，適切な事業構成を決定し，そこに経営資源を配分するという事業ポートフォリオ戦略が重要となる．

(1) **企業ドメイン**[3]

　企業は，自社のドメインを決定することによって，その事業領域の情報を収集し，具体的な事業展開の意思決定を容易に行うことができる．反対に，ドメインが設定されていないと，さまざまな事業の発案がなされ，経営資源の投入が分散されることによって，事業の失敗を招く可能性がある．

　これまで企業が蓄積してきた技術を生かせるような事業分野をドメインに選択するとよいであろう．またドメインは，今後，さらにどのような技術や経営資源の蓄積が企業に必要かという指針の役割も果たしてくれる．企業ドメインは企業のアイデンティティともなるので，組織メンバーに一体感を作り出し，協力が促進される．

　企業ドメインは，市場や技術を切り口として決定できる．市場とは，企業がどのような顧客に対して，製品やサービスを提供するかということである．技術とは，企業のコア・コンピタンスとなる技術や能力である．このような技術をもとにしてドメインを決定するならば，社員は企業の将来の方向性や広がりを推測することができるであろう．

(2) **多角化戦略**[4]

　多角化とは，企業が複数の市場で生産活動を行うことである．ほとんどの大企業は多角化しているが，多角化の方法は，内部成長，戦略的提携，ジョイント・ベンチャー，企業買収とさまざまある．企業が複数の事業をもっていても，売上高の95％以上が1つの事業活動から成り立っている場合は，単一事業型企業となる．多角化することにより，プロダクト・ライフサイクルの異なる事業を複数もつことができるようになるため，企業の長期的な生存が可能となる．多角化が有効なのは，技術や市場が他の事業部と関連性があり，それによって範囲の経済が得られる場合である．したがって，関連性のない事業部門を多くもち広範に多角化している企業（コングロマリット）は，範囲の経済が得られないため，業績の向上に結びつきにくい．また，過度の

多角化は非効率を生み出す．1960年代にアメリカでは多くのコングロマリットが誕生したが，結局，業績の悪化から，80年代に事業の再構築と再集中が行われた．

多角化のメリットとして，範囲の経済以外に，他企業との共同所有の事業がもたらす取引コストの節約や，複数の事業をもつことによる企業業績の平準化があげられる．

(3) 事業ポートフォリオ戦略[5]

企業が多角化戦略によって多くの事業分野を抱えると，限られた企業内の経営資源や資金をどのように各事業に配分するかという問題が生じてくる．そのような問題を解決する手法として，ボストン・コンサルティング・グループが開発したプロダクト・ポートフォリオ・マネジメント（PPM：Product Portfolio Management）がある．PPMは，適切な資源配分のあり方を提示してくれるとともに，各事業部がどのくらい企業に貢献しているか，成長性はあるのか，資源をどの程度必要としているのかということを示してくれる．PPMは横軸に市場占有率をとり，事業部の競争力を表す．縦軸には市場成長率をとり，事業の魅力度を示す．事業部が出している製品の市場占有率が高く，競合他社と比較して競争力が高ければ，現金の流入量が多い．事業の成長率が高ければ，その成長を維持するために多くの資金の投下が必要となり，現金の流出量が増大すると考えられる．図表7-1のように，各事業部を4つの象限に区分して，それぞれを「金のなる木」「花形商品」「問題児」「負け犬」とよぶ．企業はキャッシュフローの異なる事業をバランスよくもつことによって，余剰資金がある事業部から資金の不足している事業部へ資金を配分することが可能となる．各象限は，以下のような事業特性をもつ．

① 「金のなる木」は，成熟期に達した事業分野であり，将来性はない．しかし，自社の競争力が高いため，他の事業部に対して資金の供給者となる．

②「花形商品」は，成長期にあるため事業の魅力度が高く，競争力も高い事業分野である．現在は，成長を維持するために資金投下が必要であるが，競争力もあるため資金の流入も多い．将来，製品が成熟期に入ると，資金投下の必要性が低下し，「金のなる木」へと変化する可能性がある．

③「問題児」は，成長期にあり事業の魅力度は高いが，自社の競争力は高くない事業分野である．成長を維持し，他社に対し競争力を高めるために，かなりの資金投下が必要である．将来，資金を提供できる事業に育つかどうかは不確実であるが，将来の成長産業としての魅力が大きいため，企業にとって事業を継続するかどうかがジレンマである．

④「負け犬」は，成長率も低く，自社の競争力も弱い事業分野である．したがって，成長投資も必要ないが，現金流入も少ない．将来，資金供給事業に育つ可能性も低く，企業は早期の撤退を考える必要がある．

キャッシュフローの面から，「金のなる木」をいくつかもつのが，企業に

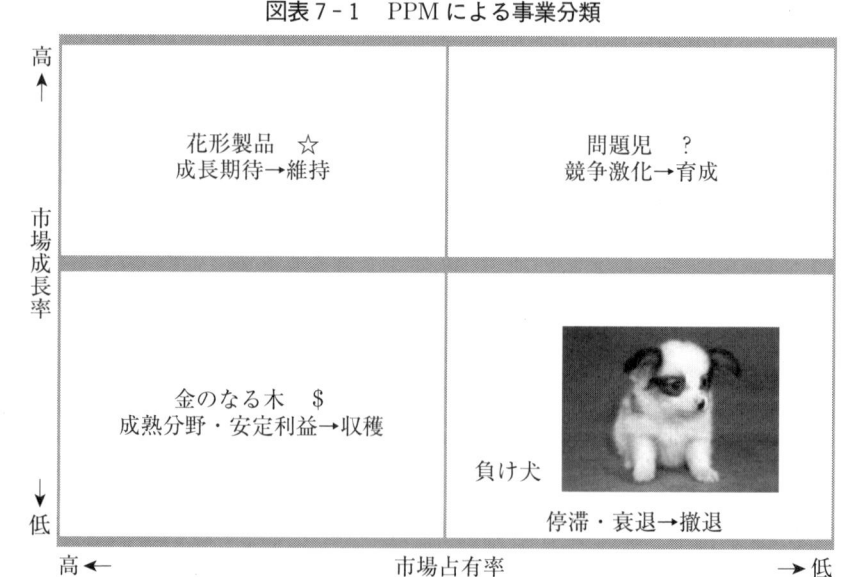

図表 7-1　PPM による事業分類

	市場占有率 高 ← → 低
市場成長率 高	花形製品　☆ 成長期待→維持 ／ 問題児　？ 競争激化→育成
市場成長率 低	金のなる木　$ 成熟分野・安定利益→収穫 ／ 負け犬 停滞・衰退→撤退

出所）アベグレン＝ボストン・コンサルティング・グループ編『ポートフォリオ戦略』プレジデント社，1977年，71ページより一部修正

とって理想的である．将来性のある「花形商品」も多くもつ必要がある．ま
た，将来「金のなる木」になりそうな「問題児」を選択してもつことも大切
である．「負け犬」はもたないのが望ましい．いったん既存組織となってし
まうと，撤退を決定するのは抵抗があり，かなり難しいが，PPM が撤退を
明確かつ客観的に示唆してくれるという利点がある．

　各事業部の役割が PPM によって明確に位置づけられるが，PPM の問題
点もある．「負け犬」や「金のなる木」に属する事業は，事業に十分な資金
投下を行ってもらえず，仕事をする上で従業員の動機づけが困難になる．日
本企業の場合，「金のなる木」に位置づけられた成熟事業でも，製品開発に
再投資し，事業の活性化を行う例が多く見受けられる．たとえば，本炭釜や
旨火ダイヤモンド釜を使用した炊飯器や，ななめドラム洗濯乾燥機などの商
品化がそうである．PPM は，企業内のキャッシュフローのバランスをとる
ことを主たる目的としているため，技術上，将来的に重要な事業でも資金を
生み出さないと撤退してしまうという問題もある．

7.3　競争戦略[6)]

　企業は事業構成を決定したならば，次に特定の事業ごとに競争戦略を考え
なければならない．最初に，誰が自社の競合企業かということを決めて，そ
れに対して，どのようなサービスや製品で，いかに持続的な競争優位を獲得
していくのかを決定しなければならない．そのためには，自社の企業環境を
把握しなければならない．企業環境の把握は，自社の業績に大きな影響を与
える業界の特性を分析することから始まる．

　業界分析に有効なフレームワークとして，SCP パラダイムがある．これ
は，市場構造（Structure）が企業行動（Conduct）に影響を与え，企業行動
が成果・業績（Performance）を決めるというものである．たとえば，多く
の競合企業が存在する業界では価格競争が激しく，高コスト構造の企業は，
十分な収益を上げることができない．反対に，競合企業の数が少ない業界で

は，企業は商品の価格を上げて自社の収益を最大化しようとする．SCPパラダイムでは，「市場構造→企業行動→成果・業績」というように一方的な関係で述べられている．しかし，ポーターは，企業業績を中心においてSCPパラダイムを考え直し，図表7-2のように，「業界の収益性を規定する5つの競争要因」というフレームワークを提唱した．

(1) **業界の構造分析**（5つの競争要因）[7]

5つの競争要因とは，① 新規参入の脅威，② 代替製品・代替サービスの脅威，③ 買い手の交渉力，④ 売り手（供給業者）の交渉力，⑤ 既存競合者同士の敵対関係である．業界の収益性は，業界内だけでなく業界の外にある環境要因，つまり，代替品や供給業者などによっても大きく影響を受けることを示している．

① 新規参入の脅威

これは，自社の属する業界に新しく企業が参入し，競争が一層激しくなり，市場シェアを奪われる脅威である．新規参入企業の増加の程度は，「参入障壁」の高さに依存する．参入障壁には，「投下資本額」「規模の経済性」

図表7-2 業界の収益性を規定する5つの競争要因

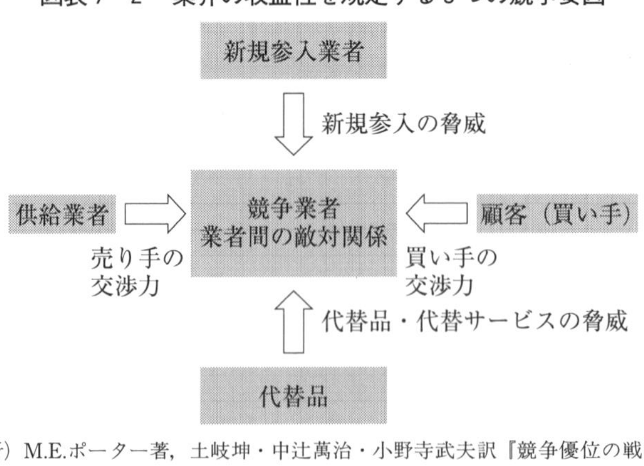

出所）M.E.ポーター著，土岐坤・中辻萬治・小野寺武夫訳『競争優位の戦略』ダイヤモンド社，2006年，8ページより作成

「製品の差別化」「乗り換えコスト」「規制」等がある．

「投下資本額」：事業を始める際に，必要となる資金が多いと，参入障壁となる．鉄鋼業のような装置産業では，工場の建設費用が莫大であるため，資金調達のできる企業以外は，参入が不可能となる．すでにブランドが確立した企業に対抗する必要がある場合も参入障壁となる．新規企業は，自社のブランドを顧客に認知してもらうために，巨額なマーケティング費用と時間がかかる．逆に，それほどの資金を必要としない小売業などには，多くの新規参入者がある．

「規模の経済性」：業界の収益性が，規模の大きさによって左右されるために生じる参入障壁．自社の市場シェアを高め，大量生産，大量販売をしなければ，コスト競争力がなく高い収益性が確保できない場合，参入障壁が生じる．

「製品の差別化」：新技術を組み入れた製品が次々に発売されるデジカメや携帯電話等の業界では，製品の差別化ができないと参入が困難となる．

「乗り換えコスト」：顧客が現在購入している製品やサービスを他社のものに換えることが，高い費用がかかり困難である時，それが，新規参入企業にとって高い参入障壁となる．

その他に，「先行企業による報復措置」も，1つの参入障壁である．たとえば，宝酒造が1957年にビール業界に参入した時，先行企業によって流通チャネルの活用を妨げられ，最終的に1967年にビール事業より撤退した．

以上のように，参入障壁が大きいと新規参入の脅威が低下し，その業界では，より高い収益を得られる．

② 代替製品・代替サービスの脅威

これは，現在の市場で競合関係にある商品やサービスとまったく異なるものであるが，同じように顧客の基本的ニーズを満たすことができる代替品が出現する脅威である．たとえば，JRの貨物輸送にとっての宅配便の普及，鉄缶業界にとってのアルミ缶の出現がそうであり，代替製品やサービスによ

って大幅に市場を奪われてしまう．その結果，競争が激化し，業界の収益性が低下してしまうのである．

③ 買い手の交渉力

買い手である顧客が，供給業者との取引において主導権を握ると，製品の値下げや高品質を要求し，自社の収益性を高めることができる．供給者過剰の業界や，買い手が大規模に製品を購入する場合に，買い手の交渉力が強まる．供給業者の製品が標準品であり，買い手にとってそれほど重要な製品ではなく，代替製品がすぐにみつけられる場合も，買い手は交渉力を行使できる．買い手が購入する製品のコスト構造や市場価格，需給関係等に関する情報を十分もっていると，その情報をもたない場合よりも交渉力が強まる．

④ 売り手（供給業者）の交渉力

供給業者は，買い手に対して，製品やサービスの価格を上げ，品質を低下させるという脅しをかけることによって，有利に交渉を進めることができる．したがって，供給業者は自社の製品やサービスのコストが増加した場合，それを弱い買い手に転嫁することができる．

売り手の業界の企業数が少なく，買い手が多数いる場合は，価格，品質，納期などの面で売り手が交渉力を行使できる．買い手が重要な顧客ではない場合も，売り手の交渉力が強まる．売り手の製品が差別化されており，さらにそれが備蓄不能で，買い手にとって非常に重要な製品である場合も，売り手の交渉力が増す．このような事態を買い手が改善する手段として，買い手による川上統合が考えられる．

⑤ 既存競合者同士の敵対関係

業界内の既存の競合企業数や企業規模によって，自社の収益性にどの程度影響を受けるかを把握することができる．たとえば，支配的な企業が1社存在する業界では，その企業が業界の商品価格や競争上のルールを設定し，それに他社が追随することが多いため，業界での競争は緩やかになる．既存企業同士の競争が激化するのは，製品が差別化されていない場合や，撤退障壁

が高い場合が多い．競争に勝つには，コスト，品質，納期などの面で優位に立つ必要がある．

(2) 3つの基本戦略（コスト・リーダーシップ戦略，差別化戦略，集中戦略）[8]

ポーターは業界の収益性を規定する5つの競争要因に対して，ライバルよりうまく対応できる企業が，持続的な競争優位を確立できると述べている．競争優位には，他企業と差別化した製品を提供する「差別化戦略」，高品質低価格による「コスト・リーダーシップ戦略」，特定分野や特定市場を狙った「集中戦略」がある．「コスト・リーダーシップ戦略」と「差別化戦略」は，業界内のセグメントを広く取り，そこで競争優位を確立しようとする戦略であり，狭いセグメントに特化した「集中戦略」とは異なる．「集中戦略」には，コストで優位に立つ「コスト集中」と差別化を狙う「差別化集中」の2つの方法がある．企業は，どの基本戦略で戦うかを選択し，それをうまく実行していく必要がある．次に，各戦略についてみていく（図表7-3）．

① コスト・リーダーシップ戦略

これは，多数のセグメントに向けて，競合他社よりも低コストで製品やサービスを提供できる能力を競争力の源泉とする戦略である．他社よりもコスト優位に立つためには，業界によって異なるが，規模の経済性，独自の技術開発，有利な原材料の確保，低い間接費，低い労務費などの手段がある．

企業が低コスト体質であるならば，業界平均の価格で製品やサービスを販売できる限り，業界平均以上の利益率を確保できる．また，顧客の値引き要求や供給業者の値上げに対する耐性も備わる．さらに，企業はコストの低下分だけ販売価格を下げて，販売量やマーケットシェアの拡大を目指すこともできる．

大量生産や大量調達といった規模の経済性によってコスト・リーダーシップを実現しようとすると，大規模投資が必要となる．したがって，コスト・リーダーシップ戦略は，豊富な資金を保持する業界首位の企業に適した戦略

である．

② 差別化戦略

差別化戦略とは，顧客が非常に重要だと考える特性を，業界内で唯一自社だけが提供できるようにすることである．そうすることによって，他社よりも高い価格で販売することができる．差別化の手段は，業界によって異なり，製品の品質やデザインのように製品自体からくるもの，販売チャネルによるもの，ブランドイメージを高めるといったマーケティング手法によるものなど，多々ある．

差別化を持続させるためには，差別化による価格プレミアムが，それを生み出すコストを上回る必要がある．したがって，差別化戦略をとる企業も，コスト削減を意識しなければならない．差別化された商品の価格があまりに高くなれば，顧客にとって魅力的な商品ではなくなってしまうからである．

差別化は，常に競合他社の模倣により消滅するリスクがある．たとえば，デジタルカメラの業界では，画素数，光学式手ブレ補正機能，小型化，一眼レフなどで差別化しても，すぐに他社に模倣されてしまった．

③ 集中戦略

集中戦略とは，特定のセグメントを選択して，それに適合した戦略を立て，競争優位を獲得することである．集中戦略には2つの方法がある．1つはコスト集中戦略であり，ターゲットとしたセグメントにおいて，他社よりも低コストで商品を提供する戦略である．もう1つは差別化集中戦略であり，特定セグメントにおいて差別化することである．セグメントの中には，業界平均よりも収益性の低いものもあるため，収益性の高い魅力的なセグメントをターゲットとすべきである．

集中戦略は，業界でも下位の企業が，限定された経営資源を用いて採用する場合が多い．業界トップの企業は，反対にセグメントを広く採り，フルライン戦略を採用する場合が多い．たとえば，トヨタはフルライン戦略を採り，スズキは軽自動車分野を選択してコスト集中戦略を採っており，ポルシ

図表7-3　3つの基本戦略

		競争優位性を構築する手段	
		低コスト地位	顧客から特異性が認められる
戦略ターゲット	業界全体	コスト・リーダーシップ戦略	差別化戦略
	特定セグメント	集中戦略（コスト）	集中戦略（差別化）

出所）M.E.ポーター著，土岐坤・中辻萬治・服部昭夫訳『競争の戦略』ダイヤモンド社，2005年，61ページより作成

ェは高級スポーツカー分野で差別化集中戦略を採っている．

(3) 価値連鎖[9)]

　開発，製造，物流，マーケティング，サービスといった企業の各活動が，「コスト・リーダーシップ」や「差別化」を構築する基盤となって，企業の競争優位を創出している．つまり，競合企業よりも，戦略的に重要な活動を低コストで行うか，またはよりよく行うかによって，個別の競争優位を獲得できるのである．ポーターは，企業の各活動が最終的な付加価値にどのように貢献しているのかを分析するためのツールとして，図表7-4のような「価値連鎖」を提唱している．「価値」とは，買い手が会社の提供するものに

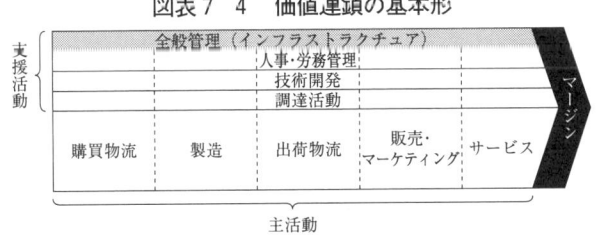

図表7-4　価値連鎖の基本形

支援活動	全般管理（インフラストラクチュア）					マージン
	人事・労務管理					
	技術開発					
	調達活動					
	購買物流	製造	出荷物流	販売・マーケティング	サービス	

主活動

出所）M.E.ポーター著，土岐坤・中辻萬治・小野寺武夫訳『競争優位の戦略』ダイヤモンド社，2006年，49ページ．

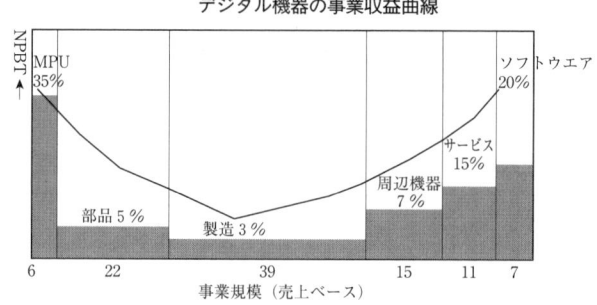

図表7-5　価値連鎖における付加価値の分布
デジタル機器の事業収益曲線

NPBT
MPU 35%
部品 5%
製造 3%
周辺機器 7%
サービス 15%
ソフトウエア 20%

6　22　39　15　11　7
事業規模（売上ベース）

出所）Gadiesh, O., A Fresh Look at Strategy, *Harvard Business Review*, May June, 1998.

進んで払ってくれる金額である．「マージン」とは，総価値と，価値を作る活動の総コストの差である．価値活動には，主活動と支援活動がある．主活動は，購買物流，製造，出荷物流，販売・マーケティング，サービスであり，直接，価値を作り出す活動である．支援活動には，全般管理，人事・労務管理，技術開発，調達活動があり，全連鎖を支援する．企業は各価値活動を最適化する必要があるが，これらは個々に独立した活動ではなく，相互に依存しており，調整を必要とする．たとえば，販売と製造との情報共有を密にすることによって，売れる量だけ製造して過剰在庫をなくし，陳腐化した製品を値下げせざるをえないといったリスクを避けることができる．

　一企業内ですべての価値活動を行うのではなく，企業間で価値連鎖の連結関係を構成している場合も多い．たとえば，あるエレクトロニクス企業が，マーケティングと開発と販売に競争力の源泉を置いているとする．そして，製造部門の収益性が低く，ほとんど価値を生み出していないとする．このような場合，製造機能をEMSのような外部企業に委託するのが合理的であろう．ポーターは，企業間の価値連鎖の連結関係を，価値システムとよんでいる．

　図表7-5は，デジタル機器の事業収益曲線を表したものである．このよ

うに，自社または業界の付加価値の分布を価値連鎖の中に描いてみると，自社の競争優位の源泉が明確となり，企業はどの活動を強めたらよいか，どの活動をアウトソーシングしたらよいかを把握することができる．

7.4 経営資源と競争戦略

(1) コア・コンピタンス

ポーターの「業界の収益性を規定する5つの競争要因」[10]は，企業が属する業界の構造を分析したものである．しかし，企業自身も自社が属する業界の構造を変える力を同時にもっている．業界でのポジションから生じる競争上の優位性は，競合他社が同様な優位性を獲得すると消滅してしまう．したがって，企業は内部から生じる競争上の優位性を構築する必要がある．

ハメルとプラハラードは，コア・コンピタンスを「顧客に特定の利益をもたらす一連のスキルや技術」[11]と定義し，企業にコア・コンピタンスの構築を提唱している．コア・コンピタンスは，競合他社に対する根源的な競争力につながるものである．たとえば，ホンダのエンジン技術，ソニーの小型化技術，シャープの液晶技術は，他社にはない技術であり，顧客に認知されるような価値を提供できる．シャープの液晶技術は，電卓，テレビ，パソコン，電子辞書，モバイルツール，携帯電話という幅広い製品やサービス全体の競争力に貢献している．つまり，コア・コンピタンスは，製品単位のものではなく，製品を製造する上で基盤をなす技術であり，将来の製品開発の源泉ともなる．

企業は現在の製品の市場シェアなどの短期的な利益にばかりとらわれるのではなく，未来の市場をリードすることを目標としなければならない．そのためには，企業のコア・コンピタンスを中心としたストレッチ目標を立て，それを実行していくことが，将来的に競争に勝つための絶対的な条件となる．そして，企業が環境変化に柔軟に対応していくために組織全体で学習を積み重ねて，中核となる能力を一層強化・育成しなければならない．コア・

コンピタンスを基盤にして多角化を進めていくならば，企業は持続的な競争力を保持しながら成長できるであろう．[12]

(2) 経営資源とケイパビリティ[13]

企業特殊的な経営資源とは，特許，商標，ブランド，ノウハウ，人的資源などで，他の企業が簡単に模倣・獲得できない資産である．たとえば，キティというおもちゃのキャラクターや，コカ・コーラというブランドがそれに当たる．このような経営資源は，企業のケイパビリティの基盤となる．

ケイパビリティとは，他の企業よりも精緻に行うことのできる組織の活動パターンであり，トヨタの生産システムのような特定のビジネス機能として表れる．経営資源を名詞（企業の資産）とすると，ケイパビリティは動詞（企業が活動すること）にたとえることができる．固有のケイパビリティは経営資源を使うことで生み出され，組織内の一メンバーが組織を離れたとしても，組織のケイパビリティは変わらずに存続する．現在，企業を経営資源の集合体として捉える「経営資源に基づく見方」（Resource based view）[14]が注目されている．

企業の競争優位を持続させるためには，経営資源やケイパビリティが稀少であり，かつ移転不能でなければならない．しかし，他の企業が異なる経営資源を開発することによって，自社の競争優位性を弱めてしまう恐れがある．たとえば，ゼロックスは，コピー機市場で出張サービスなどのサービス機能を提供することによって競争優位を保持していた．しかし，後発企業のキヤノンは，品質が高く故障が少ない小型コピー機に特化したため，出張サービス機能をさほど必要とせず，ゼロックスのシェアを奪ってしまった．これは，キヤノンの高品質が，ゼロックスの出張サービス機能という異なる競争優位を無力化してしまった例である．

企業が競争優位によって獲得する利益を，他社に奪われないようにするには，他社が模倣するのを防ぐような「模倣障壁」の構築がある．模倣障壁

は，特許や著作権などに見られるように，「法規則」に頼ることができるが，特許や営業権の買い取りにより，容易に稀少な経営資源が移転できてしまう．したがって，他社が模倣できない方法で利用するためには，他社よりも経営資源を効果的かつ効率的に活用するか，またはさらに価値を高めることができるような補完的な経営資源を保持する必要がある．

　無形の「模倣障壁」には，「因果関係のあいまいさ」「経路依存性」「社会的複雑性」がある．「因果関係のあいまいさ」とは，企業の競争優位の原因が不明瞭な状況である．企業固有のケイパビリティは，暗黙知を含んでいることから，どのように実践されるのかを説明するのが難しく，「因果関係のあいまいさ」につながりやすい．

　「経路依存性」とは，企業の特殊なケイパビリティが，事業環境に適応していった企業固有の経験から構築されたことを指す．たとえば，トヨタと部品メーカーからなる系列は，トヨタが最初，資金不足から部品をすべて内製できなかったために構築されたものである．しかし，トヨタは事後的にその分業体制の効率性に気づき，系列を競争優位の一源泉としたのであった．

　「社会的複雑性」とは，マネジャー同士，または企業と供給業者や顧客の関係のように，人的関係が織り成す複雑なプロセスを指す．たとえば，トヨタと部品メーカーとの間の信頼関係は，トヨタの競争優位を構築しているが，これと同じような信頼関係を他の自動車メーカーが構築するのは容易ではない．

　競争優位によって獲得する利益を，他社に奪われないようにするには，「模倣障壁」以外に，「先行優位」という手段がある．他社に先駆けて市場に参入するという「先行優位」は，「学習曲線」「ネットワーク外部性」「評判と買い手の不安」「買い手のスイッチング・コスト」に関係している．

　「学習曲線」とは，市場に最初に参入した企業が，多くの製品を生産・販売することによって，後発企業より生産コストを低くすることが可能になることである．そのため，製品の販売価格を他社よりも低めに設定でき，それ

がさらに累積生産量を高め，企業のコスト優位につながっていく．

「ネットワーク外部性」とは，同じ製品を使う顧客が多くなればなるほど，顧客の便益が高くなることである．たとえば，同じソフトを使っている人が増加すると，それに関する手引書が多く出版される．ビデオテープの場合も，ベータより VHS の使用者が多かったため，レンタルビデオ店では VHS しか扱っていないし，今ではベータ方式のビデオテープは生産されてもいない．最初に市場に参入した企業の製品規格が，必ずしも業界標準になるとは限らないが，一般的に，「ネットワーク外部性」が存在する時は，先行企業が，異なる規格で後から参入した企業に対して，利用者数という面で有利に戦うことができる．

「評判と買い手の不安」とは，購入して使用してみないと品質のわからない商品では，評判のよい商品を売る先行企業が競争優位をもつということである．買い手は，商品の品質が低いかもしれない後発企業の商品を，わざわざ買おうとはしない．後発企業が先行企業のシェアを奪うためには，相対的に商品の品質を高めるか，価格を下げるかする必要がある．

「買い手のスイッチング・コスト」とは，他の供給業者の製品に替えることで，顧客に多大なコストが生じることである．そのため，後発企業は，先行企業に対して不利な立場に置かれてしまう．たとえば，すでに慣れ親しんだソフトを，他社のソフトに変えようとすると，顧客はそれを使いこなすために，かなりの時間と労力を必要とすることになる．

(3) 戦略的提携[15]

「戦略的提携」は，複数の企業が相互にメリットをもたらすような協定を結び，技術，知識や資源を共有して，自社の競争上の地位を向上させることを目的としており，マーケティング協力，調達契約，ライセンス契約，共同研究開発，合弁事業等，さまざまな形がある．戦略的提携の具体的な動機として，業界標準を定めるため，新市場の創出，市場や技術へのアクセスや学

習，OEM等による規模の経済性獲得，財務上のリスク軽減等があげられる．製品のライフサイクルの初期には新製品開発のための提携，中期は売上増大目的の提携，末期にはコスト削減目的の提携が合理的な選択となる．近年は，競合企業と提携するケースが多く見られ，「競争と協調」が同時に行われている．

　提携によるメリットと同時に，技術利用の制約や利益の共有など，企業の自律性の喪失も生じる．また，提携上，さまざまなルールを定めたとしても，将来起こりえるすべてを網羅することは不可能であるため，常にパートナーが機会主義的行動をとる脅威がつきまとう．それを防ぐには，パートナー企業とオープンなコミュニケーションをとり，相互の信頼を構築することが必要である．提携により双方の売上高，利益，満足感が高まっていくと，投資した額を性急に回収しようとする行動も少なくなる．提携では，最初，どの企業を提携パートナーに選択するかということが重要である．そしていったん提携すると，時間の経過とともに企業環境も変化していくため，提携の目的自体も変化してしまうことがある．その際，提携の見直しや解消も必要となる．

注）
1) ポーター，M.E.著，土岐坤・中辻萬治・小野寺武夫訳『競争優位の戦略』ダイヤモンド社，2006年，7-15ページ
2) ミンツバーグ，H.著，中村元一監訳『戦略計画－創造的破壊の時代』産能大学出版部，1997年，75-77ページ
3) 伊丹敬之　加護野忠男『ゼミナール経営学入門』日本経済新聞社，1993年，96-101ページ
4) ディビッド，B.，ディビッド，D.，マーク，C.著，奥村昭博・大林厚臣監訳『戦略の経済学』ダイヤモンド社，2003年，214-239ページ
5) 伊丹敬之・加護野忠男，前掲書，121-133ページ
6) ガース，S.，アンドレア，S.，ジョエル，P.著，石倉洋子訳『戦略経営論』東洋経済，2004年，152-157ページ
7) ポーターM.E.著，土岐坤・中辻萬治・小野寺武夫訳，前掲書，7-15ページ

8) ポーター，M.E.著，土岐坤・中辻萬治・服部昭夫訳『競争の戦略』ダイヤモンド社，2005年，55-71ページ
9) ポーター，M.E.著，土岐坤・中辻萬治・小野寺武夫訳，前掲書，45-77ページ
10) 同上書，7-15ページ
11) ハメル，G.とプラハラード，C. K.著，一條和生訳『コア・コンピタンス経営――大競争時代を勝ち抜く戦略』日本経済新聞社，1995年，254ページ．
12) 同上書，252ページ．
13) ディビッド，B.，ディビッド，D.，マーク，C. 著，奥村昭博・大林厚臣監訳，前掲書，441-443，487-515ページ
14) Wernerfelt, B., A Resource-Based View of the Firm, *Strategic Management Journal,* 5, 1984, pp. 171-180; Barney, J., Firm Resources and Sustained Competitive Advantage, *Journal of Management,* 17, 1991, pp. 99-120.
15) ブルナー，R.F.ほか著，嶋口充輝ほか訳『MBA講座 経営』日本経済新聞社，1998年，308-330ページ

第2部　経営管理・組織理論

第8章

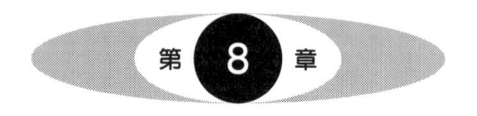

マネジメントの古典—テイラーとファヨール

8.1 はじめに

経営学は，20世紀初頭に生成し，今日多様な展開をとげている．多くの先駆者が経営学の発展に寄与した．そうした先駆者の中で，アメリカ人のテイラー（Taylor, F. W.）とフランス人のファヨール（Fayol, H.）が，工場現場や企業経営の実践から管理問題の本質を認識し，先駆的な実践や著作の刊行により，後世に大きな影響を与えることになった．本章では，テイラーとファヨールの著作を検討する．

8.2 工場の現場から生まれた科学的管理

(1) アメリカの機械・金属加工業と管理問題

アメリカにおける企業経営に関する研究は，19世紀末期から20世紀初頭において，機械工業の生産現場の諸問題への対応策の検討から始まった．

アメリカの機械・金属加工業は，19世紀後半には東部のニューイングランド地域とフィラデルフィアを中心に発展をとげ，20世紀に入り新興の自動車産業の発展とともに，工業地域はデトロイトなどの中西部地域に拡大した．産業革命を推進したニューイングランドでは，紡績業の発展とともに，紡績機の製作，保守のための付属工場として出発した機械工業に由来する企業と，銃器，時計，裁縫機工業などの，専門的工作機械を用いて互換性部品方式により大規模生産（quantity manufacture）を行っていた企業があった．また，フィラデルフィアでは，蒸気機関車，鉄道車両，蒸気機関，船舶，船

舶用エンジン，大型の平削り盤，中ぐり盤など，より重量のある大型の機械などを生産する企業があった．

これらの機械工業の中で，アメリカ式生産方式を特徴づける互換性部品方式には2種類があった[1]．第1は，裁縫機，刈取機，タイプライターなどの産業では，機械作業のみでは部品の互換性が達成されず，手仕上げなどの最終仕上げを必要としていた．完全な意味での互換性は非常にコストがかかるため，20世紀に入って大量生産が現実化するまでは互換性は実現しなかった．これらの諸工業の機械職場では，動力が蒸気だったこともあり，動力を伝達するベルトに制約されて作業の速度もそれほど早くなく，熟練工が作業の指揮，監督を行っていた．第2は，銃器や兵器を生産する政府の兵器廠（兵器工場）や，民間の銃器工業や時計工業のように，精密な測定工具や多数の専用機，固定装置などを用いて精密度の高い部品を生産し，仕上げ作業を必要としない方式があり，精密な互換性方式の作業現場では内部請負制により作業が行われていたが，世紀末には次第に内部請負制は衰退し，直接管理体制に移行しつつあった．

そして，アメリカは19世紀末期にイギリスにとってかわり「世界の工場」としての地位を確立した．19世紀末には鉄鋼業や機械工業とともに，大陸横断鉄道などの輸送機関の発展により国内市場が拡大する中で，企業の規模が急速に拡大し，機械・金属加工業では次のような問題に直面していた．①工場建物の大規模化．②動力源の蒸気から電気への移行，工場での電気の利用は，1900年代以降に順次拡大した．テイラー段階では動力源は蒸気だったが，フォード段階では電気を動力源として利用した．③生産技術とくに機械技術の進展と関連する熟練構造の変化．④東南ヨーロッパからの「新移民」の大量流入による賃労働構造の変化，⑤東部機械工業に一般的な間接管理の方式であった内部請負制の衰退と直接管理体制への移行．内部請負制とは，企業の経営者が熟練工である請負人との間で，各工程，職種ごとに部品の種類，仕様，数量，請負単価，請負期間について契約を結び，工場作

業の全部または一部を請け負わせる間接管理の方式のことである．

そして，1904年に『エンジニアリング・マガジーン』誌は特集版を発行し，1880年から1904年までの時期の工場現場の問題として，次の領域をあげている．[2] ① 徒弟制度，② 原価計算ないし原価管理，③ 製図室，④ 賃金制度，⑤ 全般管理．これらの問題領域を整理してみると，①と④は労働力の利用として賃金問題に，②は原価計算制度，③は現場組織整備の問題に整理できる．なお，⑤は工場現場の紹介が中心であった．③の製図室の問題は，企業が成長し規模が拡大していく中で，小規模だった時代の組織や管理者が十分に対応できなかったこと，つまり命令系統を整備して作業の合理的な進行が課題となっており，また下級管理者の職務のあり方が問題となっていた．②の原価計算の問題は，直接費の把握のみではなく，間接費の配賦が問題とされつつあった．④の賃金問題は，内部請負制の衰退や機械化の進展による熟練構造の変化の中で，時間給や出来高給の基本賃率が問題とされた．

(2) 東部鉄道運賃率事件と能率問題への関心の増大

アメリカ社会で「能率問題」とその中心に位置づけられる「科学的管理」に大きな関心が払われた契機は，1910年の「東部鉄道運賃率事件」(Eastern Rate Case) であった．[3] この年に労働者の賃金引き上げを行ったとほぼ同時期に，鉄道会社が州際商業委員会に運賃値上げを申請した．その際に運賃値上げの影響を強く受ける荷主側が，「人民の弁護士」といわれたブランダイス (Brandeis, L. P.) を代理人として運賃の値上げに反対し，政府に訴えた．その結果，政府は公聴会を1910年8月から12月まで開催した．この公聴会に際してブランダイスたちは，各種の管理法について統一した概念ないし名称の必要性を指摘し，その結果各種の管理法を一括した概念として，「科学的管理」という用語を採用したのである．[4] 当時の主要な管理法には，テイラーの課業管理あるいはテイラー・システム，エマーソン (Emerson, H.) の管理システム，ガント (Gantt, H. L.) のタスク・アンド・ボーナス・システム

など，個人名を付けた管理システムが多数存在しており，それらを総括した概念がなかったのである．管理システムの統括概念として提起されたのが，能率システム，ないし科学的管理という名称であった．科学的管理は，テイラーのみに限定されない管理方式の総称であった．そして，統括名称を決定した後にブランダイスは11月21日に証言し，科学的管理を実施すれば一日100万ドル節約できるので，運賃値上げの必要はないというエマーソンの見積もりを，議会で示した．なお，このエマーソンの主張の根拠は，ゴーイング（Going, C. B.）のサンタフェ鉄道での調査に依拠していると証言している．そして，ニューヨーク・タイムズをはじめとして当時の主要新聞は，それぞれ一面でこの証言を大きく取り上げ，その結果能率および科学的管理への社会の関心を高めることになったのである．また，当時のアメリカ人は，科学的管理をテイラーの独占物として理解していなかったことに注意する必要がある．ブランダイスは，管理の科学化への貢献者として次の人びとの名前をあげている．管理の科学は，新しいものであると述べた後に，その原則の幾つかは，25年前にテイラーによってミドベール製鋼で発見され適用されていることや，他の幾つかの原則は，テイラーと彼以降の多数の他の人間によって発見され，発展してきた．主要な貢献者としては，テイラーによる1903年の『工場管理』，およびテイラーの仲間であったガントとバース（Barth, C. G.）との共同作業により包括的な概念が示されたことや，1909年に能率に関する著作を公刊したエマーソン，サンタフェ鉄道の管理に関する著作を出版したゴーイングなどをあげている．そして，この事件以後，能率と科学的管理への社会の関心が高まった．なお当時は能率概念のほうが幅広く考えられており，ゴーイングやエマーソンなどは1912年に全国能率促進協会（以下，能率協会とする）を結成した．[5] 能率協会の設立目的は，全国的な能率向上におかれ，公共サービスを含むあらゆる種類の商業，製造業部門の企業の能率向上におかれた．そして，能率運動の課題として，次の諸点をあげている．① 工学の専門職化―動力の利用と機械的努力における能率とい

う根本的な考え方から生じた．② 節約運動．③ 火災防止．④ 全般的な衛生の宣伝と衛生学の幅広い分野に宣伝活動を拡大すること．⑤ 福祉的作業と，産業災害を削減する努力．⑥ 広い意味での科学的管理（時には独占化されるような狭い意味ではない）における製造過程の能率を向上し，生産における無駄を防止する方法．⑦ 原価研究と分析の実行．そしてゴーイングは，能率運動の本質は公平で合理的な成果達成の基準の達成にあること，能率という言葉が社会から幅広く受け止められていた理由の一端は，道徳的な響きをこの言葉がもっていること，および理想主義的な管理と商業主義とが両立することを示していたからと説明している．また，アメリカ政府は1913年4月4日に，市民サービス委員会内に1万5千ドルの予算で能率部を設置した．これらからもわかるように，わが国の多くの論者がいうように能率運動は19世紀末期からの運動ではなく，1910年代の運動だったのであり，能率運動は20年代のフーバー（Hoover, H.）の無駄排除運動につながっていったのである．

(3) テイラーの管理法

テイラーの管理法の本質は，1903年の『工場管理』において示された「課業管理」にあった．そして1911年の『科学的管理の原理』では，新しく管理の科学に関する見解を付加している．次に，テイラーの主要な活動と著作を紹介する．[6]

1895年 「一つの出来高給制—労働問題の部分的解決への一試論—」組織的怠業（systematic soldiering）撲滅論を展開．テイラーのいう怠業とは，雇用を維持するために労働者同士が示し合わせて作業のスピードを遅くし，あるいは労働組合側が雇用量を維持するために行った，生産高を統制した作業規制策を意味する．

1898-1902年 ホワイトと高速度鋼発明—機械の切削速度を飛躍的に高め，旋盤作業等のスピード・アップに貢献し，またテイラーに巨額の利益をもた

らしたため，コンサルタントとしての独立を可能とした．

1903年 『工場管理』(*Shop Management*) ―課業管理論を展開 この著作は，アメリカ機械技師協会 (American Society of Mechanical Engineers, ASME) に提出され，その機関誌 (*Transaction*) に掲載された．

1911年 『科学的管理の原理』―管理の原理を提示．この本の公刊には曲折があった．1909年にはその原型となる原稿は完成し，翌年の1910年の1月に第1草稿をASMEに提出して機関誌に掲載するように求めたが，許可されなかった．同年の3月にタイトルを，Philosophy of Management から Principles of Scientific Management に変更した．そして，9月半ばから末にかけての時期に，ASMEの年次大会準備委員の中に掲載への反対者がいることが判明．掲載に反対した理由は，この論文に「新しさ」がないこと，長過ぎることなどであった．テイラーは，翌年の1911年1月3日に掲載の申し込みを取り下げ，この年に American Magazine 誌の3月～5月号に掲載されるとともに，Harper & Brothers 社から単行本として出版された．また，自身が印刷したものを ASME 会員にも送付した．[7]

1912年2月 議会での公聴会 労使双方の精神革命の必要性を強調

次に，主要著作の内容を簡単に紹介する．

イ．『工場管理』

テイラーは，この著作において自らがミドペール製鋼やベスレヘム製鋼で実践してきた，組織的怠業への対応と「高賃金．低労務費」の実現を目的とした，4ないし5原則からなる管理法を提示している．

第1原則 毎日の高い課業．各労働者はすべて，地位の高低にかかわらず，明らかに定められた毎日の課業を持たなければならない．この課業は，絶対に漠然としたものや，不安定なものであってはならない．課業の内容や輪郭を明確にしておかねばならない．また，課業は容易に達成できないものであることを必要とする．

第2原則　標準的諸条件．各労働者の課業が一労働日の全部を要求するものでなければならないとともに，その課業を確実に完成するために必要な，標準的諸条件ないし諸装置が提供されなければならない．
　第3原則　成功した場合の高賃金支給．各労働者が課業を達成したときには，高賃金の支給が確実に行われなければならない．
　第4原則　失敗した場合の損失負担．課業が達成されなかった場合には，労働者はこれによって自ら，早晩，確実に損失をこうむらなければならない．
　そして，経営組織が発達した時は，多くの場合，第5原則を付加すべきと主張する．
　第5原則　課業は，一流労働者のみが達成しうる程度に困難なものでなければならない．
　これらの原則からテイラーの管理システムは，課業管理とされる．課業とは，「1日の適正な作業量」を意味するが，課業管理は課業の形成と課業の実施とに分けられる．課業の形成は，第1原則と第2原則とが主として関わっており，ベルトや工具などの標準化，倉庫と工具室の整備と，計画部を設置して4人の職能別職長を配置し，時間研究を実施して個別作業の標準作業時間を決定するとともに，作業の手順と方法とを示した指導票（指図書）を作成することなどであった．また課業の実施は，現場で作業を指示する職能別職長と指導票，第3原則と第4原則が関わる時間研究により賃率を算定した差別的出来高給制とからなっている．なお，ネルソン（Nelson, D.）によれば，当時の他の機械工場などでテイラー・システムとして実施されていたのは時間研究であり，職能別職長制（合計8人）や差別的出来高給制はほとんど実施されておらず，テイラー・システムの本質は時間研究，すなわち標準作業時間の決定にあると考えられた[8]．

ロ．『科学的管理の原理』

テイラーは，東部鉄道運賃率事件などの影響を受けて，この著作から課業管理という表現から科学的管理に変えているが，本書において課業管理は科学的管理であるとも述べている．そして科学的管理の原則として，次の4原則をあげている．

　第1原則　真の科学の発展
　第2原則　労働者の科学的選択
　第3原則　科学的教育と開発
　第4原則　管理者と労働者との親密な協働

この著作が公刊された背景には，上述の東部鉄道運賃率事件に加えて，1908年にハーバード大学経営大学院で教えたことや，これがもっとも大きな理由と考えられるが，1908年以来，政府の兵器廠で試験的に導入しようとした時に発生した，労働者側の強い反対運動であった．労働者側は，時間研究の実施に際して作業のスピード・アップと労働強化をもたらすとして，ストライキやボイコットなどで対抗した．そして，労働組合側は政府に「テイラー・システム」導入反対を訴え，その結果，議会で1912年に公聴会が開かれることになった．この公聴会でテイラーは，労使双方が「精神革命」を起こし協調することこそ自身の管理法の本質であるとした．

それではテイラーをどのように評価すべきなのだろうか．評価にあたっては，上述の管理研究が行われた東部の機械，金属加工業の作業現場の状況と関連させて考える必要がある．テイラーの管理法は，機械の動力が蒸気という段階で，熟練工が作業現場の指揮権を掌握している状況下で導入が図られた．労働組合や熟練工のテイラー・システムへの反対理由は，作業のスピード・アップを図る方式であり労働強化をもたらすという点にあった．テイラー・システムを有名にしたのは，労働組合側の強い反対だったことは偶然ではなかった．1908年にホッブス少佐がロックアイランド兵器廠で出来高給制度を実施する際に時間研究を行おうとしたが，実施を阻止された．そして

1911年に再度導入しようとしたが，組合側はワシントンの陸軍省などに役員を派遣するなどして反対運動を活発に行い，導入を阻止した[9]．また，軍需品部長官のクロイツァー将軍もウォータータウン兵器廠とフランクフォード兵器廠で時間研究の実施を図り，部分的に実施された．機械工組合と鋳物工組合は，導入に反対してストライキを行うとともにワシントンに役員を派遣して政治家に導入反対を訴え，その結果，アメリカ議会は1911年8月に特別委員会を設置した．「テイラー・システムと他の工場管理システムについて，以下の諸項目を調査すること．政府工場への適用可能性，従業員の健康と報酬に与える影響，賃金と労務費に与える影響，およびこれらの管理システムの導入の結果について完全な理解を与えるような，その他の問題を調査すること」．その過程において議会で公聴会が開催されることになったのである．この公聴会で，ミドベール社の社長が証言し，10年前にはテイラーを必要としたがいまは進んだ機械を導入しているのでテイラーは必要としないなどを証言している．最終的にテイラー・システムの兵器廠への導入は，1917年にアメリカが第1次世界大戦に参戦するまで阻止された．

こうした組合からの強い反対からもわかるように，テイラーの管理法の本質は，時間研究に基づいて作業量の決定と作業の指揮権を熟練工から奪ったこと，マニュアル（指導票）に基づいて職長の指揮の下で作業をすることにより，労働者が作業を行う際に考える必要をなくして単調化，細分化したことにあった．機械技術がそれほど進歩していない段階での管理方式であり，動力に電気が利用されたフォード社の工場のように，作業速度が早くなった段階では．管理方式自体の有効性はなくなった．しかし，作業の実施に際して，「構想と執行の分離」による作業の細分化の思想は，アメリカ型労働の原型として以後1970年代まで続くことになったのである．

8.3 ファヨールと経営管理過程論

(1) 経営管理過程学派の創始者

ファヨールを経営管理過程学派(Management Process School)の創始者として高く評価したのは,アメリカのカリフォルニア大学経営大学院の教授であったクーンツ(Koontz, H.)であった.クーンツは,1961年の12月に「経営管理論のジャングル」という論文を発表し,この論文の中で経営者の職能を分析した最初の理論として,高い評価を与えたのである[10].なお,アメリカでの評価は,最初に彼の論文が公刊された1916年からではなく,英語の翻訳書が出版された1949年以降だった.

経営管理過程論の祖とされるファヨールは,1841年にフランスの小ブルジョアの家庭に生まれ,17歳の時に最年少でサンテチエンヌ鉱山学校に入学し,19歳で卒業すると同時に,1853年末に創業したコマントリ・フールシャンボー・デカズヴィユ鉱業会社に1860年に入社し,同社のコマントリー炭坑で技師として6年間勤めた後に,支配人を経て,社長に就任する.同社は,1884年から業績が急激に悪化して前社長が辞任に追い込まれた結果,ファヨールは1888年3月8日に社長に就任した.しかし,同族会社の重役たちはファヨールに十分な信任を与えていなかったこともあり,社長就任と同時に取締役には選任されなかった.社長と取締役とを兼任するのは1900年になってからであり,1918年に社長を退任した.ファヨールの管理論は,社長時代の30年間の体験を下に書かれたものである[11].

ファヨールが管理過程論の創始者とされるのは,次の著書などにおいて経営者の職能を分析し,管理原則を提示したパイオニアだったからである.主要著書は,次のとおり.

『産業並びに一般の管理』(Administration Industrielle et Général-Prévoyance, Organization, Commandement, Coordination, Contrôle, 1916).この著作は,1916年に鉱業協会の機関誌に掲載され,20年に単行本として出版され,その

後1949年に英語に翻訳された．

『公共心の覚醒』（*L'Eveil de L'Esprit Public*, 1917）．最初に鉱業協会の機関誌に掲載され，後に単行本として出版された．

ファヨールは，最初に企業が行う活動として，次の6つをあげている．

技術的活動（生産，製造，加工）

商業的活動（購買，販売，交換）

財務的活動（資本の調達と管理）

保全的活動（財産と従業員の保護）

会計的活動（財産目録，貸借対照表）

管理的活動（予測，組織，命令，調整．統制）

最初の5つのグループはよく知られているが，企業活動の全般的な計画を作成し，社会的に活動する組織体を構成し，努力を調整し，活動を調和させるという仕事を担当するものではないとし，管理的活動の内容を説明する．管理に「命令」を入れている理由は，管理の担当する仕事である採用．従業員の養成，社会的組織体の構成は，最高度に命令に関係していること，命令の原則の大部分は管理の原則であり，密接に関わっているからだという．そして，管理職能の内容について，手順を追って説明し，予測し，組織し，命令し，調整し，統制することの5つから構成されるとしている．

予測することとは，将来を吟味し，活動計画を作成すること．

組織することとは，企業の物的ならびに社会的な二重の組織を構成すること．

命令することとは，従業員を機能させること．

調整することとは，あらゆる活動とすべての努力とを結びつけ，一元化し，調和させること．

統制することとは，すべての事柄が確立された規準と与えられた命令とに従って行われるように注意すること．

そして，こうした内容の管理職能を有効に実践するために必要な，14の原

則を提示する．分権化，権限（オーソリティー），規律，命令の一元性，指揮の統一性，全体的な利益の優先，報酬，集権化，階層組織（ハイアラーキー），秩序，公正，組織メンバーの安定性，従業員の自発的努力と団結．

それではなぜ，ファヨールの管理論は，アメリカの経営者や経営学者に評価されることになったのだろうか．その大きな理由は，アメリカの大企業で「資本と経営の分離」が進み，1930年代以降，専門経営者が会社の支配権を掌握するようになり，そのため経営者の職務とは何か，規模が拡大した企業をいかに効果的に管理・運営していくか，また企業を取り巻く環境の変化の中で経営者はいかに行動すべきかが，課題となっていたからである．なお，「資本と経営の分離」による専門経営者の支配は，次のように進んだ．技術革新により画期的な新製品が開発され市場が拡大して企業が大規模化すると，必要な資本額も増大する．企業は，多額の資金を調達するために資本金を拡大し，株式を多数発行する．その結果，大株主の持株比率が低下し，最初の段階では少数持株支配が成立するが，次第に経営管理が複雑になるとともに大株主は経営の第一線からしりぞき，大学院レベルのビジネス・スクール出身の専門経営者が経営の実権を握るようになるという現象である．

(2) 経営管理過程論の発展と衰退

アメリカでは，1910年代から経営者の職能分析がジョーンズ（Jones, E.）やダットン（Dutton, H. P.）などにより行われたが，彼らは経営組織を垂直的に分析し，上級，中級，下級の管理者の職務を階層的に区別しながら，管理職能の過程的分析を，計画と統制を中心に行った．このような分析が行われた理由は，出資者の要求による制約を受けてはいるが，経営者は相対的に独自の機能を発揮できるし，また大恐慌により企業の倒産が相次ぎ，大量の失業者を発生させたため，企業の責任が問われたからであった．1920年代の管理論の課題は，管理職能の明確化と管理組織の合理的編成におかれた．30年代には，計画職能の分析が中心であり，経営者職能の全体的な分析には進

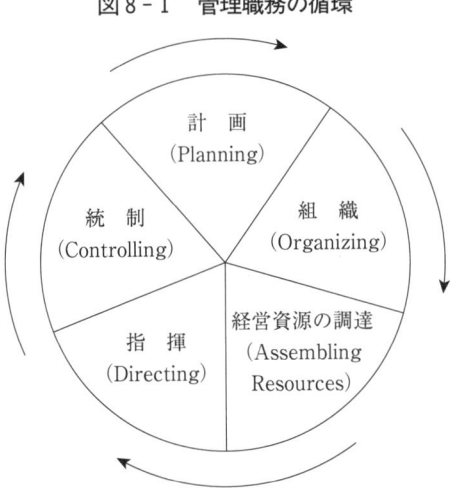

図8-1 管理職務の循環

計 画 (Planning)
組 織 (Organizing)
経営資源の調達 (Assembling Resources)
指 揮 (Directing)
統 制 (Controlling)

経営管理者の各々の職務に充てる時間の割合は場合によってかなり異なっている．即ち，時には組織と経営要素の調達に充てる時間は全然ない場合がある．

出所：Newman, *Admiuistrative Action*, 1951.高官晋監修，作原猛志訳『経営管理』，有斐閣，1963年，14ページ．訳語を一部変更した．

まなかった．経営管理過程論が大きく発展したのは第二次世界大戦後であった．クーンツは，それまでの経営職能の分析は，組織に限定されていたが，ファヨールが管理職能を，予測，組織，命令，調整，統制という形で，全体的な分析を行ったことを評価している．そして，経営管理過程論は，ファヨールの古典時代を経て，1950年代の近代化時代に入る．この時代の主要な論者には，ニューマン（Newman, W. H.），クーンツ＝オドンネル（O'Donnell, C.），テリー（Terry, G.）などがおり，クーンツ＝オドンネルは管理を計画，組織，人事，統制から構成されるとし，管理とは，「人々を通じて物事を成し遂げること」と，定義した．またニューマンは管理を一つの基礎過程であるとし，計画，組織，経営資源の調達，指揮，統制からなる管理サイクルと

して，1回限りで終わるのではなく，通常繰り返されることを示した（図8-1を参照）．そして，1960年代には，行動科学などが発展する中で学際化時代に入ったが，「管理原則に唯一，最善の方法はない」というコンティンジェンシー（条件適応）理論の台頭や，サイモン（Simon, H.）による「管理原則は単なることわざに過ぎない」という批判に十分に対処できず，管理原則自体の有効性はうすれた．管理過程論の特徴であるマネジメント・サイクルの考え方や，実用志向性は依然として有効性をもつといえるが，管理サイクルを構成する各過程（プロセス）全体を，一冊の本で説明するのは相当のページ数が必要なことや（クーンツらの『経営管理原則』（第6版）1976年は600ページを超す），各過程それ自体の研究も進んでおり，独自性よりも他の独創的な研究の導入に追われていることを考えると，たとえば70年代以降の一般組織論や経営戦略論の吸収を積極的に行っていることからみて，1980年代以降には管理原則論は解体の時代を迎えたといえるのである[12]．

注）

1) Roe, J. W., *English and American Tool Builders*, Engineering Magazine Inc., 1916.
2) An Index to the Literature of Industrial Engineering, *Engineering Magazine*, Vol. 27, No. 4, 1904.
3) U. S. Senate Document, No. 275 (61ST Congress 3rd Session), Evidence taken by the Interstate Commerce Commission in the Matter of Proposed Advances in Freight Rates Carriers, Vol. 4, 1911, p. 2821.
4) Brandeis, L. P., *Scientific Management and Labor*, Engineering Magazine Inc., 1912, p. 9.
5) Bulletin of the Efficiency Society, Vol. 1 No. 1, 1912.
6) Taylor, F. W., *Scientific Management*, A Harper International Student Reprint, 1961. また訳語については，次の書物を参照した．上野陽一訳編『科学的管理法』産業能率大学出版部，1966年，藻利重隆『経営管理総論』（第二新訂版）千倉書房，1965年
7) 中川誠士『テイラー主義生成史論』森山書店，1992年，194-200ページ
8) Nelson, D., *Managers and Workers : Origin of the New Factory System*

in the United States, 1880-1920, University of Wisconsin Press, 1975．(小林康助・塩見治人監訳『20世紀新工場制度の成立』広文社，1971年)
9) Nadworny, M.J., *Scientific Management and the Unions, 1900-1930*, Harvard University Press, 1955．(小林康助訳『科学的管理と労働組合』ミネルヴァ書房，1971年)
10) Koontz, ed., *Toward a Unified Theory of Management*, McGraw-Hill, 1964．(鈴木英寿訳『経営の統一理論』ダイヤモンド社，1978年)
11) ファヨールについては，以下による．佐々木恒男『アンリ・ファヨール—その人と経営戦略，そして経営の理論』文眞堂，1984年，およびファヨール著，佐々木訳『産業ならびに一般の管理』未来社，1972年，同『公共心の覚醒—ファヨール経営管理論集』未来社，1970年
12) 二村敏子「管理過程論の系譜」土屋守章・二村敏子編著『現代経営学説の系譜』有斐閣，1989年

第9章

人間関係論からモチベーション論へ

9.1 はじめに

19世紀末にテイラー（Taylor, F.W.）によって始まった科学的管理法によって，従来の産業界の課題であった生産能率の低下は解決したかにみえた．しかし，テイラーの労働者観は，本質的に"分析"されたものであったが，人間の労働力の側面だけを重視し，彼らの合理的な活用が工学的に追求される，いわゆる"経済人的観念"の視点に立ってきた．[1] つまり，労働者はなによりも生産性への"協力者"として考えられていた．こうした労働者の人間的感情や満足感を無視した人間観と組織観について，何らかの修正が必要であるとして生まれた理論が「近代的管理論」や「現代的管理論」である．これらの理論は人と人の関係を中心にした人間に対する理解を1つの条件としてテイラーたちの古典的管理論と線引きがなされている．[2] 労働者の人間性回復の必要性については有名なホーソン実験より前から，さまざまな学派によって論じられていた．[3] 本章では，人間関係論成立の発端となったホーソン実験についての概要とモチベーション論について述べる．

9.2 人間関係論

一般的にホーソン実験（Hawthorne Research）とよばれるこの実験は，メイヨー（Mayo, E.）等が携わる以前から始まっていた．1924年2月から1927年4月までの間，アメリカ大手電信電話会社の傘下企業であり，シカゴにあるウェスタン・エレクトリック社（The Western Electric Company）のホー

ソン工場で，ペノック（Pennock, G.）技師の指揮の下，照明実験（The Illumination Experiment）が開始された．当初の目的は照明度が生産能率にどう影響を与えるのかを立証しようとするもので，科学的管理が正しいことを前提として行われていた．実験では，ほぼ同じ生産能力をもつ従業員のグループを2つ設け，1つは実験グループ，もう1つは標準グループに分けて実施した．照明度が増加すれば生産能率は上昇すると仮定し，実験グループには24，46，70燭光と照明度を3段階に次々上げながら労働させた．一方，標準グループは10燭光の一定水準のもとで生産させ，両グループの生産能率を比較した．また作業内容も変化させ，第1回目は小さな部品の検査，継電器の組立，コイル巻きなど，第2回目はコイル巻きのみで行われた．

　この実験の結果は，照明度を一定にしても，変化させても生産能率に大きな変わりがなく，ほぼ同じ程度の生産能率を保つことができるというものであった．もちろん，照明度を下げ続け，月明りぐらいの照明にした場合には生産能率に大きな影響を及ぼした．この実験の結論は，①照明は従業員の生産高に影響を及ぼす多くの要因のうちマイナーな1つに過ぎない，②1つの変数の影響を測定する試みは成功しなかったというものである[4]．つまり，この実験はあまりにも予想外の結果であった．そして，生産性の上昇に対して，物質的な作業条件以外に何らかの他の目に見えない要因が関係しているのではないか，という疑問が生まれた[5]．

　そこで，ウェスタン・エレクトリック社のマネジャーとペノック技師は，ハーバード大学のビジネス・スクールのメイヨーおよび，彼の同僚のレスリスバーガー（Roethlisberger, F.），ホワイトヘッド（Whitehead, T.N.）らへホーソン実験の調査を依頼した．彼らは，1927年から1932年までの間，以下の3つの実験を行った．

(1) 継電器組立作業実験室, 1927～1932年 (Relay Assembly Test Room: RATAR)

　この実験の目的は, 賃金の支払い方法や休憩の取り方が生産にどう影響を与えるか[6]調査することであった. 実験期間を23期に分離させ, 短期間の場合は2週間, 長期間の場合は31週間続けて行われた. この実験は, 十分に経験があり熟練度に大きな差のない, 自発的で協力的な20代の未婚女性6人の従業員によるリレー組立作業を対象として行われた. そのうち1人は監督役, 材料の確保などを担当したので, 実質の作業員は5人ということになる. 作業内容は, 約35種の小さな部品を4つの機械ネジで止める作業であった. 作業内容の選定条件としては以下のことがあげられた. ① 機械的反復作業であること, ② グループの全員の作業が同じであること, ③ 比較的短期間 (ほぼ1分以内) で完全に遂行できる作業であること, ④ 雇用が安定している職務に属する作業であること, ⑤ 作業員自身が完全に速度をコントロールできる作業であること, であった.[7]

　まず実験の1期から3期までの15週間は, 作業環境に慣れる導入期として通常の週48時間制で作業条件も変更せずに実施した. 1期においては基礎データとなる個人の生産高の測定や身体検査を行った. 3期では100名以上を単位とする集団出来高賃金から, 実験人数である6名に対する集団出来高賃金へと, 賃金の支払い方法を変更した.[8] 1期と2期まで生産量にはほとんど変化なかったが, 3期では生産量がわずかに上昇していた.

　次の4期から7期までの24週間は, 作業中に休憩時間を設け, 労働条件をさまざまに変化させて行われた. 4期から6期では休憩時間の長さや回数に変化をつけた. さらに, 7期では, 午前軽食, 午後茶菓子と休憩を設けた. この期間では休憩の有無は, 生産能率に直接には影響を与えにくいと判断された.

　8期から13期までの78週間のうち, 8期, 9期, 11期は時間短縮を主題とする実験を行った. 8期では毎日30分間, 9期では毎日1時間の労働時間の

短縮，11期では土日に休暇をとり労働日数を減少させる実験を行った．また，10期，12期，13期は今までの実験を再検討することにした[9]．10期では今までの実験を再検討するために時間短縮なしの7期のやり方に切り替えた．12期では休憩なしの3期のやり方に切り替え，食事やお茶のような特別な物も廃止して行った．13期では，再び7期と同じやり方にしたが企業はお茶のみを提供し，食事は自分で用意することにした．このように，さまざまな方法で実験が行われた．7期，10期と13期は同様な作業条件にもかかわらず生産量は上昇していた．3期と12期では同様な作業条件にもかかわらず生産量は12期の方がかなり上がっていた[10]．14期以降は作業内容や条件をほとんど変えず，また実験の問題の中心は他の点に移っていったため，次の面接計画と平行して実施していた．

23期まで5年間以上続けられたこの実験では，一般的には生産量は上昇しているが，それは休憩や労働条件，仕事など作業環境が変化したことと論理的相関関係がないことが立証された．しかし，作業員全員は長期的に同じ場で仕事をしていた結果，親密になり，プレゼントの交換や家庭訪問，ダンスに一緒に行くなどの社会的活動（Social Activities）を通じて人間関係が構築され，それが生産量の上昇と関係することが考えられた[11]．つまり，作業員たちが，① 心が打ち解け，② 非常に自由な雰囲気で，しかも監督者の強制もなく，③ 楽しんで仕事に打ち込み，成績に興味をもつことができたことが，生産量の上昇につながるということが考えられた[12]．

(2) 面接計画 1928～1930年(Interviewing Program)

すでに継電器組立作業実験において，作業員のモラールの向上と生産能率の向上は監督者と大きな相関関係があることが判明していた．そこで，監督者を改善する必要がでてきたため，今回の研究の目的は，監督者と作業員の人間関係やリーダーシップのあり方が生産性の向上やモラールに大きな影響を与えるかどうかを解明することとされた[13]．作業員と直接面接しながら作

業,労働の諸条件,監督方法についての3つの領域のどの点に不満があるのか,どの点に好意があるのかについて調査を開始した[14]. すべての項目について好むか好まないかのいずれか1つを選択するようにした. 第1回の面接は検査部門の1,600人の熟練,未熟練従業員に対して行われた. 第2回の面接は現場部門の10,300人に対して行われた. この面接では,用意された質問項目について好きか嫌いか,イエスかノーかを解答する従来からの方法を採用していた. しかし,この指示的ないし直接的な面接では,面接者が期待したような解答が引き出せないケースがいくつもでてきた[15]. そこで面接方法を検討し,従来の面接者主導の面接方法から,被面接者中心の面接方法に切り替えることにした. 被面接者である,従業員自らが話題を選ぶことからこの面接方法は非指示的面接とよばれた[16]. 第3回の面接は企業のあらゆる部門の従業員9,226人に対して行われた. すべての面接から出てきた話題は37項目に整理することができ,さらに不満には3つ要因が含まれていることが発見された. この3つの要因とは,① 事実による不満,② 感覚上の不満,③ 感情(Sentiments)に基づく不満である[17]. 特に感情に基づく不満がいかに生産能力に影響を及ぼすかという点から,次の実験の中心は不満を抱いているものの感情の構成について調査することになった. つまり,生産能率の増減への影響の問題は,単純に監督方法や作業条件の改善により解決されるものではなく,ある種の社会的条件というべきものの存在の解明が重要であることが判明した[18].

(3) バンク配線作業観察室 1931〜1932年(Bank Wiring Observation Room, BWOR)

この実験はメイヨー研究グループが行った最後の実験である. この実験の目的は,個人的経歴や職場情況などの社会的要因が人間の感情にどのような影響を及ぼすかであった[19]. この実験は配線工9名,ハンダ工3名,検査工2名の合計14名の男子従業員を2グループに分けて,特殊な観察室内での人間

関係を観察と面接の方法で分析しながら実施した．実験に際しては，今まで の経験で以下のことが条件づけられた．① 作業員の仕事が同じであること，② 各作業員の生産量が正確に決定できること，③ 1単位の完成に要する時間が比較的短時間であり，できれば1分以内であること，④ 作業員は自分で仕事のペースを決めることができること，⑤ 雇用の継続を保証されていること，⑥ 各作業員を（普段の）仕事の現場から観察室に移すことについて格別の不都合が生じないこと，⑦ 観察室に移す際は大規模ないし高価な設備を必要としないこと，⑧ 作業員はそれぞれ経験者であること，そして，できれば男子工であることが望ましい．[20]このような条件のもとで研究員がコネクターとセレクターの2種を含むバンクの配線作業を選び，この作業は配線，ハンダづけ，検査の流れで行われた．

観察室の人間情況，社会情況は，生産高情況，監督者，従業員の関係，集団の組織情況などがそれぞれ影響し合いながら作りだされていることが判明した．[21]生産高情況は，賃金インセンティブ制，1日の仕事量，控除時間（作業中に生じた避けられない喪失時間，不慣れな仕事をさせられたために要した余分の時間を控除すること[22]），品質記録，個人差などが深く関わっている．しかし，この生産高情況の実験では，賃金インセンティブ制がほとんど機能せず，彼らは意識的に生産制限を行っており，観察室の人間情況，社会情況の究明こそが問題の鍵となることが予想された．[23]その鍵となるのがインフォーマル組織である．観察室には，フォーマル組織とインフォーマル組織が存在することが判明した．会社の規制，規定，方針によって相互作用の形が定められているのはフォーマル組織である．[24]このフォーマル組織が独自の基準で生産レベルを維持する基準をもっている．[25]一方，フォーマル組織に対して，ゲームをする，窓の開閉についての口論，仕事の助け合い，職務の交換など自然的に発生するインフォーマル組織が存在していた．このインフォーマル組織によって従業員の人間関係がわかった．テイラー以来，企業の経営者が目指すことは企業の能率の向上であるとされてきた．そのために，監督者

は，社会の倫理に基づくだけではなく企業の能率基準によって規律を保持し，労使双方の利益をだしてきた[26]．しかし，この実験で作業員たちは，能率の論理に基づいて禁止されていた作業員同士の職務の交換，助け合いを行っていた．このことから，彼らは能率の論理を必ずしも信じていたとはいえない[27]．また，賃金に対する刺激が生産量に大きな影響があるということを発見することができなかった．それよりも集団において重要なことは，社会的活動であった．それによって能率の論理がもたらすフォーマル組織による分化や差別化を退け，感情を重視した相互関係が生まれ人間関係にまで発展していたことである．これは，インフォーマル組織を一体化させた感情の論理である[28]．つまりこの実験で，従業員の集団的活動は感情に発展して，それはインフォーマル組織として従業員の生産能率の向上に大きな影響をもたらしていることが実証された．これによって，人間の問題は経営の全体組織の中で重要な位置づけがされるようになった[29]．

最後に，ホーソン実験における研究方法は，どちらかというと試行錯誤的であり，人間関係論の研究方法と称し得るほど体系化されたものをもっているわけではない[30]．しかし，インフォーマル組織における人間的側面の発見は現代経営学，管理論を方向転換させる大きな意義をもっていたといえよう．そして，人間関係論は，社会的活動を通して形成された感情的インフォーマル組織は，生産能率の向上に大きな影響を与えることを発見した．もちろん，職場では，人間の感情だけではなく，企業の目標，経営意思決定などが欠かせない要素であることを決して忘れてはいけない．

9.3 モチベーション論

人間関係論では，働く人々の感情的側面が生産能率に大きな影響を与えることがわかった．モチベーション論も人びとの感情的・人間的側面に着目した理論であり，人びとの勤労意欲を対象とする分野である．人が働く実際の目的は単に賃金を得られればよいといった単純なものではなく，さまざまで

ある．モチベーション論は，どのようにすれば働く人びとのやる気を引き出せるのかというきわめて実用的な目的をもった分野である．ここでは，人の働く目的に着目した初期のモチベーション論の基礎的な理論についての基本的な事柄を説明する．

(1) マズローの欲求段階理論

心理学者であったマズロー (Maslow, A.H.) は，人の欲求を5つに類型化し，それが低い動物的・基本的な欲求から，人間的・高尚な欲求である自己実現の欲求に至る段階的な関係をもっているというモデルを示した．以下，欲求段階理論におけるそれぞれの人間の欲求を低い段階のものからみてみよう．[31]

① 生理的欲求：人が生きていくために最低限必要な欲求である．食物や水，休息などを得ようとする動物と人間が共通にもつ欲求である．しかし，現代社会に生きる人間は，通常，金銭無しにこれらの生理的欲求を充足することができない．働く人びとにとって，賃金が十分なものであるかどうかという経済的欲求と深く関わる．

② 安全の欲求：危険から身を守り，有害な状況を避けようとする欲求であり，これも動物と人間が共通にもつ欲求である．職場が安全なものかどうか，福利厚生が十分なものか，雇用が安定したものであるかどうかといったことが安全の欲求と深く関わる事柄である．

③ 帰属の欲求：家族・友人・同僚・隣人といった集団に帰属したいという欲求である．社会的な動物としての人間の欲求といえる．

④ 尊重の欲求：地位や威信を求める欲求である．自身の能力が周囲に認められたい，他者から尊敬されたい，信望を得たいという自我の欲求でもある．

⑤ 自己実現の欲求：自己の成長や発達の機会を求める欲求である．人間は目標を達成したいとか，自分の能力を最大限に発揮したいとか，創造性を

発揮したいといったことを考えるものである．欲求段階理論ではこの自己実現の欲求を最高位の欲求と位置づける．

　欠乏や恐怖によって，創造したい・成長したいという自己実現の欲求が抑えられているとマズローは考えていた．[32] 自己実現の欲求以外の低いレベルの欲求は欠乏や恐怖から逃れたいという人間の性質からくるものである．5つの欲求は低い次元の欲求が満足されてから1つ高い次元の欲求をもつという優先順位をもっている．[33] 欲求段階理論では低い次元の欲求が満たされていない人が段階を飛び越えて高次の欲求をもつことはないと考える．生理的欲求などの下位の欲求すら十分に満たされない人が，自己実現の欲求を求めることはない．自己実現の欲求以外の下位の欲求は満たされれば徐々に弱くなるが，自己実現の欲求は欠乏からくるものではないため満たされて弱くなる性質はない．

　自身がムダと考えることを無理矢理させられるのは人間にとってみじめで，大変な苦痛を伴うことである．そのため，労働は不愉快なものと考えられがちだが，自己実現を求める人びとにとって労働は生活や地位などを得る手段ではなく，仕事そのものが「使命」「天職」といった自分の人生の目的と切り離せないものとなる．[34]

　しかし，マズローの理論はあくまで仮説にとどまるものであって，実証的な裏づけに乏しく，現実のさまざまな状況において人びとが欲求段階理論通りの行動をとる確証はない．とはいえ，マズローの，欲求に段階があるという考え方や，報酬よりも仕事の過程そのものに意味をもたせる考え方は後の理論と経営の実践に大きな影響を与えている．

(2) マグレガーのX理論・Y理論

　マグレガー（McGregor, D.）はマズローの欲求段階理論を基礎とし，X理論・Y理論という2つの対極的な人間観とそれぞれの人間観に基づく経営管理を示した．

X理論による人間観の特徴は次の点にまとめられる[35]．① 生来仕事が嫌いで，できる限り仕事をしたくない，怠けたいと考える．② 仕事をしたくないのだから，強制されたり命令されたり，処罰するぞと脅されなければ，組織目標の達成のために力を出さない．人間の仕事が嫌いだという特性はとても強いので，褒美を高めてもだんだん効き目がなくなってしまう．そのため，罰するぞと脅し，仕事を強制してやらせなければならなくなる．③ 他人から命令されることを好み，責任を回避し，野心ももたず，安全を望んでいる．多くの経営者は口には出さなくとも，大衆（労働者）は優れた点もない平凡な人間だと考えているものだ．

X理論の視点に立つ場合，アメとムチによるマネジメントが有効であるという結論に達する．X理論の人間観・労働観は多少荒っぽいものであるが，マグレガーが観察した時代のアメリカ企業の経営者の多くは，X理論の立場で従業員を管理しなければうまくいかないと考えていた．

アメとムチによる管理は，うまくいく場合もある．従業員の生理的欲求や安全の欲求を満たす手段である賃金・福利厚生・作業環境は経営者が加減できるからだ．しかし，生活水準が向上し，人びとがより高い次元の欲求を求めるようになると効果的な方法ではなくなる．自尊心や仕事のやりがいはアメとムチでは植えつけられない[36]．命令されるだけでは，従業員は怠けたり責任を回避しようとするが，これはX理論に立つ経営者の身から出た錆ともいえる結果である[37]．

マグレガーはX理論と対極的なY理論を示すことで従来型のX理論によるアメとムチによる管理や権威・命令・統制による管理の限界を主張した．人びとの生活水準や教育水準，態度や価値観が変われば仕事のやる気を起こす原動力やふさわしいやり方も変わってくる．

Y理論の内容は次の点にまとめられる[38]．① 仕事で心身を使うことは当たり前のことであり，条件次第で仕事そのものが遊びや休養と同じように人びとの満足感の源になる．② 命令されなくとも人間は自分が打ち込んだ目標

のためには自らにムチ打って働くものである．③ 報酬によっては，人間は献身的に目標達成につくす．もっとも重要な欲求は自己実現であるから，目標に向かって努力すれば直ちに最大の報酬にありつける．④ 人間は条件次第で自ら進んで責任をとろうとする．責任回避は経験によってそうなるものであって，責任逃れや野心のなさは人間の本性ではない．⑤ 問題を解決するための創造力や工夫は一部の人びとだけがもっているものではなく，たいていの人に備わっている．⑥ 現代の企業では，従業員の知的能力は一部しか活用されていない．

X理論では命令や強制が組織の原則となるが，Y理論では「統合」が組織の原則となる．統合のためには，企業側の目的も従業員の欲求もともに無視してはならず[39]，企業の繁栄のために努力すれば従業員各自の目標を成し遂げられる条件をつくることが重要になる[40]．統合とは，甘やかしたり監督を緩くするといった「温情主義」のことではなく，経営側が従業員の欲求を把握するとともに従業員に組織の目標に納得してもらい，従業員の積極的な努力を引き出すことを意味する．従業員が，自発的に努力し，能力を高め，企業の繁栄につくそうとすれば，権限以外の方法で人を動かしていける[41]．Y理論に立った経営手法として，職務拡大，従業員の経営参加，分権制，目標による管理などをあげることができる[42]．X理論を用いる場合，管理者は独裁的に行動するが，Y理論を用いる場合には，管理者はリーダーとして行動しなければならなくなる．Y理論による経営は従業員にとっても魅力的な方法であるが，実現するとなるとさまざまな工夫が必要になるし，あらゆる局面で用いることができるわけではない．

(3) ハーズバーグの動機づけ・衛生理論

ハーズバーグ（Herzberg, F.）の人間観もマズローやマグレガーの人間モデルと非常によく似た面があり，人間の性質を痛みの回避を求める動物的欲求と，成長と創造を追及する人間的欲求の2つに分けて示している．しか

し，動機づけ・衛生理論は実証的な研究から導き出された点で欲求段階理論やX理論・Y理論との大きな違いがある．

ハーズバーグは1950年代に200人の技師と会計士に面接し，彼らに仕事の経験を語ってもらい，職務における満足の要因と不満足の要因を探った．満足には達成，承認，仕事そのもの，責任，および昇進の5つが大きな要因であることがわかり，これを動機づけ要因と名づけた[43]．不満を持つ要因には会社の政策と経営，監督，給与，対人関係，作業条件であることがわかり，この不満の要因を衛生要因と名づけた[44]．ここでの衛生要因とは，問題があると不満の原因となるが，問題がなくても積極的なやる気を引き出せないということを，足りないと不健康になるものの，足りているからといって健康にはならない衛生にたとえたものであり，作業や職場が清潔であるとか不潔であるとかいった問題を指しているのではない．働く人間のやる気を高める要因とやる気をそぐ要因を全く別個の2つの次元に分けて説明する点に動機づけ・衛生理論の特徴がある．

動機づけ要因は，成長したい・創造したいという人間的な欲求からくるものである．動機づけ要因は，働く人々が仕事に達成感ややりがいが感じられるかどうかということと関わるものである．動機づけ要因の不足が不満に結びつくことはない[45]．不満は衛生要因の問題から起こるからである．動機づけ要因の不足は仕事にいまいちやりがいや魅力が感じられないといった没満足の原因となるものの，職場や仕事への不快や不満をよぶことはない．動機づけ・衛生理論においては，満足の真逆に不満があるというわけではないのである．

衛生要因は，不快や痛みを回避したいという動物的な欲求からくるものである．衛生要因に問題がある職場や仕事は，働く人々を不快にし，仕事や職場への不満を起こさせるように作用するが，改善しても，達成感や成長といった仕事の意味を働く人々に与えることはできない[46]．つまり，不満を取り除くだけでは人間のやる気を積極的に引き出すことはできないということにな

る．また，職場の不満を解決するためには衛生要因を考慮しなければならないが，給与・作業条件・対人関係等々の改善はきわめて短期間の効果しかないので，人事担当者はこの問題に時間をとり続けることとなる．[47]

9.4 おわりに

　人間関係論やモチベーション論は，経営学に働く人びとの感情的・人間的側面を取り入れた点で大きな功績がある．能率には賃金などの報酬や物理的な作業条件以上に，職場の人間関係や仕事のやりがいが大きく関わることがこれらの理論によって発見された．これらの理論はリーダーシップ論や労働生活の質（QWL）などの後の経営理論や手法の発展にも影響を与えている．今でも働く人びとのやる気に関わることは大きな課題であるが，人間関係論やモチベーション論の視点は多くの示唆を与え得るものである．

注）
1) 野田信夫『現代経営理論のエッセンス，テイラー以降の16大理論』ペリカン社，1965年，134-135ページ
2) 水元昇「動機的管理と人間関係論──フォレットとメイヨー」佐久間信夫編『現代の経営学』学文社，2003年，142ページ
3) 野田信夫，前掲書，136ページ
4) 水元昇，前掲稿，152ページ
5) 吉田修『経営学基礎理論　第2版』中央経済社，2001年，98ページ
6) 水元昇，前掲稿，153ページ
7) 進藤勝美『ホーソン・リサーチと人間関係論』産業能率短期大学出版部，1978年，16ページ
8) 小笠原英司「経営管理の新古典理論」飯冨順久編『経営管理の新潮流』学文社，2004年，36ページ
9) 進藤勝美，前掲書，28ページ
10) 同上書，28-32ページ
11) 富田嘉郎『産業社会学概論，人間関係論』朝倉書店，1959年，43ページ
12) 水元昇，前掲稿，154ページ
13) 同上稿，153ページ
14) 富田嘉郎，前掲書，45ページ

15) 進藤勝美，前掲書，58ページ
16) 同上書，59ページ
17) 水元昇，前掲稿，156ページ
18) 田中和雄「ヒューマン・リレーションズ―学説と管理」丸山祐一・高橋清・夏目啓二編『経営管理論の歴史と思想』日本経済評論社，1992年，102ページ
19) 水元昇，前掲稿，153ページ
20) 進藤勝美，前掲書，123ページ
21) 同上書，126ページ
22) 同上書，127ページ
23) 同上書，139ページ
24) 同上書，161ページ
25) 水元昇，前掲稿，156ページ
26) 進藤勝美，前掲書，176ページ
27) 同上書，176ページ
28) 同上書，176ページ
29) 同上書，177ページ
30) 同上書，283ページ
31) 杉村健『作業組織の行動科学』税務経理協会，1987年，17-18ページ
32) Maslow, A.H., *TOWARD A PSYCHOLOGY OF BEING*, D.Van Nostrand Co.Inc., 1962.（上田吉一訳『完全なる人間』誠信書房，1962年，71-77ページ）
33) 澤田善次郎・小島敏彦・本野省三『モチベーション・マネジメント百科』日刊工業新聞社，1987年，16ページ
34) Maslow,A.H., *MASLOW ON MANAGEMENT,* Jhon Willey&Sons,Inc., 1998.（金井壽宏監訳，大川修二訳『完全なる経営』日本経済新聞社，2001年，58ページ）
35) McGregor,D., *THE HUMAN SIDE OF ENTERPRISE,* McGraw-Hill Inc., 1960.（高橋達男訳『企業の人間的側面　新版』産業能率大学出版部，1970年，38-40ページ）
36) 同上訳書，48ページ
37) 同上訳書，49ページ
38) 同上訳書，54-56ページ
39) 同上訳書，59ページ
40) 同上訳書，56ページ
41) 同上訳書，65ページ
42) 澤田善次郎・小島敏彦・本野省三，前掲書，19ページ

43) Herzberg, F., *WORK AND NATURE OF MAN*, E.Tuttle Co.Inc., 1966.
　　(北野利信訳『仕事と人間性』東洋経済新報社, 1968年, 85-87ページ)
44)　同上訳書, 85-87ページ
45)　同上訳書, 88-90ページ
46)　同上訳書, 88-91ページ
47)　同上訳書, 191ページ

◆参 考 文 献

Mayo,E., *The Human Problems of an Industrial Civilization*, The Macmillan Company, 1933. (木村栄一訳『産業文明における人間問題』日本能率協会, 1967年)

Mayo,E., *The Social Problems of Industrial Civilization*, Harvard University Press, 1945. (藤田・名和訳『アメリカ文明と労働』有斐閣, 1951年)

進藤勝美『ホーソン・リサーチと人間関係論』産業能率短期大学出版部, 1978年

富田嘉郎『産業社会学概論, 人間関係論』朝倉書店, 1959年

西田耕三編『組織の行動科学』有斐閣, 1981年

第10章

近代的組織論（バーナードとサイモン）

10.1 はじめに

　C.I.バーナード（Barnard, C. I.）の名前は，近代的組織理論の先駆者として，広く経営者および経営学の研究者全般に知れわたっている．アメリカ経営学会が建国200年を記念して会員を対象に行った調査では，経営実践と理論にもっとも貢献した人物としてバーナードはテイラーに次いで第2位にあげられている．また，バーナードの貢献を指して，経済学における「ケインズ革命」になぞらえて「バーナード革命」と評されるほどでもある．彼の実務家としての経験をもとにした，『経営者の役割』（*The Functions of the Executive*）が世に問われるや，それまでの伝統的理論に管理の原則をおいていた経営者たちは，彼の主著の独創的な発想と，その詳細な概念規定に，管理のあり方を改善せざるをえなかった．

　組織論の系譜を簡単にまとめてみると，バーナードの業績は「近代的組織論の祖」と位置づけられている．そして，バーナードの理論は，1つにはサイモン（Simon, H. A.）によって引き継がれ開花したという．特に，さまざまな制約から一定の選択力を行使して意思決定を行う「経営人」としての人間モデルがその後の意思決定論・人間行動論に影響を与えたといわれている．

　これに対してそれまでの組織論は伝統的・古典的組織論と位置づけられている．これは決して古いという意味ではなく，基本的な考えを提示したという意味で理解する必要がある．たとえば，テイラーの科学的管理による組織

の経済的・効率的側面の強調やファヨールによる管理プロセスや管理原則論などがその代表である．また，前章で学んだように，その後メイヨー・フォレットらによって人間の情緒的・感情的側面への見直しが行われ，人間関係論的研究として花開いたことも組織論の系譜を考える意味では大切なことでもある．また，人間モデルという点からこれらの系譜を考えると，伝統的管理論ではどこまでも人間のもつ経済的・効率的側面が強調されるがゆえに，「経済人モデル」がその根底にあるといわれている．

図表10-1　組織論の系譜

伝統的組織論	⇨	人間関係論	⇨	近代的組織論
テイラー，ファヨールなど		メイヨー，フォレットなど		バーナード，サイモンなど
経済人モデル		社会人モデル		経営人モデル
経済的・効率的側面の強調		情緒的・感情的側面の強調		自由意志と意思決定能力

　それに対して，人間関係論は組織における人間の情緒的・感情的側面を見直し，インフォーマル・グループの存在を発見し，それが組織の能率や生産性に影響を与えることを実証した．いわば「社会人モデル」という言葉で表現される．しかし，それは感情に支配されている受動的なモデルでもあり，主体的に目標を決め，問題解決や意思決定に取り組み行動する主体的な人間モデルではなかった．サイモン＆マーチによればさらに主体的に取り組む人間モデル「経営人モデル」こそが，近代的組織論の人間モデルであるとされる．すなわち，バーナードが主張した組織と人間のあり方こそ，主体的な人間モデルの始まりであり，今日の組織と人間を考える上で前提とされているのである．したがって近代的組織論の出発点にバーナードが位置づけられているのである．

10.2　バーナードの人物像

　バーナードは1886年アメリカで生まれた．ハーバード大学に進学したが，

中退を余儀なくされ，アメリカ電話電信会社（AT&T）に入社し，1927年から21年間にわたって傘下のニュージャージー・ベル電話会社の社長を務めた．1938年に，それまで経験と研究を公開講座などで発表し，『経営者の役割』としてハーバード大学出版部から刊行した．彼の名声は高まり，その後米財務長官の補佐官や米軍奉仕協会会長，国連原子力委員会の米国代表団顧問などを歴任している．また，社長辞任後にロックフェラー財団の理事長に就任している．

10.3 バーナード理論

バーナードの組織論の特徴は多岐に渡っている．さまざまな概念的枠組みがまるで宝の山のように散りばめられている．ここでは代表的な8点をあげる．

(1) システム思考

まず，バーナード組織論の中心となる考え方は「システム理論」である．システムとは，「各部分がそこに含まれる他のすべての部分とある重要な方法で関連をもつがゆえに全体として扱われるもの」である．簡単にいえばシステムとは全体と部分の相互関係を表す概念である．外的な環境のなかで組織も個人も影響を受ける．それを閉ぎされた空間のなかからだけみていたのでは，変化への対応を誤ってしまう．従来の閉ざされた空間としてのクローズド・システムから，環境との適応を考慮したオープン・システムとしての組織観は，システム理論の中心をなしている．また今日の企業組織のステークホルダー論の源泉ともいえる．

(2) 人間観

また，バーナード理論は個人と組織のかかわりについて，両面からそれをみようとした点にその特徴がある．それまでの管理論は主に組織の側からだ

第10章　近代的組織論（バーナードとサイモン）　145

け，職務の構造的な面に力点を置いて組織を理解しようとした．しかし，バーナードは個人の発展と組織の繁栄を結びつける鍵は，個人が協働によって発展していくことにあると結論づけている．個人と全体を結びつける概念こそシステム思考にほかならない．

　そこには人間の側からの組織観があり，組織に参加し行動する主体として人間を捉える．ともすると人間は組織的な側面から客体とみなされ，そこからの調整がなされたりするが，組織を動かす主体として人間を捉えると，多く参加する人たちの協働意欲を引き出すような意思決定が必要となる．したがって，管理とはそこにいる人間を一面では組織の論理で調整しようという行為にほかならず，そこにいる個人をいかに人間として理解し，説得していくかという方法が望まれる．

　さらに，バーナードは組織に関わる人間の理解について，二面的な把握を行う．1つは機能化の側面であり，もう1つは個人化の側面である．つまり，組織の側からみれば，組織の機能として行動する人間が存在し，個人の側からみれば誘引によって組織に参加する個人としての人間が存在する．

　彼のこの二面的な理解はいたるところにその概念的枠組みを提供している．

　このようにバーナードの理論は，人間の論理に立脚して組織を見直そうとしたことにその評価があるのである．

(3) 協働システムと組織

　彼の組織論は「三層構造理論」として理解されることが通説になっている．すなわち，① 協働理論から，② 組織理論を経て，③ 管理論に至るといわれている．つまり，人間主体の側からまず人間論から協働論が展開され，協働システムの主役は人間であり，個をどう生かすかが全体と部分の関係としてシステム思考の基調になっている．そこでは自由意志をもち，選択力をもった人間モデルが適用され，制約を克服するために協働システムが形

図表10-2 協働システムの概念

```
            物的システム
           /     |     \
          /   組織システム  \
         /               \
      人的システム ──── 社会的システム
```

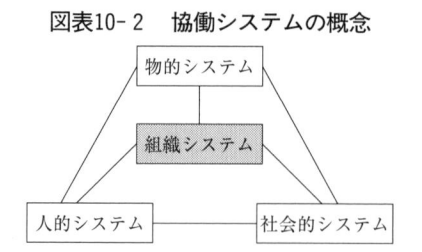

成されるとしている．

協働システムとは，「少なくとも1つの明確な目的のために2人以上の人びとが協働することによって特殊な体系的関係にある物的・生物的・個人的・社会的構成要素の複合体である」として，具体的には教会，政党，政府，軍隊，企業，学校，家庭などをあげる．

このように人間の側から協働行為を捉えようとしたバーナードの次の論理的展開は組織理論である．つまり，協働システムを4つのサブシステムの複合体として捉える彼の見方は，人間が協働するシステムの要素のなかからそれぞれが異なる副次的なサブシステム（物的システム・人的システム・社会的システム）を除いて共通する純粋なシステムを組織システムとして理解するのである（図表10-2）．仮に協働システムである企業と学校を比較すると，ともに組織として認識されるが，同時に物的施設，人びとの価値基準や行動規範，人間関係や慣習などの違いを見出すことができる．個々の協働システムからこれらの物的・人的・社会的要因を捨象すれば，組織の純粋概念だけが残ることになる．バーナードによれば組織とは，「2人以上の意識的に調整された人びとの活動および諸力のシステム」とされ，それが組織の本質であるとされる．それは，協働システムの中核をなすものでもあり，そこにはモノやヒトそして社会的関係の要素もなく，純粋に意思とエネルギーの相互関係だけが述べられている．組織はあたかも電磁場のように各種のエネルギーが一定の法則や意思によって複雑に交錯する場として捉えられている．協働システムは中軸としての組織システムの「意識的に調整された」プロセス

第10章　近代的組織論（バーナードとサイモン）　147

によって動かされていく．

(4) 組織の3要素

こうした組織の本質的な理解からバーナードは公式組織の3要素として「共通目的」「協働意欲」「コミュニケーション」をあげる．この3つは組織成立に必要な要件であるとともに組織発展のための本質的な要件でもある．

「組織は，相互に意思を伝達できる人がおり，それらの人が行為を貢献しようとする意欲を持って，共通目的を達成しようとするときに成立する」として組織が成立するためにはこの3要素が必要であるとする．またいったん成立した組織は維持発展を目指し成長するが，組織がダイナミックに動いていくためにはこれらを確保しなくてはならない．バーナードによれば，管理の本質的な機能は，① 目的を定式化し，② 協働の努力を確保し，③ コミュニケーション・システムを構築することとされる．

(5) 誘因の理論

組織に参加する個人は組織からのさまざまな誘因によって自己の貢献のあり方とのバランスをとっている．企業でいえば，誘因には給与やボーナスなどの経済的誘因からステータス，福利厚生や作業環境などの誘因まで多くのものが存在する．誘因が個人にとって十分に満たされたものであれば個人はいくらでも組織に貢献をしようとするが，誘因が個人の満足を満たすことができなければ，貢献意欲は減退してしまう．客観的には個人の動機を満足させる誘因を提供できるかどうかが大事であり，このことを「誘因の方法」とよぶ．

しかし，一方ではリーダーシップなどによって，個人の動機に働きかけて積極的に主観的態度を改変させる方法も重要である．これが「説得の方法」とよばれるものである．これらの分析は，後の動機づけ理論につながっていく．

(6) 組織の有効性と能率

バーナードの組織をみる道具の1つに「有効性」と「能率」という概念がある．通常の言葉とは若干使い方が異なるが，「有効性」とは組織の目的達成に関わる概念であり，「能率」とは個人の動機に関わる概念である．

仮に組織にとっての有効性（目的の達成）が高くても個人の満足（能率）が満たされない場合もある．また逆に個人の満足（能率）が満たされても組織にとっての有効性（目的の達成）が低い場合もある．このように有効性と能率がともに満されてこそ組織も個人も成長と発展がなされていくのである．

(7) 権限受容説

伝統的に組織論では権限の源泉をどこに求めるのかということが議論されてきた．権限とは決定権や命令権など組織を動かす重要なものであるからだ．組織を「権限の系」としてみなすのもこのためであった．従来，権限の源泉は，上位へと遡り，権限は上位から委譲されたものであるとみなす「権限上位説」が主流であった．そして，それは法律など社会基盤そのものに源泉を求める「法定説」ともいわれてきた．しかし，主体性をもった人間の側から組織をみるバーナードの考えは「権限受容説」といわれるものである．すなわち，「1つの命令が権威をもつかどうかの意思決定は命令を受ける側にあり，権威をもつ側すなわち命令を発する側にはない」として権威が上位にあるということは虚構にすぎないと指摘している．これは後にフォレットの「職能説」によっても裏づけられる．

(8) 管理責任の性質

バーナードがもっとも主張したかったにもかかわらず最後までできなかったものは「責任」に関する議論であった．「権限」よりも「責任」のあり方こそ組織において重要と考えていたようである．彼は主著において「管理責

任の性質」という点でリーダーシップとの関連について述べているが，あくまで責任感こそ重要な要素との議論であって，自身が後に述懐するように責任の最終的な議論にはなっていなかったようだ．

バーナードは，リーダーシップを協働に必要な起爆剤であり，触媒の働きをなすものであると捉えている．管理者の仕事というのは究極にはリーダーシップによって協働を永続させるものである．複雑な道徳性を含み，高い責任能力を必要とし，かつ他の人びとのために道徳性を創造しうる能力が管理者には要求される．全体としての創造職能がリーダーシップの本質であるとされる．組織の存続もリーダーシップのあり方に依存するのである．

10.4 サイモンの意思決定論の特徴

H. A. サイモンの意思決定論は，一般的にはバーナード理論の直接的継承として理解されている．サイモンは78年にノーベル経済学賞を受賞している．その特徴は，基本的にはバーナードのシステム理論を引き継ぎながらも，意思決定における人間的要因を中心に据えて，特に組織における現実を「記述科学」の手法を利用して，価値判断をできるだけ避け，特に「組織における意思決定」の問題を重視したこと，および合理性の限界を示したことなどがあげられる．しかし，彼の人間理解はバーナードのように個人人格と組織人格の二面性からみるのではなく，個人が組織に入ると現実には組織から価値前提が与えられることにより，いわば個人人格から組織人格への転換をなすことを前提にしているのである．バーナードが個人と組織の双方から組織を理解し，目的をも作り出す主体として全人格的な人間的思考を取り入れたのに対して，サイモンは，目的がすでに与えられた組織の現実からみれば人間を，問題解決に積極的に取り組む経営人としてのみ組織的に理解した点にその違いがあろう．

したがってサイモンは目的の選択について分析するのではなく，目的が与えられたものとしてその手段の選択が適切であるかどうかを分析することに

図表10-3　意思決定の基本プロセス

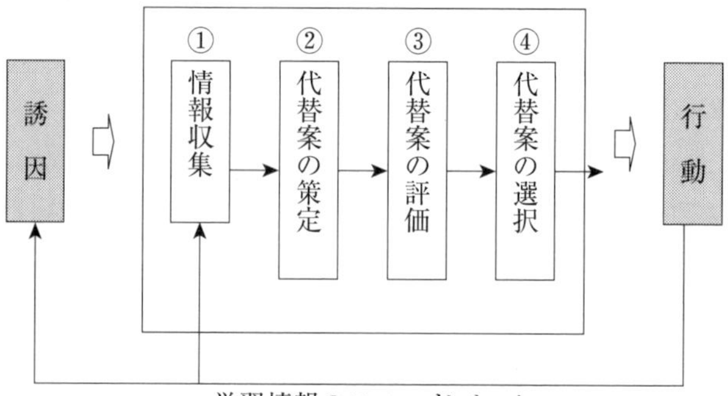

```
誘因 ⇒ ① 情報収集 → ② 代替案の策定 → ③ 代替案の評価 → ④ 代替案の選択 ⇒ 行動
```

学習情報のフィードバック

主眼を置いている．

　そのうえで，意思決定のメカニズムをサイモンは4つに区分している．

　すなわち，① 情報活動，② 設計活動，③ 選択活動，④ 検討活動である．

　以下，基本プロセスをもう少し具体的に表現し図示（図表10-3）すると，意思決定にはまず何らかの決定しなければならないという「誘因」があってこそ，決定のプロセスが始まる．そのうえで，まず第1に必要になるのは「情報収集」である．つまり，その決定が将来いかなる影響を及ぼすかについてのさまざまな情報を収集することが必要になる．この際注意しなくてはならないことは，本当に必要な情報をいかに収集するかである．今日，IT化が進展し，情報システムを活用した情報収集活動が進められているが，質の高い，精度の高い情報をいかに収集し，加工し，検討するかが要求される．トップが意思決定を誤る1つの要因は，耳あたりのいい話は報告されやすいが，組織にとって必要な情報は，なかなか速やかに入ってこないということも考えなければならない．

　後述するが，サイモンが指摘したように定型的な情報は情報システムを用いて必要な情報を必要なときにタイムリーに収集することが試みられている．

第 2 のプロセスは「代替案の策定」である．それらの情報を活用して想像されるいくつかの諸条件を変化させて最適な行動計画を策定することである．これには条件のいかんによっていくつかの代替案を策定することが必要とされる．そして，第 3 に「代替案の評価」へと進む．それらの案の結果をそれぞれ予測しながら比較分析し，評価基準を考慮したり，各代替案の総合的な評価を行う．

そして，第 4 に「代替案の選択」が行われ，1 つの代替案が選択され，決定の権限が行使される．この「選択」は「行動」への出発点であり，その結果は行動から事実として証明される．そして，フィードバックされて，次への決定のプロセスに役立つのである．

このように意思決定の基本的なプロセスを組織の意思決定として分析したところにサイモンの業績がある．

さらに以下，サイモン理論の特徴である，① 事実前線，価値前提，② 合理性の限界，③ 定型的意思決定，非定型的意思決定について述べていきたい．

(1) 意思決定における価値と事実

組織における行動の特徴はそれが目的志向であるということである．すべての行動が目的へ向かう合理性をもっていなくてはならない．目的に向かう価値の連鎖をもっていることが必要とされる．

決定は選択可能な代替案のなかから，目的を達成させるためにもっとも重要と思われる点で選択される．このときこれは「価値的判断」といわれる．それとともにそれに伴って起こるであろう事実を認識してそれに対する検討もなされなければならない．それを「事実的判断」とよぶ．

このように決定には「価値」と「事実」の両面からの検討が必要となる．

たとえば，企業が環境変化のなかから将来の計画を考える際にも，それまで企業が目指してきた理想像や企業理念からの検討がなされなければならな

いが（価値），それとともに，自社が置かれた客観的な状況（事実）をよく検討しながら意思決定をしていく必要もある．この両面は事実判断だけが先行しても，企業としてのアイデンティティはバラバラになるだろうし，逆に価値判断が優先しても現実的な決定にはならないだろう．

このように 1 つの決定には必ず「価値前提」とよばれるものと「事実前提」とよばれるものが存在する．サイモンはこの 2 つの前提が意思決定には必ず存在することを主張する．しかし，サイモンが重視するものはあくまで「事実前提」であって，目的がすでに与えられた意思決定においては，その手段としての選択決定には事実前提のみが，経験的な観察可能性をもち合理的に検証しうるものであり，「価値前提」は倫理的な命題を多く含むがゆえに，経験的・合理的に試すことができないと捉えるのである．ゆえにサイモンは意思決定過程における価値前提を排除し，検証可能な事実前提の分析をその対象に限定している．

このようにバーナードと違う点は，価値の問題よりも事実のうえでの検証可能性を中心のテーマにしたことである．

(2) 合理性の限界

したがって，意思決定の合理性はこの事実前提から与えられた目的に対する手段が効果的に選択されたかどうかが分析の対象になる．

合理性とは，
① すべての代替案を示すこと
② それらから生じる結果のすべてを確定すること
③ これらの一連の結果の評価
の段階を経るものである．

しかし，意思決定をする際に，最適なものを目指そうとすれば，理論的に考えればとことん合理性が追求されねばならないことになるのだが，現実の意思決定が必ずしも最適な合理性のなかで行われているかといえば，決して

そうではない．現実には，① すべての代替案を列挙することは不可能であり，② 結果についても要求される完全な知識と予測も，現実には部分的で不完全である．③ 経験不足などによって価値も不完全にしか予測できない．これを指してサイモンの言葉によれば，「制約された合理性」（bounded rationality）のなかにいるのである．現実の意思決定はその人の置かれた環境や状況のなかで行われる．合理性には限界があり，意思決定は制約された合理性のなかで実施されている．

したがって意思決定にとって重要なことは，満足できる意思決定であったか否かである．また経営者は最適な合理性を求めて行動しているようにみえても，現実はある一定のレベルでの満足性をその基準に行動している．このように，最善ではなく満足度によって仕事をなす人間を経営人（administrative man）とよび，現実の世界を無数の要因から極度に単純化したモデルとして認識する存在と位置づけている．

伝統的理論でモデルとされた経済合理的な行動をとる「経済人」に対して，このように満足性を基準として行動するモデルを「経営人」と名づけている．すぐれた意思決定というものが，必ずしも合理性を追求するなかになされるのではなく，むしろ制約された合理性のなかで，満足できる意思決定を模索しているのだと理解することが大切なのだろう．

(3) 定型的意思決定と非定型的意思決定

サイモンの貢献したことの1つに定型的意思決定と非定型的意思決定を区別したことがあげられる．定型的意思決定（programmed decisions）とは，日常活動のなかで繰り返し行われる意思決定であり，パターン化され，過去の経験を生かすことができるものである．それに対して非定型的意思決定（non-programmed decisions）とは，環境の変化に対して何が起こるかわからない不確実な課題に対するものであり，一回限りのものである．

確実性が高く，ルーティーンな仕事にあってはできるだけ誰もが1つの基

準をもって意思決定に参加できるようにマニュアル化したり，またプログラム化することによって意思決定の質は均一化してくる．しかし，経験したことがない事象や過去の経験がまったく活用できないような意思決定には，それを定型化することはできないのである．このように質の違う意思決定に対して，それを区別して，注目したことはサイモンの貢献の1つである．

前者が主に組織の現場レベルで多い意思決定であるのに対して，後者は経営者やトップが主に取り組まなくてはならないものでもあり，今日では戦略的意思決定として戦略的な企画スタッフを作り，取り組んでいる点である．

戦略的課題に対して，解決策を考え大胆に行動していく経営者のイメージは当時の組織のなかでは斬新的なものであった．

コンピュータによるシミュレーションはこの定型的意思決定から進化発展したものである．コンピュータを活用して制約条件を加味し，できる限り合理的な意思決定を模索してきたのが今日のオペレーション・リサーチ研究 (OR) の進展である．

現代ではビジネスゲームや経営シミュレーションなどコンピュータを活用したり，研修を通じて担当者の意思決定能力をいかに開発するかという非定型的意思決定をも視野に入れた試みが行われている．そして，組織の中心者はできるだけ，非定型的な意思決定に専念できるよう，また，事実前提を踏まえ，できるだけ合理的な決定ができるよう定型的なものは下位に委譲して権限を与えることが望ましい．また，問題解決能力や課題発見能力などは，このような非定型的な意思決定にあたる際の重要な要素の1つでもある．こういう能力をいかにして身につけるかも現代の組織での課題の1つであろう．

このようにバーナードからサイモンへの意思決定論の展開過程を述べてきたが，経営管理を一面では意思決定としてみなし，すぐれた意思決定こそが組織のいたるところで行われるように研究が進められたことを指して，組織における人間観そのものが大きく進展してきたとみることができよう．

◆参 考 文 献

Barnard, C. I., *The Functions of the Executive,* Harvard University Press, 1950.（山本安次郎・田杉競・飯野春樹訳 『新訳 経営者の役割』ダイヤモンド社，1974年）

Wolf, W. B., *THE BASIC BARNARD-An Introduction to Chester I., Barnard and His Theories of Organization and Management,* Cornell University, 1974.（日本バーナード協会訳『バーナード経営学入門』ダイヤモンド社，1975年）

飯野春樹編『バーナード 経営者の役割』有斐閣新書，1979年

飯野春樹『バーナード研究』文眞堂，1978年

Simon, H. A., *The New Science of Management Decision,* Revised ed., 1977.（稲葉元吉・倉井武夫訳『意思決定の科学』産業能率大学出版部，1979年）

Simon, H. A., *ADMINISTRATIVE BEHAVIOR-A Study of Decision-Making Process in Administrative Origination,* Macmillan Company, 1945.（松田武彦・髙柳暁・二村敏子訳『経営行動』ダイヤモンド社，1965年）

Simon, H. A., *Reason in Human Affairs,* Stanford University, 1983.（佐々木恒男・吉原正彦訳『意思決定と合理性』文眞堂，1987年）

佐野雄一郎ほか『経営管理総論』同文書院，1993年

第11章

経営組織の基本形態

　本章では，経営組織の基本形態である組織の分化，ラインとスタッフ，事業部制などについて学ぶ．経営組織とは通常企業の組織を意味する．今日「組織の時代」といわれるほど多くの局面で組織が活用されている．

　組織の一般理論として組織行動を説明したのはバーナードだが，ここでは経営組織の合理的な仕事のメカニズムとしての構造的な側面から基本を学んでいくこととする．

11.1 経営組織の発展

　組織とはそもそもバーナードが述べているように，「2人以上の人びとの意識的に調整された活動や諸力の体系」であり，1つの目的に向かって協働することによってより大きな価値を生み出していくシステムを指している．前章で学んだように組織の3要素として，① 共通目的，② 協働意欲，③ コミュニケーションがあげられ，これらは組織の必要十分条件でもある．組織の発生の様子は以下のように説明されることが多い．すなわち，1人では達成できない目的に対して，複数の人びとが努力を傾注し，それぞれが高い意欲と役割を担い，お互いにコミュニケーションをとりながら仕事をなしていくプロセスを組織行動という．そこには当然「分業」というプロセスが必要となってくる．また，一面ではこの分業は「協業」の努力を必要とする．いかに機能的に分業がなされたとしても「協業」の意思と努力がなければ，統合された機能としての組織の役割を果たすことはできないからである．

　たとえば，よくたとえられる話だが，1人で動かすことのできない大きな

石を動かすという目的のために集まった人びとは一度きりの作業であれば、ただ力を合わすだけですむかもしれない。しかし継続的にこの作業を行うと意識すれば、組織が作られる。つまり、まず誰かが「計画」という役割を担うことも必要でこのためにはさまざまな知識が必要とされる。また「実行」段階になれば、それぞれ分業して役割を担い持ち場を担当して、ある人は方向を示したり、ある人は声をかけたりすることで、皆の努力を効果的に発揮させるようにすることも大切だろう。さらに上手く物事が運ばなかった場合、「調整」「統制」を加えることで次への仕事が改善される。

このように組織的な行動では、個人の努力がさまざまな作業や仕事に分業される。当然、マネジメントのプロセスでも分業されるし、ここにリーダーが必要となるとリーダーとフォロワーという機能分化も必要になる。また、仕事が金銭的な裏づけでビジネスとして成立すればリーダーというよりもマネジャーという役割に変わることにもなる（最近では、メンターという精神的な励ましをする役割やコーチングという支援的な役割も強調されるようになっている）。

このように組織とは多くの人びとの力を得て、1人で成し遂げることができないことを効率的にかつ能率的に最後まで結果を導き出す継続的なプロセスであり、協業の努力がその前提にあるともいえる。

分業による生産の飛躍的な向上を指摘した一人として、18世紀の産業革命を支えた思想家アダム・スミスを上げることができる。

ピン工場での分業の理論は、社会的分業の理論としても熟練から非熟練へとさらに分業によって仕事の専門化が生れることを指摘した。

しかし、今日の組織では協業の努力が伴わないと分業は単なる作業の単純化になるだけで効果的な組織とはならない。バーナードがいうように協働的な努力が必要である。

11.2 組織の分化

経営組織の基本形態としてまず組織の分化を「水平的分化」と「垂直的分化」で説明する．この2つの分化はそれぞれ横の分化と縦の分化ということができるが，どちらが先という次元の話ではなく，同時平行的に必要に応じて行われるため，いかに合理的に行うかということが課題となる．

(1) 垂直的分化

組織の計画機能と実行機能を分離することによって縦の階層化がはじまる．1人ですべてができるうちはいいが，プラン・ドゥ・シーという次元で考えるとそれぞれが組織という機能として分化する．これによってまず，管理職層と作業職層が分化する．さらに管理職層は企業規模が大きくなるにつれて，縦に分化を成し遂げる．すなわち，トップ・マネジメント，ミドル・マネジメント，ロアー・マネジメントの分化である．

トップの役割は日常的な業務というよりは経営計画の策定と戦略的意思決定に専念できることが望ましい．トップが日常業務に忙殺されると組織の発展成長に陰りがみえてくる．だが，一方では，現場の痛みがわからなくては

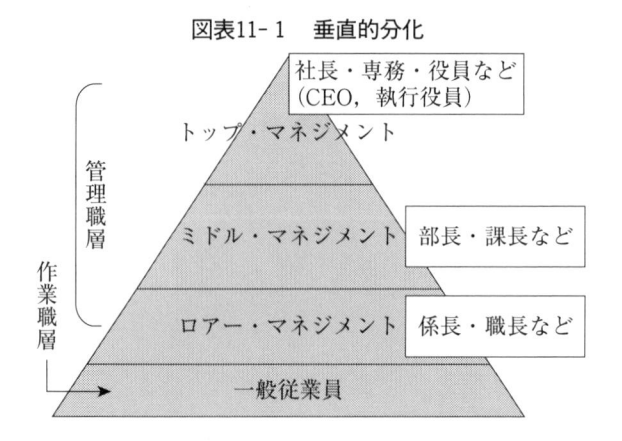

図表11-1　垂直的分化

発展は望めない．

　階層化には「管理の幅の原則」がさらに拍車をかける．すなわち，組織に関わる人数によって階層構造を強化する．管理の幅の原則とはスパン・オブ・コントロールの原則といい，1人の管理者が扱える部下の数には一定の限界があることを意味する．これはもちろん職種によっても異なるが，一般的にルーティーンワークの場合は若干多くても可能だが，企画や専門職では少ない人数が望ましい．また，部下の成熟度によっても異なる．

　たとえば，1つの企業に1,000名の従業員がいて，管理の幅を10名と仮定すると100名の管理者が必要となる．さらにそれら100名をまとめる上級の管理者となれば10名となり，組織はピラミッド型の構造になっていく．管理者はリッカートのいう「連結ピン」の役割を果たしていくことになる（図表11-2）．

　このように管理の幅の原則を追求していくと階層化は進んでいくのだか階層化が進むほど組織のコミュニケーションがとりづらくなるというジレンマも発生する．今日のように意思決定のスピードが求められ，情報化によってフラットな組織が求められると中間管理職の役割は変化していくことにな

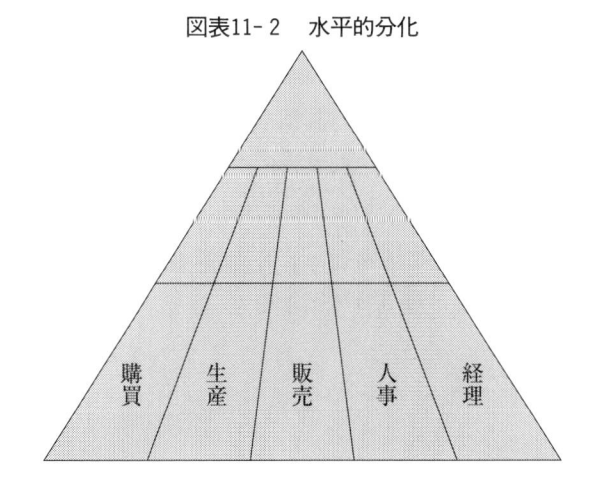

図表11-2　水平的分化

購買　生産　販売　人事　経理

る．

(2) 水平的分化

階層化とともに機能的な横の分化が起こる．これは基本的な横の専門的な職能による分化ということもできる（図表11-2）．

すなわち，まず，企業の基幹業務である「生産」「営業」「購買」など中心的な第一次的な分化により，機能的な組織構造が作られる．このことは基本的な業務プロセスとしての分化であり，過程的分化ともよばれる．組織の第一次的分化は基幹業務による横の分化である．また，さらに企業規模が拡大してくると次にはヒト，モノ，カネ，情報などの要素にあわせた分化が必要となってくる．具体的には「人事」「経理」「総務」「情報システム」など副次的な業務も職能として独立することでさらに第2次的な分化として機能的な役割を担うことになる．

さらに「企画室」「社長室」「組織部」「管理部」などさまざまな要素に伴う組織構造が作られていく．これを第2次的分化または要素的分化ともいう．

現代の組織の基本形態の1つのモデルはこのように縦の分化と横の分化を軸とした「職能別組織」を中心として考えることができる．

さらに本章の最後で学ぶように，これが分権的思考と戦略的思考を重視し，製品や地域を中心とした独立採算制をとる事業別に分化する事業部制を生み出したり，次章で展開される収益責任をさらに明確にしたカンパニー制へと移行したり，ダウンサイジングを志向して分社して別会社として再出発してグループ企業になるという分化もみられている．また，最近では本社機能が「持株会社」に移行し関連性を重視するケースも増えている．

11.3 集権と分権

ここでは組織構造の分化という点を中心にみてきたが，組織構造をもう一

面からみるとすれば,権限の配分システムであるとみることができる.つまり,権限を集中するのか分散するのかというテーマである.権限を集中すること,「集権」の方向性は変化の激しいスピード時代にはもっとも必要とされるかもしれないが,少しでも多くの人が決定のプロセスに関わり自発性や責任の意識を高めるためには権限を分散すること,「分権」が必要かもしれない.

構造的分化は一面では権限の分散を意味する.権限とは「人をして仕事をなさしめる力」であって,そこにはさまざまな考え方が存在する.前章で説明した権限の源泉についても従来の伝統的理論では,「権限上位説」を採るのに対し,バーナードは「権限受容説」で源泉は上位にあるということを仮構(フィクション)として否定した.権限は受け入れられて初めて成立するとした.また,フォレットは,権限の源泉を職能に求める「職能説」を主張し,配分された職能そのものが権限と責任の源泉であると考えた.

11.4 職務,権限,責任

経営組織における仕事を考えるために,職務,権限,責任の関係から組織構造をみていくことが大切である(図表11-3).

図表11-3 職務,権限,責任の関係

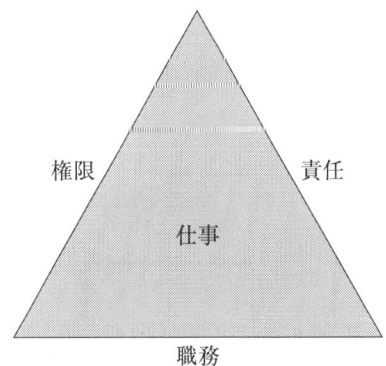

(三角形の図:頂点「仕事」,左下「権限」,右下「責任」,底辺「職務」)

まず,職務(job)とは,仕事における基本単位であり,便宜的に編成されたものでもある.職務設計や職務分析を通じて組織は編成される.また環境の変化に対して職務の見直しや再編成が絶えず行われている.職務の配分が組織の1つの基本でもある.

次に権限(authority)とは,組織において公に仕事を遂行できる権利ないし力を意味する.たとえば,他社と交

渉する際にもどこまでその人に権限が付与されているかどうかによって仕事の遂行の度合いは異なってくる．具体的には命令権や意思決定権，人事権などの人を強制する権限から執行権，指図権，承認権など業務遂行上の権限や，提案権，助言権などさまざまな権限関係が存在する．

さらに責任（responsibility）は，組織においてもっとも重要なものである．責任のとり方によって組織がきちんと動いていくかどうかが決まる．組織における責任にはいくつかの側面がある．担当者のなすべき責任は職責（responsibility）であり，実際に実行するためには実行責任（obligation）が要求される．また，仕事が終了すればそれに対する結果責任，または説明責任（accountability）が発生する．最近は特にこの説明責任が問われるようになってきている．

古くから権限と責任の関係は権限責任一致の原則として重要視されてきたが，権限とともに経営組織における責任をどう捉えるかがきわめて重要な課題でもある．企業の社会的責任（CSR）の議論とともに責任の連鎖として組織における責任を考えていく必要がある．

11.5 職能別組織の原型——ラインとスタッフ

組織の構造的な側面から基本となってきたのが，ラインとスタッフという考え方である．もともと軍隊組織における，① 指揮命令を中心にしたライ

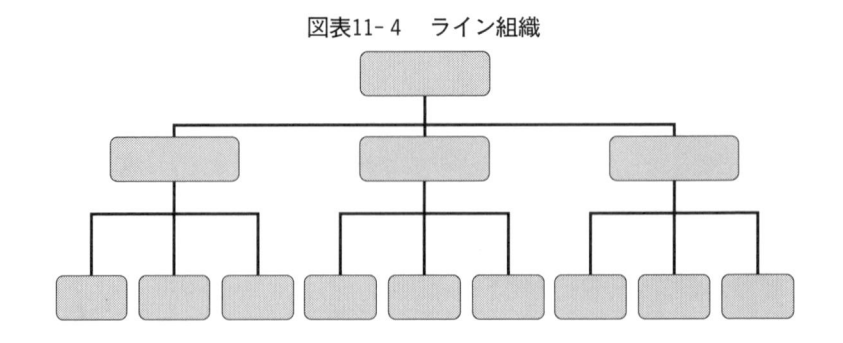

図表11-4　ライン組織

ンに対して，② 補佐的に作戦立案を担当するスタッフ（参謀）を置き成功を収めたことから使われてきたものだが，この言葉は，その後，企業組織の基本構造として組み込まれ，経営組織を説明する役割を果たしてきた．

(1) ライン・アンド・スタッフ組織

　ライン組織とは命令一元化の原則に基づくもっとも基本的な組織形態である（図表11-4）．直系組織とも訳されている．1人の部下は1人の上司からの命令を受け取るという命令一元化の原則が徹底されることでコミュニケーションが保たれ，組織の秩序を維持できるというメリットがある反面，上司はオールマイティな能力が要求されることになるが，現実には難しい課題である．したがって，助言や支援を行うスタッフの存在が必要となってくる．

　スタッフは，ラインに対してあくまで助言・提案をする役割を果たす．これが実質的な命令権をもつようになるとラインは混乱する．命令権はラインの長がもつことが原則となる．

　スタッフを具体的にみると，① 次長や副部長のような副役職として不在代行権をもつライン・アシスタントをはじめ，秘書や専門職などのスタッフ・アシスタント，または社長室や企画室などのゼネラル・マネジメント・スタッフなど専門的能力をもってラインを個人的にサポートする「パーソナ

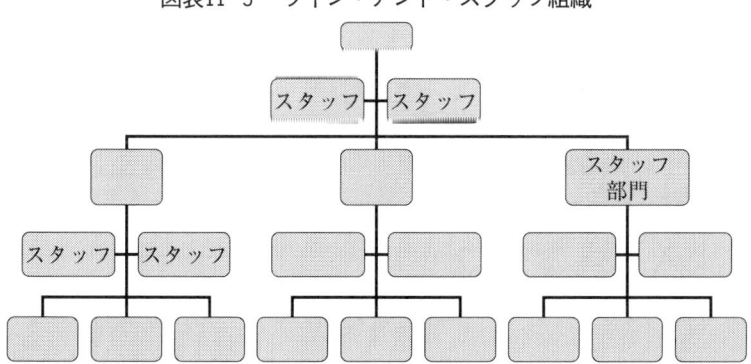

図表11-5　ライン・アンド・スタッフ組織

ルスタッフ」と，② 総務部，経理部，人事部，情報サービス部など独立の部門として専門的業務を行う「スタッフ部門」に分かれる．

また，ラインという言葉ももともとは命令一元化の直系組織を指す言葉ということができるが，一方では企業全体で補助的に分化したスタッフ部門に対して「購買」「生産」「販売」など企業の基幹業務を指して「ライン部門」とよぶこともあり，紛らわしい言葉でもある．

いずれにしても，今日の企業組織の基本となっているのは，ラインとスタッフを組み合わせたライン・アンド・スタッフ組織である．これが多くの企業で用いられてきた「職能別組織」の原型である（図表11-5）．

(2) ファンクショナル組織

基本的な組織形態としてライン組織と対比されるのが，テイラーの考案したファンクショナル組織である（図表11-6）．この組織の考え方は，機能的職長とよばれる8人の職長（計画・執行機能）がそれぞれの専門的な職能に応じて部下を管理する組織である．ライン組織のように1人の職長がすべての職能を担当するのではなく，専門的な能力をそれぞれ有する複数の機能的職長によって命令一元化の原則にこだわらず，「秩序化」より「柔軟化・専門化」を優先した組織形態である．また，うまく機能すると部下の専門性を高めることになるため，その組織の理念が，その後，発展形態として考案さ

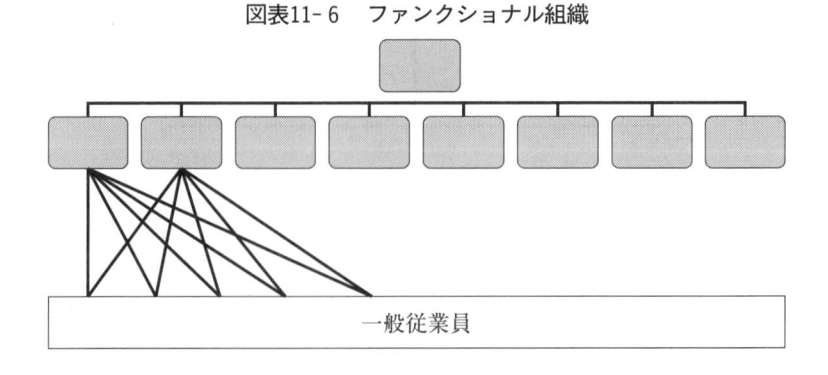

図表11-6　ファンクショナル組織

れた「マトリックス組織」に共通するため，いわば「人を育てる」組織ということができよう．大学における教員や職員と学生の関係もこの関係性に近いものがある．しかし，複数の職長の命令に矛盾が起こると秩序が保ちにくくなり，現実には企業組織ではほとんど採用されてこなかった．この組織が成功するためには，職長同士の横の連携と従業員一人ひとりの意識，能力が大きな鍵を握る．

図表11-7　組織編成原則

総括的原則	1	分業の原則	組織は合理的分業によって成立する．分業と協業は同義．
	2	目標一致の原則	個人や組織単位の活動はすべて組織全体の目標に整合していること．
	3	機能化の原則	組織は機能（仕事）に基づいて編成されること．
秩序化を志向する原則	4	権限・責任・職務明確化の原則	なすべき仕事の権限・責任・職務は組織計画に基づいて合理的に配分され，それぞれの質や量は対応していること．
	5	管理の幅の原則	1人の上司が合理的に管理できる部下の数には一定の限界があり，それによって組織は立体的な階層を形成する．
	6	命令一元化の原則	1人の部下は1人の上司のみから命令を受ける．命令系統が混乱してはならない．
	7	階層連鎖の原則	命令は順次階層をたどりながら連続すること．階層を飛ばしたり無視してはならない．
	8	責任絶対の原則	権限や職務は委譲できても，責任は加重され委譲することはできない．
	9	継続の原則	規定，制度，手続き，原則などはある程度安定的であること．朝令暮改は組織を混乱させる．
柔軟化を志向する原則	10	委譲の原則	ルーチンワークはできるだけ広く部下に委譲し，任せること．
	11	専門化の原則	委譲すべき仕事は組織単位ごとにできるだけ専門化すること．
	12	例外の原則	例外的事項（新規の事項）を明確にし，上位者はこの問題解決に専念すること．
	13	弾力化の原則	環境の変化に即応して素早い対応ができる体勢をとること．
	14	階層短縮化の原則	階層数を減らして，できるだけフラットな組織を作ること．

11.6 組織編成原則——秩序化と柔軟化

以上，代表的な組織形態について簡単にみてきたが，組織は環境の変化に対して，戦略的な思考をもち，絶えず構造を変革しながら組織を活性化する必要がある．

あるときは秩序化を志向しながら組織の引き締めを図ったり，あるときは柔軟化を志向して思い切った変化を作り出したりすることも環境変化が激しい現代の企業には求められることでもある．

従来，組織編成原則とされてきたものも大きく分けるとそれぞれの方向性で経営者が何を優先することが大切かを教えてくれる（図表11-7）．

11.7 事業部制組織——利益責任と戦略性

1920年代のアメリカでは事業の多角化に伴って，職能別組織の形態を改め，事業部制組織をとる企業が現れた．デュポンやGMなどがその代表である．

事業部制は，製品別や地域別，顧客別にあたかも１つの会社のように複数の事業部を設け，独立採算で収益責任を明確にして戦略的思考と分権的思考を組織に反映した，いわば独立責任単位としての組織形態である（図表11-8）．

本社機能と事業部にどこまで分権するかという違いはあるにしろ戦略的思

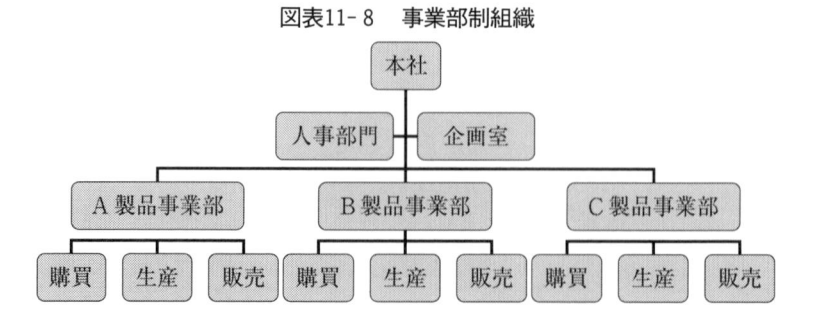

図表11-8　事業部制組織

```
                        本社
                         │
                ┌────────┴────────┐
             人事部門            企画室
                │
      ┌─────────┼─────────┐
   A製品事業部  B製品事業部  C製品事業部
   ┌──┼──┐   ┌──┼──┐   ┌──┼──┐
  購買 生産 販売 購買 生産 販売 購買 生産 販売
```

考である「選択と集中」で特定の分野に特化することで職能別組織のデメリットである意思決定の遅れや革新性が生まれにくいという点を補い、多角化し拡大する企業をサポートすることができた（図表11-9参照）。

日本では1933年に松下電器が保信部と経理部以外は各事業部に責任を委ねるという「自主責任経営の徹底」と「経営者の育成」を目指して独自の事業部制を採用したのが始まりとされている。

その後、ほとんどの大企業が事業部制を採用し、さらに複数の製品事業部と地域事業部がクロスして資源を共有するマトリックス組織も発展形態として生まれた（第12章参照）。

事業部制の組織構造と戦略の関係を研究したA.D.チャンドラーは結論として「組織構造は戦略に従う」との命題を残し、戦略性が事業部という組織構造を作り出したと述べ、戦略論が経営組織について中心のテーマとなった。

したがって、戦略的思考がなされていくことが成功の鍵となるのであり、たとえば、日常業務に忙殺されずに戦略性を重視する戦略的スタッフとしてのSBU組織（Strategy Business Unit：戦略的事業単位）がその後考案され、さらに事業部制を発展させていくことになった。

「事業部制組織」はライン・アンド・スタッフ組織を中心とした「職能別

図表11-9　事業部制の長所と短所

長所	短所
① 利益責任により各事業部の業績評価が明確になる	① 設備・人員・投資の重複が生じる
② 意思決定の迅速化によって市場対応型の機動性を発揮	② 競争意識が促進され、セクショナリズムが拡大する
③ トップは戦略的意思決定に専念できる	③ 短期的利益に目が向きやすい
④ 企業家精神をもった人材が育成され後継者の育成を容易にする	④ 全社的人事異動が困難となる
	⑤ 事業部を超えた製品開発が難しい

組織」と並んで経営組織の基本形態の1つのモデルとして，その後の発展に果たした役割は大きいが，その後大規模化し，グローバル化する企業間競争の中で競争に打ち勝つためにダウンサイジングが志向され，より責任を明確にするカンパニー制や分社化などが導入され組織構造は多様化・複雑化していく．

また柔軟な運用としてプロジェクトチームやタスクフォースなどが考案され，いわば組織図にかけない臨時的・機動的組織も活用されるようになってきた．

これらについては，次章で学んでいく．

◆参考文献
工藤達男ほか『現代の経営組織論』学文社，1994年
佐野雄一郎ほか『経営管理総論』同文書院，1993年
佐久間信夫編『現代経営学』学文社，2005年

第12章

経営組織の発展形態

　企業が取り扱う製品・商品の種類や企業構成員の数が増加していくことにより，企業の活動や規模は拡大していく．取り扱う製品・商品の種類が増加すれば，それに関連する経営資源を効率的に活用するために情報の共有が必要になる．つまり，どのような，あるいはどれくらいの資源がどの部門で必要なのかといった情報に適切に対応するために共有が求められる．また，企業構成員が増加すれば，指揮・命令系統をいかに確保すればよいかといったことが重要となる．そのためには，組織の構造を変化させていくことが必要となる．

　本章では，前章でみた組織形態の発展形態として，企業内部に形成される組織としてマトリックス組織，プロジェクト・チーム，カンパニー制，フロント・バック混成組織を，そして外部企業との関係により形成される組織として持株会社，ヴァーチャル組織を取り上げる．

12.1 マトリックス組織

　マトリックス組織とは，製品と機能に関する部門が格子状に組み合わされた組織である（図表12-1）．これは，前章でみた事業部制組織と職能別組織のメリットを活かすことが可能となる形態である．また，多角化グローバル企業の場合は，製品と地域を軸に組み合わせることもある．

　この形態の特徴としては，製品担当の責任者と職能担当の責任者の2人が存在し，部下は両者から指揮・命令を受けることになる．図表12-1を例にとると，A製品部門に所属する構成員が作業をするにあたり，製品担当の

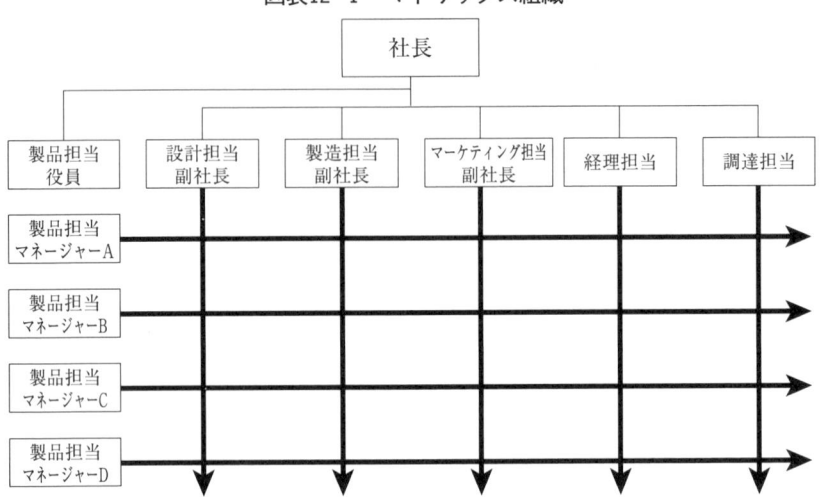

図表12-1　マトリックス組織

```
                           社長
        ┌──────┬──────┬──────┬──────┬──────┬──────┐
     製品担当  設計担当  製造担当  マーケティング担当  経理担当  調達担当
      役員    副社長    副社長      副社長
        │      │      │      │      │      │
  製品担当 ┼──────┼──────┼──────┼──────┼──────┼─────→
  マネージャーA
        │      │      │      │      │      │
  製品担当 ┼──────┼──────┼──────┼──────┼──────┼─────→
  マネージャーB
        │      │      │      │      │      │
  製品担当 ┼──────┼──────┼──────┼──────┼──────┼─────→
  マネージャーC
        │      │      │      │      │      │
  製品担当 ┼──────┼──────┼──────┼──────┼──────┼─────→
  マネージャーD
        ↓      ↓      ↓      ↓      ↓      ↓
```

出所）リチャード L. ダフト著，髙木晴夫訳『組織の経営学―戦略と意思決定を考える―』ダイヤモンド社，2002年，77ページ.

責任者（マネージャー A）と製造担当の責任者（副社長）の2人から指示を受けるというものである．これを，ツー・ボス・システムといい，2人の責任者には同等の権限が与えられている．

　ダフト（Richard L. Daft）は，次の条件が満たされれば，企業にとってマトリックス組織は適正であるとしている[1]．まず，製品ライン数が多すぎも少なすぎもしない中規模企業であり，人員と生産設備を製品ライン間で融通し，共有したほうが効率的な場合である．つまり，技術的に近い製品を複数種類生産している場合，製品 A を担当する人員に余剰があり，製品 B に不足があれば，製品 A の人員を製品 B の生産に当たらせることにより，余計なコストがかからなくてすむ．

　次に，顧客ニーズや競合企業の動向といった環境の変化に対応する必要が生じる場合である．たとえば，事業部門が頻繁に新製品開発を行い，機能部門にそれに対応できる技術的知識が求められる場合に，両部門間で均等なバランスを保たなければならない．つまり，どちらか一方の能力が欠けてしま

えば，環境が要求する製品を提供することができなくなってしまう．

そして，企業が，環境の変化が激しく，事業領域が複雑であり，不確実性が高い状況に置かれている場合である．そこでは，事業と機能面の調整や情報の処理が必要となる．マトリックス組織は，両部門の責任者が存在するため必要な調整や情報の交換が行いやすい．たとえば，事業部門ごとに生産に必要となる資源を調達している場合では，企業全体でみたときに余剰資源が発生するおそれがある．それに対し，調達部門が事業部門全体の活動をみることにより適切な調達をすることが可能となる．

以上のことから，マトリックス組織のメリットをまとめると，責任者が全体的な視野で活動をみることによって情報の交換ができる．また，ある部門で不足している人的資源を他の部門へ融通することが容易である．それにより，担当部門以外の知識や技術を習得することも可能となるといったことが挙げられる．

一方，デメリットとしては，責任者が2人存在することから，責任の所在が不明確になり，権力争いが生じるおそれがあることである．また，2つの指揮・命令系統により部下にフラストレーションがたまったり，どちらの指示を聞けばよいのか混乱したりする．そして，こうした問題が生じてしまった場合には，解決するための時間と労力がかかるということがある．

12.2 プロジェクト・チーム

プロジェクト・チームとは，既存の組織形態を維持しながら，あるプロジェクトを実行するために形成される組織である．これは，新製品の開発や企業が抱える問題を解決するために，構成員がその所属する部門を越えて集められる形態である．したがって，この形態は永続的なものではなく，プロジェクトの目的が達成されるとチームを解消し，集められた構成員は本来所属する部門に戻ることになる．

この組織形態のメリットとしては，まず，既存の組織形態を変更する必要

がないことが挙げられる．一般に，プロジェクトは期限を設けて立ち上げられるものであり，企業全体ではなく一部の構成員だけで取り組むものであることから，必要とされる構成員が確保されれば，企業全体の組織を改める必要はない．次に，プロジェクトを達成するために必要となる専門家を集めることができるということがある．既存の枠組みにとらわれることなく，優秀な人材を確保することができ，プロジェクトを能率的に遂行することが可能となる．そして，プロジェクトの構成員に対し，その目的達成のために集められたという意識付けができ，積極的な行動を期待することができる．こうしたことからプロジェクト・チームは，企業が直面する課題を解決するための柔軟な形態であるといえる．

　一方，デメリットとしては，プロジェクトのために優秀な人材が集められることにより，本来の部門の業務に支障をきたすおそれがあるということが挙げられる．

　このプロジェクト・チームの例としては，日産自動車のクロス・ファンクショナル・チームが挙げられる[2]．この組織形態は，名称は異なるものの，ここで取り上げているプロジェクト・チームの形態と同じであると考えられる．

　1990年代に入り，業績が低迷していた日産自動車は，1999年6月にカルロス・ゴーンを最高執行責任者として迎え入れた．同年10月に，ゴーンは会社再建策として日産リバイバル・プランを発表した．その策定に大きな役割を果たしたのが，このクロス・ファンクショナル・チームであった．

　ゴーンが最高執行責任者に就任し，日産の抱える問題として挙げたうちの1つにセクショナリズムがあった．それは，社内において部門間の横の連携が取れておらず，積極的に情報を交換することがみられないというものであった．

　そこで，部門間の壁を越えたクロス・ファンクショナル・チームが組織され，それぞれの部門の意見を採り入れながら，再建策を検討することとなっ

た．

　その方法として，エグゼクティブ・コミッティの幹部のうち2人をチームのリーダーとした．1人は当該分野を担当する上級幹部であり，もう1人は分野外の上級幹部である．それぞれ異なる分野を担当する幹部により構成した意図は，担当幹部に幅広い視野をもたせるためである．さらに，2人のリーダーの下に，中堅幹部が現場の指揮官，議論の進行役として選任された．

　そして，「事業の発展」，「購買」，「製造」，「研究開発」，「販売とマーケティング」，「一般管理費部門」，「財務コスト」，「車種削減」，「組織と意思決定プロセス」をそれぞれ議論する9つのチームが編成された．

　各チームは，さまざまな部門から選ばれた10人程度のメンバーにより構成されている．例えば，組織と意思決定プロセス・チームは，「企画」，「営業」，「生産」，「技術・開発」，「財務」，「購買」の各部門から選ばれている．また，各チームの個別の問題を議論するために，さらに10人程度のユニットを複数設けるようにした．こうした組織により，日産リバイバル・プランが作り上げられていった．

　日産では，リバイバル・プランの発表後，計画を前倒しする形で目標を達成している．それは，こうしたチームを組織することにより，構成員が自ら考え，議論し，計画を作るといった過程を経て，その計画に対し責任をもって実行するということに成功したからである．

12.3 カンパニー制

　カンパニー制とは，企業内の事業部がそれぞれ独立した企業のように活動する組織形態である．すなわち，企業の中に複数の小さな企業（カンパニー）が存在し，各カンパニーが，生産，販売・マーケティング，人事，財務・会計といった機能をそれぞれ有し，独自の意思決定により活動を行うものである．カンパニー制は，事業部制と比べ，より自律した経営，自己完結型の経営が行われるものであり，アメリカ型の事業部制と類似した形態であるとい

われている。[3]

　この形態の特徴としては，まず，従来の事業部またその責任者よりも各カンパニーのプレジデントには，大きな権限が与えられる一方で，その分責任が重くなるということがある．また，本社から各カンパニーに資本金が分配される（社内資本金制）．さらに，カンパニーごとに業績評価が行われるということが挙げられる．

　カンパニーごとに自律した経営を行うことができるようプレジデントに大きな権限を与え，プレジデントが意思決定を迅速にすることにより，外部環境の変化に素早く対応することが可能となるというメリットがある．その一方で，カンパニー間の横の連携がうまく取れなくなると経営資源の重複が発生するデメリットもある．

　この形態が話題となったのは，1994年4月にソニーが，最初に採用したときである（図表12-2）．これは，従来の事業本部制を進化させる形態として採用したものである．この組織改革において，19の事業本部を8つのカンパニーに再編し，各カンパニーの責任者としてプレジデントを設置した．

　この形態を採用した目的として，次の5つを挙げている．[4]

① 中核ビジネスの一層の強化と新規ビジネスの育成
② 市場対応型組織を導入し，製造・販売一体となってマーケットの要請に対応
③ 事業責任の明確化と権限の委譲により，外部変化に対応できる組織の構築
④ 階層の少ないシンプルな組織
⑤ 企業家精神の高揚を図り，21世紀に向けたマネジメントの育成

　ソニーの場合は，プレジデントに対し，本来社長が有していた権限のうち，一定規模内の投資決裁権や部門長以下の人事権などの権限を委譲している．また同時に，プレジデントは，業績に対する責任も厳しく問われることとなった．こうしたことを通じて，企業家精神の発揮を促していった．[5]

第12章　経営組織の発展形態　175

図表12-2　ソニーのカンパニー制（1994年）

```
        取締役会
          │
        経営会議
          │
  ┌───┬───┬───┬───┬───┬───┬───┬───┐
セミ  モー  パー  シス  ブロ  レコ  コン  コン
コン  ビル  ソナ  テム  ード  ーデ  ポー  シュ
ダク  エレ  ルイ  ビジ  キャ  ィン  ネン  ーマ
タカ  クト  ンフ  ネス  スト  グメ  ツカ  ーカ
ンパ  ロニ  ォメ  カン  カン  ディ  ンパ  ンパ
ニー  クス  ーシ  パニ  パニ  ア・  ニー  ニー
      カン  ョン  ー    ー    バッ
      パニ  ・コ              テリ
      ー    ミュ              ーカ
            ニケ              ンパ
            ーシ              ニー
            ョン
            カン
            パニ
            ー
```

出所）『一橋ビジネスレビュー』編『ビジネス・ケースブック1』東洋経済新報社，2003年，98ページより一部抜粋

カンパニー制採用後，ソニーは毎年のように組織の改編を行っている．大幅な改編としては，96年にカンパニー数を8から10とし，1999年には10のカンパニーを3つのネットワークカンパニーに再編した．そして，競争力の低下による業績の低迷を受けて，2005年6月にソニーの経営陣が新しくなったことに伴い，翌2006年に大幅な組織改革が行われ，エレクトロニクス部門のカンパニー制を廃止し，事業本部制に改めている．

12.4 フロント・バック混成組織

　フロント・バック混成組織とは，活動がグローバル化し，顧客のタイプもさまざまに存在する企業においてフロント・エンドとバック・エンドという2つのラインにより構成され，顧客の要求に対応していく組織形態である．

フロント・エンド／バック・エンド組織ともいう．

フロント・エンドとは，顧客を中心とした組織であり，基本的には地域や国により構成される．さらに，それが変化した形態として業界や顧客自体により構成されることもある．また，バック・エンドとは，製品を中心とした組織である．

図表12-3は，ヨーロッパ，アメリカ圏，アジアといった地域別に販売会社が設置され，さらにイギリス，フランス，ドイツといった国別に組織が形成されている形態を示している．この会社が顧客との接点であり，フロント・エンドとなる．同様に，大型，中型，小型エンジンといった製品の種類ごとに製造会社が設置されている．

この形態の特徴としては，フロント・エンドが顧客ニーズに対応するということに主眼が置かれ，バック・エンドは優れた製品を作ることに主眼が置かれていることである．そして，フロント・エンドは顧客ニーズに合わせて，また顧客の満足を高めるために，バック・エンドから最適な製品を選び，提供する仕組みになっている．

たとえば，各製品事業部の中に販売部門が存在し，特定の製品しか取り扱うことができない場合に，顧客の立場からみれば，同じ会社の異なる製品を購入するためには，複数の販売部門から購入しなければならない．

フロント・バック混成組織では，図表12-3にみられるように，イギリスの販売会社と取引している顧客が，種類の異なる製品を購入する場合でも販売会社が各製造会社から製品を取り寄せ，提供してもらうことが可能となる．

この組織形態が採用されるようになったのは，売り手と買い手の関係において，買い手の影響力が強まったことが要因として挙げられる．近年では，顧客のニーズの多様化などに企業側が対応できないと企業の存続が困難となっていることから，この形態は有効であると考えられる．

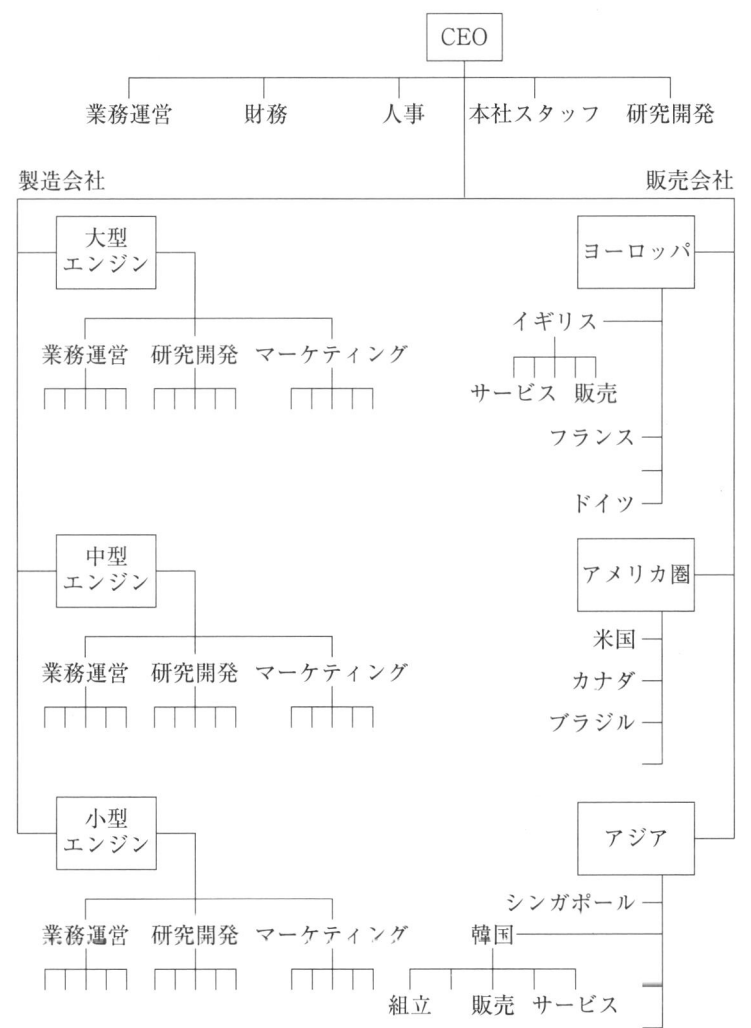

図表12-3　フロント・バック混成組織

```
                                CEO
        ┌──────┬──────┬──────┼──────┬──────┐
      業務運営  財務   人事  本社スタッフ 研究開発

製造会社                              販売会社
┌──────────────────┐                ┌──────────────────┐
│   大型エンジン     │                │    ヨーロッパ      │
│ 業務運営 研究開発 マーケティング │                │   イギリス        │
│                    │                │  サービス 販売    │
│                    │                │   フランス        │
│                    │                │   ドイツ          │
│   中型エンジン     │                │   アメリカ圏      │
│ 業務運営 研究開発 マーケティング │                │   米国            │
│                    │                │   カナダ          │
│                    │                │   ブラジル        │
│   小型エンジン     │                │    アジア         │
│ 業務運営 研究開発 マーケティング │                │  シンガポール     │
│                    │                │   韓国            │
│                    │                │ 組立 販売 サービス│
└──────────────────┘                └──────────────────┘
```

出所）ジェイ R・ガルブレイス著，斎藤彰悟監訳，平野和子訳『グローバル企業の組織設計』春秋社，2002年，289ページ．

12.5　持株会社

　持株会社とは，親会社である持株会社が経営を専門に行い，持株会社が株

式を所有する子会社が事業活動を行う形態である．子会社には，既存の事業部門を分社化する場合と他の企業を買収し子会社とする場合がある．また，経営を専門に行う持株会社を純粋持株会社といい，親会社自身も事業活動を行う事業持株会社とは区別される．ここではとくに，純粋持株会社について説明する．

　持株会社の設立は，戦後，独占禁止法により禁止されていたが，1997年の同法改正により解禁された．持株会社の形態は，カンパニー制に類似しているが，カンパニー制は単一企業であるのに対し，持株会社は親会社と子会社がそれぞれ独立した企業である点で異なる．

　この形態のメリットとしては，まず，持株会社がグループ全体の戦略の策定に専念できることにある．親会社は子会社の情報を管理し，資金などの経営資源を効率的に配分することが可能となる．次に，他の企業を買収することにより新規事業に進出することが容易である．これは，グループ内で技術などを創出するよりも既存の企業を買収し外部から採り入れることを意味し，それにより時間を節約することが可能となる．そして，グループ内の不採算企業の切り離しが容易である．すなわち，グループの戦略上，不要となった企業や利益の上がらない企業を他社に売却したり，閉鎖したりするといったことにより行われる．

　一方，デメリットとしては，子会社が独立した企業のため，子会社間の連携が取れなくなると，グループ全体の一体感が失われるおそれがあるということである．

12.6 ヴァーチャル組織

　ヴァーチャル企業とは，企業の強みとなる活動を活かしながら，他の企業とネットワークを形成し，単一の企業のように行動する組織形態である．すなわち，仮想の企業である．また，この形態は，その企業の組織構造を維持したまま採用することができる．

環境の変化が激しい状況で，すべての企業がそれに対応するための資源や能力を所有することは困難となっている．そこでたとえば，生産能力は高いが研究開発部門や販売部門が弱い企業が，研究開発や販売に強い企業と協力し，アウト・ソーシングすることにより，不足能力を補完するといったものである．

　これは，プロジェクト・チームのように，ある事業目的が達成されたのちにその協力関係を解消することも可能な柔軟な形態である．また，業務提携，戦略提携，OEMとも類似している．[6)]

　この形態のメリットとしては，まず，各企業の強みを集約することで顧客ニーズに対応することが可能となることがある．これは，持株会社でみたように，他の企業の能力を活用することで環境の変化にすばやく対応できるからである．

　そして，協力関係が柔軟であることから企業規模を必要に応じて選択することが可能となる．単独企業がその事業内容ごとに，人員や生産設備を増減させることは困難である．ヴァーチャル企業の場合は，生産設備が必要なときはその能力をもった企業数を増やし，反対に必要ないときには企業数を減らせばよい．

　一方，デメリットとしては，他の企業と協力して活動するため，重要な情報が流出するおそれがあるということがある．協力して活動するためには，企業間で情報の交換が行われる必要がある．しかし，協力関係にある企業は，将来の競合企業となることも考えられる．そうした場合に，流出した技術や知識といった情報が利用され，より強力な競合企業となる．

　また，すべての活動を自社の意思通りに遂行することは不可能である．お互いに独立した企業同士であるため，企業ごとのビジョンや目標は異なっている．強引に事業を進めようとする企業もあれば，保守的な企業も存在する．こうした場合に，企業間の調整を図る企業を決めることも必要となる．

注）
1) リチャード L. ダフト［2002］，77-78ページ
2) カルロス・ゴーン，フィリップ・リエス著，高野優『カルロス・ゴーン 経営を語る』日本経済新聞社，2003年
3) 大坪［2005］，141ページ
4) ソニーの歴史第2部第24章第5話「『事業本部制』から『カンパニー制』へ」（ソニー株式会社ホームページ）
5) ソニーの歴史（同上）
　　こうした取り組みのほかに，シンプルな組織を目指し，従来の経営会議の下に，セクター長以下最大6層の管理職がいる組織を経営会議に直結したプレジデント以下最大4層の階層とした．さらに，580以上あった部以上の組織を約450に減らすことにより，会社の上層部から一般社員までの距離を短くしている．
6) Original Equipment Manufacturing の略．他社の製品を，自社の設備を利用して生産すること．

◆参 考 文 献
ジェイ R. ガルブレイス著，斎藤彰悟監訳，平野和子訳『グローバル企業の組織設計』春秋社，2002年
ジェイ R. ガルブレイス著，梅津祐良訳『組織設計のマネジメント』生産性出版，2002年
リチャード L. ダフト著，髙木晴夫訳『組織の経営学―戦略と意思決定を支える―』ダイヤモンド社，2002年
大坪稔『日本企業のリストラクチャリング―純粋持株会社・分社化・カンパニー制と多角化―』中央経済社，2005年
岸田民樹編『現代経営組織論』有斐閣，2005年
佐久間信夫・坪井順一編著『現代の経営組織論』学文社，2005年

第3部　経営の国際化と情報化

第13章

製造業の国際競争力と生産管理

13.1 はじめに

　本章では，製造業の中でも一国の経済に大きな位置を占める自動車産業について考察する．20世紀初頭に産業として生成したアメリカ自動車産業は，1970年代まで世界的にみて圧倒的な競争力を誇っていたが，1980年代以降急速に競争力を低下させた．その一方，日本の自動車産業は，70年代後半以降競争優位性を確立させた．本章では，アメリカと日本の自動車産業について考察する．

13.2 アメリカにおける自動車産業の生成と発展

(1) 自動車産業の生成

　アメリカで自動車の生産が本格的に開始されたのは，1900年代だった．この時点では，蒸気自動車と電気自動車，ガソリン車とが基本コンセプトの主導権をめぐって激しく争っていた．最終的にはガソリン車が優位性を確立した．蒸気自動車は，熟練工による手入れがたえず必要だったことや，地域によってはボイラーに軟水の供給ができなかった．また電気自動車は，バッテリーの重量に比べて電気容量が小さいため，頻繁に充電する必要があったが充電する場所を十分に確保できなかった．他方でガソリン車は，アメリカ国内でガソリンが自給できたことに加えて，始動や整備が比較的簡単だったこと，少ない燃料で長距離の走行が可能だった．しかし，変速の操作がやや複雑だったことや，騒音と排気ガスなどの問題はあったが，走行スピードにす

ぐれていたことが決め手となり，ガソリン車がドミナント・デザインとなった．

さてアメリカでの自動車生産の産業化は1908年が起点になった．この年にフォード社がモデルＴ型の生産開始を発表したところ大量の注文があったため，この年以降Ｔ型生産に特化することを宣言し，1910年代の大量生産につながったこと，およびデュラント（Durant, W. C.）が1908年にジェネラル・モーターズ（GM）を創設し，生産を開始した．アメリカでは，20世紀初頭には高級車が生産の中心であったが，生産体制を大衆車中心に転換したのが，フォード（Ford, H.）であった．Ｔ型は，1927年までに1,500万台以上を生産し，1920年代にはほぼ1家に1台の割合で乗用車が普及しており，黒一色のＴ型は，個性的な車を求める消費者ニーズに対応できずに販売の低迷が続き，27年に生産中止に追い込まれた．他方GMは，Ｔ型とほぼ同一価格帯の分野に屋根付きで，赤や青などカラフルなシボレーを投入したことで販売台数を伸ばした．そして，1920年の経営危機に直面した際に，デュラントに代わって最高経営責任者となったスローン（Sloan, A.）は，組織を再編し，価格帯の異なる製品をラインアップして，職能別組織から製品別事業部制組織に変更した．スローンは，フルライン政策により高級車から大衆車まで「あらゆる財布に合う車」を生産して販売台数を伸ばし，27年に自動車業界のナンバー・ワンの地位を奪い，今日までその地位を保持し続けている．さらに，1925年にクライスラーが創設され，乗用車市場に参入し，30年代にはフォード社と販売台数第2位の座をめぐって激しい競争を繰り広げ，シェア2位の座を奪った．

(2) 戦後の自動車産業

1945年の終戦から朝鮮戦争による原料割当制（1952-53）が廃止されるまでの8年間は，大量の未充足市場に支えられ，売り手市場が続いた．そのためこの時期には，ハドソン，ナッシュなどの独立系メーカーが活躍し，その

シェアの合計は19.4％を占めた．この時期にビッグ・スリー（GM，フォード，クライスラー）のシェアが低下した理由は，GMでのストライキや朝鮮戦争のため実施された原料割当制が影響したからであった．1953年3月に原料割当制が廃止されると，各社は一斉に量産体制に入った．50年代の自動車市場は高級化が進み，ビッグ・スリーは自社の車に高馬力エンジン，パワー・ステアリング，自動変速機（オートマティック）などを標準装備し，1957年までに90％以上のシェアを確保し，ビッグ・スリー体制が成立した．GMは，シェア50％前後を維持し安定した業績をあげた．他方フォードは，サンダーバードやムスタングなどのヒット商品により，シェア2位の地位を奪い返した．他方独立系メーカーは厳しい競争に直面し，倒産する企業が多く，かろうじて生き残ったハドソンとナッシュは合併してアメリカン・モータースとなるが，70年代にクライスラーに吸収された．

次に50，60年代に絶頂期にあったアメリカ自動車メーカーが開発した技術をみてみると，得意分野は快適性を追求した領域であり，エアコン，パワー・ステアリング，ステレオ，自動変速機，大排気量エンジンなどであった．戦後ビッグ・スリー自体が開発した独自技術はほとんどなく，たとえば自動変速機は戦前に開発したものを改良したものであり，またパワー・ステアリング，パワー・ブレーキ，ディスク・ブレーキ，ポール・ジョイント・フロント・サスペンション，トランジスタ・イグニッション・システムなどは，すべてベンディックス，モトローラなどの部品メーカーに依存していた．他方でヨーロッパ・メーカーが1960，70年代に開発した技術は，前輪駆動，ディスク・ブレーキ，燃料噴射エンジン，単体構造車体，5段トランスミッション，パワー・ウェイト比率の高いエンジンなどであった．ヨーロッパ車は，1950，60年代にアメリカ市場に参入した．

(3) 1960年代以降

アメリカ自動車産業は，1960年代後半以降にさまざまな問題に直面した．

第1は，欠陥車問題であった．GM社の「ベガ」が高速道路を走行中に突然エンジンから火をふき，運転手が死亡する事故が多発したことを契機として，ネイダー（Nader, R.）は欠陥車へのGM側の責任を明確化するために，回収・修理を義務づける法律の制定を議会に求めると同時に，GMを裁判所に訴えて勝訴した．その結果GMは巨額の賠償金の支払いを求められ，また議会は1966年に欠陥車の回収を義務づける「ハイウェー安全法」を制定し，「リコール」（回収・修理）を義務づけた．

　さらに環境問題も深刻化した．ロスアンジェルス市など大都市ではスモッグ被害が増大し，環境問題への関心が高まった．連邦議会では，1970年に一酸化炭素，炭化水素，窒素酸化物などの自動車による排気ガスの規制を厳しく規定したマスキー法（1970年大気清浄法改正法）を制定し，さらに1973年の第一次石油危機によるガソリン価格の高騰に対応するために，燃費効率の向上を目的として「エネルギー節約法」を制定した．この法律では，1978年から段階的に燃費効率を1ガロン（約4リットル）あたり18.5マイルから1985年までに27.5マイルまで向上させることを目的とした．ビッグ・スリーは当初はこの法律に対応できなかったが，1979年のイラン革命を契機とした第二次石油危機の勃発によりガソリン価格が1ガロン約60セントから約1ドル20セントに急騰し，日本車への需要が急増する中で，対応を急ぎ始めた．しかし，ビッグ・スリーは，厳しい排気ガス基準や燃費基準にすぐには対応できなかった．他方，本田技研工業株式会社（以下，ホンダとする）をはじめとした日本メーカーは，基準をクリアした．ホンダは，CVCC（複合渦流方式）エンジンを1972年に開発しており，このエンジンを搭載した，排気量2000cc以下のアコードとシビックをアメリカに輸出した．これらのモデルはアメリカの消費者に受け入れられ，ホンダは自動車メーカーとしての地歩を確実なものとした．また，マツダはロータリー・エンジンで基準をクリアーした．さらにトヨタ自動車と日産自動車も燃費効率のよい環境対応車のアメリカへの輸出を拡大した．その結果，業績不振が続くビッグ・スリーでは

工場閉鎖が相次ぎ,失業者が増加した.そのため日本車メーカーへの批判が高まり,「集中豪雨的輸出」と非難され,保護主義がアメリカ政府や議会に台頭し,日米貿易摩擦が発生した.日本の通商産業省(現,経済産業省)は,アメリカ商務省と協議し,輸出を一定台数以下に抑える自主規制を行うという形で自動車摩擦は一応決着した.1981年には168万台,82年以降には230万台だった.この輸出自主規制は,現地での生産台数が輸出台数を上回ったため,1994年に終了した.この間に日本メーカーは,保護主義の台頭の中で現地生産を加速させた.日本メーカーの中で現地での工場設立が最も早かったのはホンダであり,1979年にオハイオ州メアリービルに工場の設立を決定し,1982年から自動車生産を開始した.またトヨタは,1984年からGMとの合弁会社NUMMI(New United Motor Manufacturing, Inc.)をカリフォルニア州フリーモント市で稼働させ,単独では1986年にケンタッキー州に進出を決定し,1988年から生産を開始した.また日産は,1980年にテネシー州に進出を決定し,1982年から生産を開始した.

ビッグ・スリーは,1970年代末から1980年代前半まで続いた不況は,1983年後半からの景気回復によりなんとか切り抜けたが,日本車に対抗する小型車(排気量2000cc以下)の開発は,1990年代のGMの「サターン」とクライスラーの「ネオン」くらいであり,しかも両モデルとも品質面で日本車に十分に対抗できなかった.

(4) アメリカ型大量生産方式の特質と問題点

アメリカカの自動車生産の特徴について,アバナシー(Abernathy, W. J.)らは,ジャスト・イン・ケース方式(JIC)にあると説明している[1].JICは,規模の経済と長期的に生産を継続するため,生産ラインが中断しないように部品をヘッジ(緩衝在庫)として使用することに特徴があるとした.専業特化と段階的生産というフォード方式に起源をもつ,「ともかくたくさんの車を戸口から送り出す」という大規模生産パラダイム(思考の枠組み)を生み

出した．大規模生産の実現のために生産方式が全社的に統合され，また各工場の生産方式も機械化が進み，機械設備の故障，労働者のミス，規格外の部品の発生には，緩衝在庫によって対処すること，また専門スタッフが作業を監視し，検査し，作業計画の作成に携わることにより，細分化した作業を専門スタッフが管理するというシステムを作った．こうした緩衝在庫を用いて作業の連続性を重視するようになった背景には，特定モデル車の大量生産のために特定用途の専用機が開発され，作業の段取り替えに時間とコストがかかることが背景にあった．つまり，フル・モデル・チェンジをする場合，機械を廃棄するか取り替えなければならなかったからだった．アメリカ型生産方式の特質をまとめると，大ロット生産，段取り替え頻度極小化，緩衝在庫依存，機械設備などへの積極投資による高い資本生産性などであった．[2]

また，MITのダートゾス（Dertzos, M.）などは，アメリカ型生産方式の特質を次のように整理している．[3]アメリカの自動車生産システムは単一型デザインに集中したフォード方式ではなく，GMのスローンの分権的な企業組織と幅広い生産ラインにより，「いかなる予算にも，いかなる用途にも合う車」を生産したが，このGM方式が支配的になった．その特徴として，次の諸点をあげている．① 市場コンセプト—消費者は，あまり値の張らない限り多様性を好み，そのため大量生産によりコストを引き下げるために多くのモデルでエンジンや変速機を共用している事実を隠し，外観だけ変えて見た目の多様性を付けたこと．また，標準サイズの乗用車やトラックに生産を集中したこと．② 人的資源—作業の単純化，細分化により，未熟練労働者でも作業を行うことを可能にしたが，その結果管理業務を含めて，「細分化」の思想が浸透し，極めて狭い範囲の仕事しかできない労働者を作り出すことになった．③ 生産設備—作業内容が非常に明確に規定されたため，自動化の負担は軽減されたが，その理由は特化した機械を特定作業に割り当てることができたからであった．しかし，その結果自動化は硬直したものとなった．④ 生産調整—GMでは，最終組立については本社で集中的に管理し調

整したが，部品については部品メーカーに圧力をかけて厳しい値下げ交渉を行い，コストを低下させるという方法をとった．フォードでは部品メーカーとの短期取引により，部品を調達した．⑤生産管理─すべての作業者と部品メーカーは，決められた仕事のみを行うことしか期待されず，自分で努力して仕事のやり方を改善することなどは求められなかった．部品や作業の出来ばえをチェックし改善する仕事は，専門家の仕事とされた．また，生産ラインの停止を避けるため，生産の各段階に予備の在庫をもち，複数の部品供給源の確保や，予備の工場，予備の労働者を欠勤に備えて配置した．品質水準は，製品のチェック回数と手直し回数で決まるとされており，また作業者らは欠陥が発生してもその欠陥に関する知識を共有することなく，いかなる場合にも組立ラインを止めるよりは問題解決を後回しにする方がベターとされた．⑥製品開発─デザイン周期は5年ないしはそれ以上とされ，各メーカーは基本デザインは変更せず，時折「化粧直し」をするだけで長持ちさせようとした．企業の中枢にいる財務の専門家は，市場の状況や工場現場の知識がほとんどなかったため，資本コストを最小にし，目先の利益を最大にすべく，標準化された，長期継続生産が可能な製品を求めた．

　こうしたダートゾスらによって6項目に整理されたアメリカ型の生産方式は，数十年間機能してきたため，簡単に変更はできなかった．また，ヨーロッパ諸国や日本では当初はアメリカをモデルとしていたが，市場規模が決定的に異なるため，ヨーロッパ・メーカーは製品を多様化し，設計に先進技術を取り入れることに重点をおいた．また，日米間の差異点としてME技術の利用の仕方が異なっており，たとえばGMはフレキシブル・オートメーションを採用しているが，1つの製品の2種類のボディしか生産していないことを紹介している．そして，ビッグ・スリーは，上記のような研究成果を参考にしながら，1980年代後半以降に，部品メーカーとの間で行っていた単品発注方式や貸与図方式などの1回限りの契約方式を改め，日本メーカーをみならって新製品の設計・開発段階から部品メーカーと共同で取り組む体制

作りや，継続的な取引関係の構築を試み，さらに承認図方式も採用したが，ヒット商品を生み出すことができず，成功していない．

(5) GM の製品別事業部制の終焉

1980年代のGMは，次のような問題をかかえていた．第1にフルライン・ポリシーのもとで生産コスト削減のために，類似したオプショナル・パーツや部品の共通化を図ったりした結果，価格帯が重複したり，スタイル，サイズ，機能が類似して，ポンティアック，オールズモービル，ビュイック事業部の間で製品差別化の意味も失われつつあり，また販売店同士で同一価格帯の車を求めるユーザーを奪い合う事態も起こっていた．1982年でみると，車体はT, J, Xの小型車体，F, Yの特殊車体，A, E, Kの中型車体，G, B, C, Dの大型車体からなる，合計で12の車体（プラットフォーム）と，それぞれに対応した事業部別の37のブランド名（ネームプレート）をもっており，日本車対応の新車の開発が急がれていた．そのため価格帯が同じで，同一のエンジン排気量の車（2,500ccと2,800cc）が別々の事業部で生産されていた．価格帯が重複していたのは，シボレー事業部のサイティション，ポンティアック事業部のフェニックス，オールズモービル事業部のオメガ，ビュイック事業部のスカイラークであった．この時点で，価格帯別に事業部のすみ分けを意図して設立された製品別事業部は，終わりを迎えていた．[4] 各事業部はフルラインで製品を生産しており，事業部間で激しい競争が行われていた．第2に各事業部が肥大化し，部品調達，製品計画，需要予測を各事業部が独自に行っていたため，全社的なコスト管理は不可能になっており，また本社による各事業部の業績評価や統制は十分に行われなくなっていた．そのため欠陥車が発生した場合，その責任が本社にあるのか，生産現場にあるのか不明確になっていた．また，消費者ニーズの変化に対して，販売部門から問題を提起されても生産現場では対応できなかった．こうした状況下でGMは，ヨーロッパ・メーカーや日本メーカーの挑戦を受けたのであり，その結果

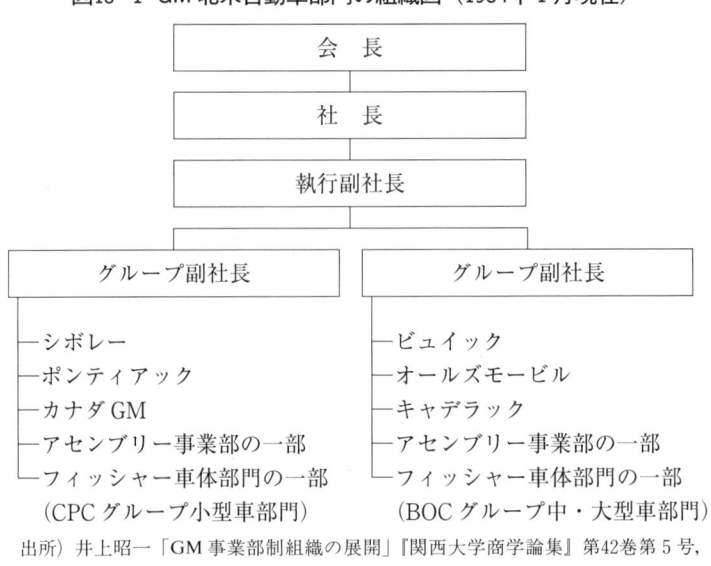

図13-1 GM北米自動車部門の組織図（1984年1月現在）

```
            会　長
             │
            社　長
             │
          執行副社長
             │
      ┌──────┴──────┐
  グループ副社長      グループ副社長
      │                │
 ─シボレー          ─ビュイック
 ─ポンティアック    ─オールズモービル
 ─カナダGM          ─キャデラック
 ─アセンブリー事業部の一部  ─アセンブリー事業部の一部
 ─フィッシャー車体部門の一部 ─フィッシャー車体部門の一部
  (CPCグループ小型車部門)    (BOCグループ中・大型車部門)
```

出所）井上昭一「GM事業部制組織の展開」『関西大学商学論集』第42巻第5号，1997年，105ページ．

1984年に「設計と生産と販売」の統合を意図して組織改革を行い，中・大型車グループ（BOCグループ）と小型車グループ（CPCグループ）との2グループ制を採用することになり（図13-1参照），60有余年続いた製品別事業部制は，終焉を迎えた．この改革では北米自動車部門を，サイズ，スタイル，価格帯など各事業部で重複している車種を整理した[5]．

しかし，この組織改革は問題をもっていた．第1に企画，製造，販売の各分野で従来の管理体系の他に，もう一つの管理体系を作り上げることになったこと，第2に1970年代以来各工場は特定モデルのための専用工場であったため，業務の繁閑が激しく，また稼働率も低かったため，日本車との競争で過剰設備の問題が顕在化し，かえって余剰人員の存在を明確にしたこと．第3に中・大型車部門にキャデラック部門をいれたため，主要なユーザーである富裕層から不十分なサービス等に反発が出たため，後にキャデラック部門を独立した一部門とした．組織改革はこうした欠点をもっていたことや，最

高経営責任者のスミス（Smith, R.）が1980年代に情報システム会社の買収や産業用ロボットへの巨額の投資を行ったため，赤字が増加し，1990年にスミスCEOは退任し，代わってステンペル（Stempel, R.）がCEOに就任した．しかし，GMの赤字は1990年に20億ドル，1991年は45億ドル，1992年が215億ドルの巨額の赤字が続いた．こうした業績低下が続く中で，92年に大株主はステンペルの解任に動き，「株主の反乱」とよばれた．

その後のGMであるが，スミス（Smith, J.）新CEOの下で92年にトヨタをモデルとして組織を再編した．主査制度からなる製品開発部門，大衆車と上級車とからなる製造部門，5系列の販売チャネルからなる販売部門，内製・外注ネットワークからなる部品部門である．このうち部品部門は1994年に分離され，デルファイ・オートモーティブ・システムズとなるが，2005年に倒産し現在再建中である．

13.3 日本の自動車産業と生産管理

(1) 日本における乗用車生産

日本での自動車生産は，政府が1918（大正7）年に自動車の国産化の推進を意図して制定した「軍用自動車補助法」の下で開始された．大正年代の生産台数は259台と，発展しなかったが，その理由の1つは，1925（大正14）年にフォードが横浜に，またGMは1927（昭和2）年に大阪に，それぞれノックダウン（組立）工場を設立し，ビッグ・スリー系外資の1928年の生産台数は，年間約2万台であった．政府は，強力な外資に対抗し，国産の会社を育成することを目的として，1936年に「自動車製造事業法」を制定し，外資への輸入制限と高関税を実施し，のちには生産台数も制限した．そして，戦時色が濃くなる中，外資は日本から撤退した．この法律により生産を許可されたのは，1936年の豊田自動織機自動車部（1937年にトヨタ自動車工業株式会社に変更，以下，トヨタとする），日産自動車，1937年のディーゼル自動車（後のいすゞ自動車）の3社であった．この3社も日本が戦時体制に移行する

なかで材料の割当が十分に行われず,トラック生産が中心となった.

さて,自動織機の開発者であった豊田佐吉の長男の豊田喜一郎によって創設されたトヨタ自動車は,戦後乗用車生産を再開するが,1950年にドッジラインによる超緊縮財政と復興金融融資の停止により,資金繰りの悪化と需要の激減という事態に直面した.そのため多くの企業が資金繰りにいき詰まり,トヨタ自動車も販売不振と売掛金回収が遅滞し,最低でも約2億円の資金がなければ倒産という事態に追い込まれた.こうした事態に対して日本銀行名古屋支店長の高梨壮夫は,自動車会社は裾野の広い産業であり,もしトヨタが倒産すれば多数の部品や材料を納入する中小企業も倒産しその影響は大きいと考え,融資に積極的に動き帝国銀行(三井銀行)と東海銀行を幹事とするシンジケートを結成し,融資体制を整えたが,融資にあたって次の4項目の実施を条件とした.①販売会社を分離すること,②販売会社が売れる台数だけ生産すること,③企業再建資金の所要額は4億円とすること,④余剰人員は解雇すること[7].

その結果,人員整理を行わざるをえなくなり,組合によるストライキが発生したが,喜一郎社長が辞任することでストライキは終息した.そして融資条件を履行するため,トヨタ自動車工業から販売部門を分離してトヨタ自動車販売株式会社(以下,自販とする)を発足させた.自販は,市場への対応をきめ細かく行い,自工の発展に貢献した.自工と自販の両社は1982(昭和57)年7月1日に合併し,トヨタ自動車株式会社となり現在に至っている.トヨタは,この「工販合併」後に,自工のライン・アンド・スタッフ組織を改革した.スタッフ部門には,総合企画部門(総合企画室,TQC推進室),総務・人事部門など5部門があった.ライン部門は,商品企画部門,技術開発部門,生産技術部門,生産部門(全工場),生産管理・物流部門,購買部門,国内営業部門,海外関係部門,品質保証部門,北米事業部門,の10部門があった.その特徴は,トップの指揮下で生産技術部門と生産部門とが緊密な連絡体制を作ったことと,品質とコストを重視したことだった[8].

また，トヨタは，販売体制にも特徴があった．トヨタ自販の発足後1953年に，東京ですでに活動する東京トヨタ自動車に加えて東京トヨペットを設立し，その後も主要府県で1県1店舗制のフランチャイズ制を改めて複数店舗制に移行させた．自販社長の神谷正太郎は，ディーラー網の整備により不況時にトヨタ自工での生産の平準化を維持して（外資との競争のため月産1000台），減産から守る防波堤の役割を自販が果たせるようにしたのである．「販売」のトヨタが，トヨタ発展に大きな役割を果たしたのであり，1950年代後半の有力な顧客は大量に自動車を購入したタクシー会社であった．

(2) トヨタ対日産

日本でマイカー元年といわれたのは，生産台数が200万台を突破した1966年であり，乗用車生産の比率がトラックを越したのは68年であった．1955年からの10数年間は，トヨタと日産は激しいシェア競争を繰り広げた．50年代半ば以降には，クラウン対セドリック，50年代後半以降にはコロナ対ブルーバード，60年代後半以降にはカローラ対サニーなどのモデルで激しく競争した．1955年から10年間くらいは日産が一時的に優位を占めるときもあったが，60年代後半になって，販売面で全体的にトヨタがリードし，トヨタの優位性が確立した．クラウン段階からのトヨタの特徴の一つは，一車種でさまざまなバージョンをもつワイド・セレクション方式を採用していることだった（一車種での多仕様化）．

さて，乗用車の競争要因は，品質（quality），コスト（cost），納期（delivery）とされるが，トヨタの場合品質についてはトップ・マネジメント以下全社的にQC（品質管理）サークルをはりめぐらすなかで，QC活動と提案制度とを結合させ，現場の作業グループ・リーダー層の現場把握力を高めるとともに，全作業員が一体となって改善志向を身につけることに貢献した．また，トヨタが品質管理を極めて厳格に行った背景の一つには，1965年に対米輸出を再開したが，その後高速道路走行時にエンジン・トラブルによる事故

が発生し，69年5月に『ニューヨーク・タイムズ』がその原因として「素材の低コスト化のような無理な合理化」にあると非難した記事を掲載した[9]．そのため数年間対米輸出をストップさせ，品質管理体制を整備したのである．またコストであるが，原価管理は原価企画，原価維持，原価改善からなっている．原価企画は，「日本企業の製品開発を支えるモノ作りのマネジメント」を意味し，「原価発生の源流に遡って，VEなどの手法をとりまじえて，設計，開発，さらには商品企画の段階で原価を作り込む活動」とされる[10]．別言すれば，コスト低減のあらゆる可能性を発生源泉から検討し，目標として定めたコストを計画通りに達成することとされる．そのモデルは，1961年に通産省の大衆車構想—1000ドル・カーであり，トヨタではパブリカが対象車種だった（通産省の構想に合致したのは，富士重工のスバル360だった）．原価維持は，期間損益計算の観点から車両原価の上昇を抑えることを意味した．また納期も厳格に対応している．また競争は原価引き下げよりも，モデルの多様化にもとづく製品差別化に重点をおいている．そして，トヨタは，この間に部品会社のグループ化を推進し，QCDをグループ企業全体で実施する体制を整備した．

(3) 競争力と生産管理

競争力とは，藤本隆宏氏によれば，次のとおりである．「有形財の製造企業の場合，その企業が提供する製品群ないし個別製品が，既存顧客（すでに買って使っているユーザー）を満足させ，かつ潜在的な顧客（まだ買っていないが考慮中の人）を購買に誘引する力」とされる[11]．つまり，既存顧客の満足度と潜在顧客に対する吸引力がある製品であり，中・長期的にみればその両方が備わっている必要がある．トヨタは，このような競争力の強い製品を作り出すために，極めてきめ細かく特徴的な生産管理を行っている．

トヨタがモデルとなっている日本型の生産管理の特徴は，新製品開発と生産現場とが限りなく近づいていることであり，「いいものを安く，タイムリ

一に作る方法」を意味している．そして，生産管理は，広狭二義からなっている．

　狭義の生産管理は工程管理を意味しており，納期と生産数量を計画および統制する管理である．工場内の生産段階において製品を所定の品質・原価のもとで，所定の納期に生産するように計画，統制すること．別言すれば，所定の品質・原価のもとで所定の数量・納期でモノを生産すること．そして，製品が工場で量産され市場に向けて実際に販売される段階での工場管理活動である．これに対して広義の生産管理は，工場での生産活動の段階以前の管理活動を含み，市場調査や長期経営計画からスタートする「新製品開発」を含んでいる．特に新製品開発は，営業の観点である商品企画と，生産技術の観点を入れた製品企画（製品コンセプトの決定，製品の種類や構造の決定，販売価格や目標原価の決定）からなっている．そして設計活動，資材や製造方法の選択，工程や設備の選択（工程設計），工場の設備投資計画，内製か外製かの区分と外注利用計画とが続くのである．生産管理の方式（システム）の目的は，会社全体の利益（経常利益）を産み出すことにあり，そのためにコストの低減が基本的目的となり，過剰在庫や過剰人員の削減が主目標となり，副目標として数量管理目標や品質管理目標，人間性尊重目標がある．

　このように生産管理は，たんに生産現場の問題だけでなく新製品開発を含んでいる点に特徴があり，売れる製品をいかにコストと品質および納期を勘案して効率的に生産するかが問題とされるのである．最近のトヨタ車のヒット商品には，環境対応やガソリン価格の上昇に対応したハイブリッド車―プリウスがある．新製品を決定した後，トヨタではジャスト・イン・タイム（JIT）生産が行われる．JITは，豊田喜一郎の指示にもとづいて大野耐一が作り上げた方式である．大野によれば，トヨタ方式は，①自働化と，②ジャスト・イン・タイム（JIT）方式からなるとされる．第1の自働化は，自動機械プラス人間の知恵（自動停止装置）を意味し，自分で考え，行動する「現場の主体性」，事実を見抜く「現場の知恵」，「人間の知恵」を意味する．

自働化は,「モノ作りは,同時に人作り」という思想を根底におき,生産ラインに問題が発生した場合には,現場の作業リーダーが生産ラインを止めて徹底的に原因を追求し,最初から不良品を出さないことを意味する.生産ラインを止めて原因を追求する日本型と,不良品は検査ではねればよいと考えるアメリカ型とは大きく異なっていたのである.また,品質管理はアメリカでは従来は専門家が行ってきたが,最近ではエラーやミスを百万分の3.4回まで抑えることを目指したシックス・シグマ方式が普及し,多数の企業で実践されている.第2に,JIT方式であるが,「必要なものを,必要な時に,必要なだけ作る」ことであり,不断に作業を改善し,「ムダ,ムラ,ムリ」の排除を意図している.

さて,現在のトヨタの生産計画の期間は,年間生産計画が1年,月次生産計画が3カ月であり,2カ月前に内示し,1カ月前に確定する.その後は旬間生産計画が7～10日,組立順序計画が2日となる.生産計画の立案に際しては,生産の平準化を勘案して30項目以上の制約条件をつける.たとえば,4ドア車は連続X台以上生産ラインに流さないとか,エアコン車はX台以上間隔を空けるとか,A部品搭載車の比率をX台以内に抑える,などである.そして必要な物を,必要な時に,必要な量だけ作るというJIT生産では,第一段階として,月次の生産計画は,本社の生産計画部でコンピュータによって策定され,各工程の月次生産量の予定として全工程や部品メーカーに伝達される.その後資材所要量計画を立案するが,一定期間ごとに区切って必要な材料の品種,所要量,所要時点を算定し,生産指示や資材発注指示を現場に与える.第2段階として,日々の各工程(および部品メーカー)に実際に生産の指示を出すが,それは引っ張り方式(プルシステム)で行われる.最終組立ラインから順次に,後工程が前工程から「必要な部品を,必要な時に,必要な量だけ」引き取るが,最終組立ラインに対してのみ,本社生産計画部が指示を出す.このような効率的なトヨタ方式は,世界的に通用する生産管理方式とされ,ウォーマック(Warmack, J. P.)らは,リーン(無

駄のない）生産システムと名づけた．

　次にトヨタ方式の評価であるが，1980年代には競争力の源泉として労働生産性の高さが評価されたが，1990年代には新製品開発の際に子会社，関係会社とが一体となって取り組むデザイン・イン・システムを評価する方向に，変化している．たとえば，1997年に開発され，2001年にモデル・チェンジしたハイブリッド・カーのプリウスの成功例がある．また最近の動きでは，労働者の技能を高める意図もあって，トヨタ九州ではセル生産方式（定置組立）が実施され，一人あるいは少人数の多能工で組立を完成させる方式の実践や，地球環境問題についても排気ガス問題やリサイクル・システムの構築について，積極的に取り組んでいる．

　最後に，自動車産業と他産業とを比較する．自動車産業では部品の生産は，擦り合わせ型（インテグラル型）で行われている．これに対しエレクトロニクス産業での部品は，一定のデザイン・ルールに基づく，自己完結的なモジュール型（組み合わせ型）で生産され，どの部品とも組立が可能となっている．

注）
1) Abernathy, K. B., Clark, A. M. and J. Kantrow, *Industrial Renaissance*, Basic Book Inc. 1983. （望月幸訳『インダストリアル・ルネサンス』TBSブリタニカ，1984年）
2) 中本和秀「アメリカ自動車生産システム論の展開―80年代ハーバード，MITグループの諸研究」『札幌学院商経論集』第8巻第1号，1991年
3) Dertozous, M. et. al., *Made in America*, MIT Press. 1990. （依田直也訳『メイド・イン・アメリカ』草思社，1990年）
4) 塩見治人「企業システムのジャパナイゼーション―自動車産業におけるGM社とトヨタ」塩見治人・堀一郎編著『日米関係経営史―高度成長から現代まで』名古屋大学出版会，1988年，61ページ．
5) 井上昭一「GM事業部制組織の展開」『関西大学商学論集』第42巻第5号，1997年，105-106ページ．
6) 塩見治人，前掲論文，79ページ．

7) トヨタ自動車販売株式会社『モータリゼーションとともに，1950-1970』1970年，75-76ページ．
8) トヨタ自動車株式会社『創造限りなく―トヨタ自動車50年史　資料編』1987年，34-35ページ．
9) 佐藤義信『トヨタグループの戦略と実証分析』白桃書房，1988年，129ページ．
10) 加登豊『原価企画』日本経済新聞社，1995年，12-18ページ．
11) 藤本隆宏『生産マネジメント入門　Ⅰ』日本経済新聞社，2001年，57ページ．

◆参考文献

下川浩一『グローバル自動車産業経営史』有斐閣，2004年

下川浩一『米国自動車産業経営史研究』東洋経済新報社，1977年

大野耐一『トヨタ生産方式』ダイヤモンド社，1978年

藤本隆宏『生産マネジメント入門　Ⅱ』日本経済新聞社，2001年

小山陽一編『巨大企業体制と労働者―トヨタ生産方式の研究』お茶の水書房，1985年

青木保彦・三田昌弘・安藤紫『シックスシグマ』ダイヤモンド社，1998年

Warmack, J. P. et. al., *The Machine that Changed the World*, Macmillan Publishing Co., 1990.（沢田博訳『リーン生産方式が世界の自動車産業をこう変える』経済界，1990年）

Clark, K. B. & Fujimoto, T., *Product Development Performance,* Harvard Business School, 1991.（田村明比古訳『製品開発力』東洋経済新報社，1993年）

藤本隆宏『日本のもの造り哲学』日本経済新聞社，2004年

Baldwin, C. Y. & Clark, K. B., *Design Rules, Vol.1, The Power of Modularity*, 2000.（安藤晴彦訳『デザイン・ルール―モジュール化パワー』東洋経済新報社，2004年）

第14章

経営のグローバル化と多国籍企業

14.1 はじめに

　多国籍企業とは，工場や販売事務所などの資産を2ヵ国以上に所有し，かつ支配している企業をいう．近年，企業を取り巻く環境は急速に変化しており，顧客ニーズの多様化，技術革新，製品ライフサイクルの短縮化が世界中で顕著になっている．このような環境下，多国籍企業は，ヒト，モノ，カネ，情報といった経営資源を国際的に有効に活用することが業績を高めるために必須である．その際，企業はいかに海外市場に参入するか，所有戦略はどうするか，企業内分業はどのように行うかといった多くの課題が生ずる．

　企業内国際分業が進展すると，現地で生産したものを単純に現地で販売するだけでなく，他地域にも輸出したり，反対に現地で生産していない製品を，本社を通さずに他の子会社から輸入するという相互補完関係がみられる．

　たとえばトヨタは，ミディアムクラスのセダンならびにワゴン「アベンシス」をイギリスより輸入し，日本全国で販売した．アベンシスのデザインはフランスのコートダジュールにあるED2（Toyota Europe Design Development）が手掛け，生産はイギリスのダービー州バーナストンにあるTMUK（Toyota Motor Manufacturing（UK）Ltd.）で行われた．なお，一部の部品に関しては，日本の工場で装着している．このように開発，生産，販売等の各機能をグローバルに分担し，新しい製品やサービスを創造する多国籍企業もある．

本章では，多国籍企業の誕生プロセス，多国籍企業の本社・子会社間関係の究極的な組織形態であるトランスナショナル組織，多国籍企業の研究開発活動，生産システムの海外移転，国際的な戦略的提携とM&Aを考察した上で，多国籍企業の成功戦略を分析し，どのような海外進出の仕方がもっとも企業の業績を高めるのかを検討する．

14.2 多国籍企業の誕生

なぜ企業は国内だけで活動するのではなく，海外に進出して多国籍企業となるのであろうか．ハイマーは，多国籍企業が直接投資を行うのは，現地の企業を支配し，そこから事業収益を稼得することにあるとした．外国企業を支配する理由として，次の2点があげられる．

① 競争の排除：競争を制限しようとして，外国企業を買収・合併する時に多国籍企業が誕生する．

②「優位性」の保存：現地の企業と競争するのは，多国籍企業にそれ相応の優位性があるからである．製品の輸出には関税がかかるし，為替レートの変動によって企業の利潤が低下する危険性もある．このような費用条件によって企業は現地に進出し，企業の優位性を効果的に使おうとする．[1]

企業は直接投資以外に，外国企業にライセンスを供与するという手段が使えるが，相手企業が機会主義的行動（技術の模倣による独自生産への切り替え等）をとる恐れがある．その場合，企業は正当な利潤を獲得することができなくなる．

多国籍企業が直接投資を行う理由を分析した他の有力な理論に，「内部化理論」がある．内部化とは，市場での取引を企業内取引として内部化することである．つまり，海外の現地企業と取引する代わりに，企業が現地に子会社を作り企業内取引をすることである．原材料などの中間財や情報的経営資源の取引を市場取引から企業内取引へと転換することで，取引コストが大幅に節約される．情報的経営資源には，技術，ノウハウ，ブランド等があり，

ほとんど費用をかけずに複数の国で共通に利用することができる.[2)]

　一方，バーノンは多国籍企業の生成を「プロダクト・サイクル理論」で説明しようとした．まず，アメリカのような先進国で新製品が開発され国内市場で普及する．次に製品が成熟期に入ると，日本や欧州への製品の輸出や現地生産が行われるようになる．そこでも製品が成熟期を迎えると，次に発展途上国への製品の輸出や現地生産が行われる.[3)] プロダクト・サイクル理論では，企業が多国籍企業化する過程を製品のライフサイクル上での変化を通して説明している．しかし，今日の企業活動をみると，製品の開発，国内生産，輸出，海外生産が段階的に行われるという前提は崩壊しており，これらの段階が同時に起こることもあるし，順序が逆転する場合もある．製造コストの低い国で最初から生産を行い，本国に逆輸入するといったケースもみられる．

14.3 トランスナショナル組織

　多国籍企業が海外子会社を多くもつにしたがって，本社の役割と子会社の役割をどのように規定するかということが大きな課題となる．エレクトロニクス製品は世界中で仕様がほぼ同一であるため，本社で研究開発をして一ヵ所で生産し，世界中に販売することによって，グローバルな効率性を獲得できる．しかし，日用雑貨や食品などは，国ごとに嗜好が異なるため，海外子会社が現地ニーズにあった商品を開発し販売する必要がある．通信機業界では，本社の技術を各国に適応させるために，子会社が技術を学習し調整する場合が多い．

　バートレットとゴシャールは，多国籍企業には3タイプあるとし，日本企業はグローバル組織，欧州企業はマルチナショナル組織，アメリカ企業はインターナショナル組織が多いことを事例研究から発見した．すなわち，多くの日本企業は本社で研究開発をして標準的な製品を低コストで生産し，全世界に輸出して，グローバルな効率性を追求してきた．欧州の多国籍企業では

海外子会社が自律的に活動しており，研究開発・生産を独自で行い，現地ニーズに適合した製品を販売してきた．アメリカ企業は，海外子会社にある程度の自律を与えて，本社が所有する技術や知識を子会社に学習させ，子会社が現地ニーズに合うように製品を改良するというパターンが多かった．グローバルな効率性，現地ニーズへの適応，イノベーションの移転と学習といった面で，各組織にはそれぞれ強みがあるが，同時にすべてのメリットを追求できていないと彼らは主張する．そして，この問題を解決できる組織こそがトランスナショナル組織であるという．トランスナショナル組織は，本社と海外子会社，または海外子会社間に相互依存関係があり，拠点間でイノベーションを移転・学習することもあるし，共同開発を行うこともある．本社が重要な部品を開発・生産し，子会社が汎用部品や材料を自前で生産することもある．また，本社と子会社が異なる完成品を生産し，相互に供給しあうことによって，拠点ごとに活動を専門化させることもある．したがって，本社は拠点間をグローバルに調整する必要があるし，各子会社に十分な経営資源を割り当てる必要性も出てくる[4]．

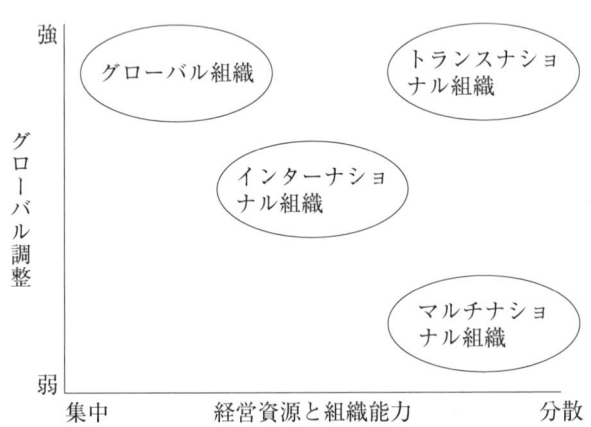

図表14-1　従来の組織モデルとトランスナショナル組織

出所）江夏健一・桑名義晴編著『理論とケースで学ぶ国際ビジネス』同文舘，2001年，180ページ

トランスナショナル組織の最大の課題は，どのように各子会社をグローバルに調整したらよいかということであろう．本社と子会社間を情報ネットワークで結び，強い責任と権限をもったマネジャーを各部門に配置することが考えられる．特に戦略的に重要な市場に位置する子会社には，重点的に経営資源を割り当て，イノベーションを先導する役割を負わせればよいだろう．たとえば，日本の合弁会社である富士ゼロックスは，1972年の設立当初は，アメリカゼロックス社開発のファクシミリ「ゼロックス・テレコピアⅡ」を販売していた．しかし，富士ゼロックスは日本という重要な市場に位置しており，研究開発で先端を走るようになり，1998年には，業界初の低価格A3判カラーレーザープリンター，自社開発のインクジェットプリンター，次世代のネットワークデジタル複合機を発売するまでに成長した．[5)]

　このような戦略的に重要な子会社のイノベーションを，他の子会社にも移転し学習させる役割を本社のトップ・マネジメントは果たさなければならない．迅速にイノベーションを移転するには，トップ・マネジメントが各子会社の意思決定に直接介入する必要がある．または，共有された目標と価値観の下で，子会社が適切な意思決定を独自の判断で行えるようにすることである．本社と子会社間の調整メカニズムには，目標と価値観といった間接的な影響力と，直接的な意思決定への介入があり，これらは相互補完的な関係にある．現地の子会社だけで意思決定を完結するためには，多国籍企業の目標と価値観を共有するグローバルマネジャーを子会社に配置させる必要がある．グローバルマネジャーの育成は，彼らをさまざまな事業部門，職能，子会社間をローテーションさせ，かつ全社的なミーティングの場に参加させることによってなされる．同時に，グローバルマネジャー自身もローテーション先で，周囲の人びとに企業の全体的な目標や価値観を伝えるという役割を果たすことができる．[6)]

　多国籍企業は現地の市場環境に合わせて，より専門化し分化することが求められているが，そこで蓄積された技術や知識をグローバルに共有するに

は，それを統合し調整する優れた能力が必要とされるのである．

14.4 多国籍企業の研究開発活動

(1) 研究開発活動の分類

大企業は一般的に，各事業部の技術部で個々の製品ラインの開発をし，事業グループの開発本部で目標の明確な短期的研究を行い，本社直属の中央研究所で共通基盤技術の研究を行っている．いわば「今日の技術」「明日の技術」「明後日の技術」という視点で，開発研究，応用研究，基礎研究が行われており，それぞれの定義[7]は，以下のようになる．

① 基礎研究：特別な応用，用途を直接に考慮することなく，理論を形成するため，もしくは現象や観察可能な事実に関して新しい知識を得るために行われる理論的または実験的研究をいう．

② 応用研究：基礎研究によって発見された知識を利用して，特定の目標を定めて実用化の可能性を確かめる研究およびすでに実用化されている方法に関して，新たな応用方法を探索する研究をいう．

③ 開発研究：基礎研究，応用研究および実際の経験から得た知識の利用であり，新しい材料，装置，製品，システム，工程等の導入または既存のこれらのものの改良をねらいとする研究をいう．

企業の中央研究所は，研究所としての独立性を強め，事業部門との結びつきが薄れてしまいがちであるが，基礎，応用，開発の各活動の連携が緊密であるのが望ましい．

多国籍企業は，基礎研究や応用研究，開発研究という垂直的な研究開発活動を管理するだけでなく，海外に分散する研究開発拠点間で相互依存体制を構築し，調整するという水平的な管理も重要である．次に，企業が研究開発活動をグローバルに分散させたり，反対に集中させる要因を検討し，その結果，どのように研究開発の国際化を進展させて，国際分業パターンを構築しているのかを考察する．

多国籍企業は，研究開発活動を多くの国に分散しつつあるが，実際は，集中と分散の両方の圧力を以下のように受けている。[8]

集中要因　(1)　規模の経済性（大規模設備が必要な研究開発の場合）

　　　　　(2)　研究開発拠点間の調整コストがかからない（コミュニケーションの不正確さからくるロスがない．重複投資がない．）

　　　　　(3)　研究成果の漏洩を防ぎやすい

分散要因　(1)　需要要因（情報の収集，技術サービスの必要性［製品のアフターサービス，メンテナンス］，現地のニーズに対応［製品設計の部分的修正］）

　　　　　(2)　供給要因（現地でしか得られない人材や知識の活用［ソフトウェアではシリコンバレーや人件費の低いインドのバンガロールが地域的に比較優位をもつ］，開発と生産とを一体化させ，新製品の市場投入までを短縮）

　　　　　(3)　政治要因（現地政府が外資系企業の誘致対策として，研究開発に補助金や助成金を出す時）

　　　　　(4)　制度的要因（医薬品業界では，各国の異なる審査基準をクリアしないと販売できないため，現地に研究所を設ける）

　研究開発の国際化の進展とは，海外で行う研究開発の内容が徐々に高度化しつつ，海外の研究開発拠点数が増加することをいう．一般的に，研究開発活動の川下の開発研究のための拠点から，海外に設置していく企業が多い．

　たとえば，日本の自動車メーカーは，最初は各種試験の実施，次にデザインセンター，設計，開発と次第に海外の研究開発拠点の役割を拡大している．当初は，認可申請に必要なエンジンテストと現地の環境規制に適応させることが主であった．同時に，現地の車の設計やスタイリングに関する情報収集も行われた．そして次第に，日本車のデザイン開発の支援，現地サプライヤーの評価，現地市場向けの新車開発，コンセプト・カーの設計等が行われていった．

図表14-2は,縦軸に「海外に研究開発拠点を設立する目的」をとり,横軸に「拠点数の拡大」をとって,研究開発の国際化の発展段階を考察したものである.研究開発の国際化の第1段階は,「情報収集」である.海外での製品の販売に伴い,現地でのマーケット・リサーチや競合企業の技術情報の収集が研究開発拠点の中心的な役割となる.第2段階は,「市場対応型の応用開発」である.企業が現地生産するようになると,基本設計を日本で行い,現地のニーズに合わせて製品設計の部分的修正を現地で行うようになる.さらには,最初から現地の部品に合わせて製造しやすいように現地仕様の設計をするようになっていく.第3段階は,「技術学習」である.この段階では,自社の研究開発活動自体よりも,現地の技術評価やその活用をはかることが主目的である.たとえば,技術導入やクロスライセンスを行うための準備作業の拠点として,または,自動車会社に多くみられるように資材の技術評価を行う場として,医薬品会社のように臨床試験を現地の実験会社に委託するための拠点として機能する.第4段階は,「製品開発」である.日本で開発された製品の部分的な設計の修正ではなく,現地で最初から製品のコンセプトを立案し,それにそって新製品開発を行う.第5段階は,「独自

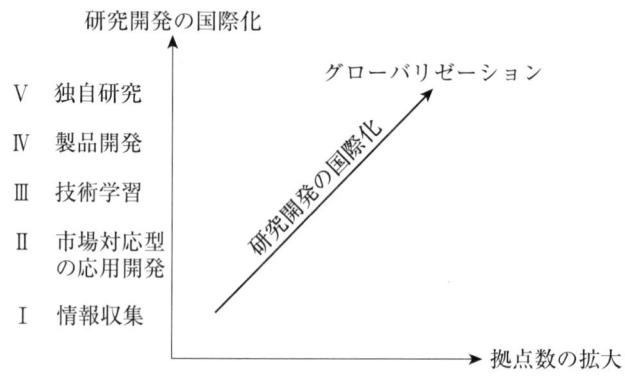

図表14-2 研究の国際化の発展段階

研究開発の国際化

V 独自研究
IV 製品開発
III 技術学習
II 市場対応型の応用開発
I 情報収集

グローバリゼーション
研究開発の国際化
拠点数の拡大

出所) 高橋浩夫『研究開発国際化の実際』中央経済社,1996年,23ページ

研究」である．これは，企業が海外に基礎研究所をもち，応用研究，開発研究と相互依存させながら，グローバルに研究開発活動を行う段階をいう．

一般的に，このような各段階を経て，多国籍業企業は研究開発の国際化を進展させ，それとともにグローバルな市場で技術的な競争優位を獲得していく．

(2) 研究開発活動の企業内国際分業パターン

多国籍企業は研究開発活動をグローバルに分散させていくが，その国際分業の仕方には，図表14-3に示されるようなパターンがある[9]．

① 一国集中戦略：研究開発すべてを一国または本国に集中させて，高い経済効率を獲得する．

② 完全並行戦略：複数国で別々に研究開発を進める．研究開発成果は全社で共有することになるが，開発プロセスでの相互依存はない．重複的な投資のリスクがある．

③ 川上集中・川下分散戦略：基礎研究や応用研究の一部を本国で行い，応用研究の一部や開発を現地生産拠点などに分散させる．集中と分散の両方のメリットをもち，両者の比率は戦略上の選択となる．研究開発の規模の経済性と現地ニーズへの適合との両方を追求できるが，研究開発拠点間の調整が複雑になる．例：自動車メーカーが，本国でエンジンやプラットフォームを開発し，ボディの一部を現地で開発する場合．

④ リレー戦略：複数拠点間で連続的に研究開発を行うこと．時差を利用して24時間の研究開発体制を整えることも可能であり，開発期間が短縮される．開発対象が相対的に定型化したものに当てはまる．例：アメリカとインドのバンガロール間でのソフトの開発．

⑤ 相互作用戦略：複数拠点間で研究開発を相互依存的に推進する．異質な知識の混合と，それによる新しい知識の創造が行われる．相互調整がもっとも複雑である．例：IBMのノートブックパソコン（シンクパッド）の日

図表14-3　研究開発の企業内国際分業のパターン

［1］一国集中戦略

［2］完全並行戦略

［3］川上集中・川下分散戦略

［4］リレー戦略

［5］相互作用戦略

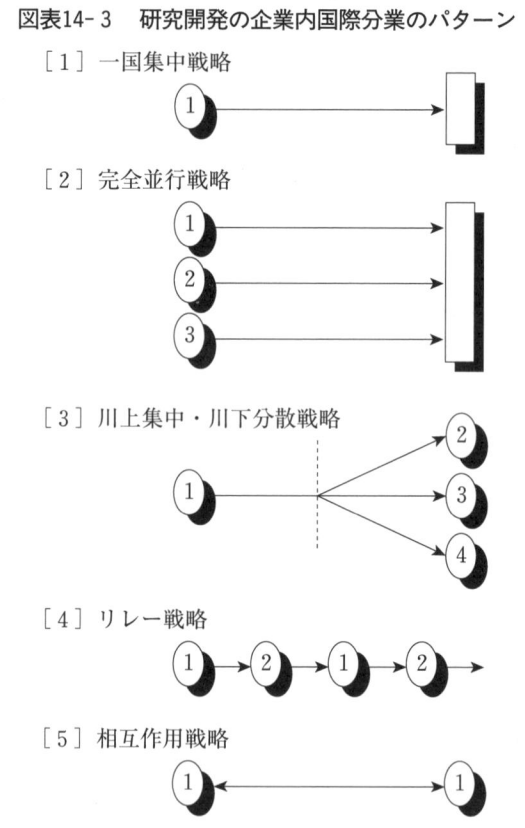

注）円は国をあらわし，円のなかの数字が異なればその円は異なる国を意味する．長方形は複数の国をあらわす．
出所）榊原清則『日本企業の研究開発マネジメント』千倉書房，1995年，217ページ

米欧の共同開発．

　上記の分業パターンは固定的なものではなく，時間の経過とともにパターンを変化させる企業もある．

14.5 生産システムの海外移転

　日本企業は，生産システムに競争優位があるといわれており，特に自動車

産業では低コスト,高品質,そして短納期の実現によってリーン生産方式と称されている。日本の多国籍企業は,競争優位性のある生産システムを海外にどのように移転するかが重要な課題となっている。生産システムは,(1)生産設備,(2)生産管理,(3)工場の組織風土から構成されている[10]。以下で,この3つの海外移転について考察していく。

(1) 生産設備の海外移転

日本企業の生産システムの特徴は,自社で設計し製造した生産設備を使う企業が多いことである。自社製にこだわる理由は,自社の生産工程にもっとも適している設備は,自社製しかないからである。また,自社製の設備であると,仕様の変化に合わせて設備の改善・改良がしやすい。したがって,日本企業が現地に工場を設立する場合,現地で調達する設備は少なく,日本からもっていくものが多くなる。日本の工場がマザー工場となって海外に同様の生産設備を移転し,現地でも同様の品質を維持して製品の生産をしていくことになる。品質維持のために,日本人技術者が海外に派遣されたり,反対に海外の管理者や作業員も,日本の工場に技術指導を受けに来る[11]。たとえば,トヨタは2003年に元町工場内にグローバル生産推進センターを設立し,「モノづくりは人づくり」という考えのもとに海外の人材育成に取り組んでいる。

海外工場の問題点として,稼働率の低さがあげられる。現地の市場が日本と比較してそれほど大きくないために稼働率が低下し,その結果,製造コストが高くなってしまう。その対策として,現地工場を輸出用の生産基地として活用し稼働率を上げることが考えられる。しかし,輸出するには,国際競争力をもつ製品を製造する必要があり,日本同様に品質,コスト,納期を高いレベルに設定しなくてはならない。生産設備を現地人の体格に合うように改良したり,現地の作業者のスキルに合わせて作業スピードを遅くする必要もある。最終的には,生産設備を現地の需要に合わせて開発するまでになる

のが望ましい．

　日本のマザー工場は，集積する部品メーカーと連携して技術開発を促進し最先端の製品を作っている．環境技術や生産ノウハウも蓄積されている．海外の工場がマザー工場の役割を担うことはまだまだ考えられないのが現状である．

(2) 生産管理の海外移転

　アメリカの自動車産業はテイラー・システムの影響を受け，作業の細分化と標準化，そして流れ作業に基づいた大量生産方式が普及した．その結果，アメリカのカーディーラーは在庫を多くもち，顧客はその在庫の中から希望する車を購買するシステムが普及している．一方，日本の自動車産業では需要変動や受注生産を織り込んだ多品種少量生産方式をとっており，在庫を適正水準に保っている．部品の在庫についても管理されており，トヨタではサプライヤーにジャスト・イン・タイム（JIT）で部品を納入させている．作業員は多くの工程を受けもつことができ，多能工として働いている．生産の進捗度や品質に関するデータについては，管理者だけでなく作業員も明確に把握できる．これは欧米ではまれなことであるが，作業員を動機づけるにはよい手段である．日本企業の提案制度やQCサークルも，作業員の動機づけにはよい制度であると同時に，提案が作業現場の改善に具現化することによって，さらなる作業能率の向上に役立っている．このような生産管理は，着実にアジアの現地工場に移転されて成果をあげているが，欧米諸国では相対的に移転しにくい．その理由は，形だけの提案制度やQCサークルを導入することは可能だが，それらを根づかせるような組織風土がないからである．[12]

(3) 工場の組織風土の海外移転

　日本企業の組織風土として，まず管理者と作業員間の平等があげられよう．工場に隣接する駐車場，社員食堂，トイレ，ロッカーは通常，共有であ

る．管理者は同じ作業服を着て現場を歩き回り，さまざまな問題に対処している．これは，情報や価値観の共有に役立ち，チーム意識を培っている．欧米諸国では幹部と作業員の階層意識がはっきりしているため，平等主義や幹部の現場歩きなどの移転は難しい．

日本の工場では整理，整頓，清掃，清潔，躾という5S運動が徹底しており，非常にクリーンである．しかしながら，5S運動もまた海外の工場に移転するのは難しい．というのは，清潔さは国の文化に深く根ざしているからである．さらに職種が明確に分かれている国では，整理整頓は他の人の職務であるという理由から拒絶される．しかし，現地の作業員に整理整頓の程度が生産性や不良率と関係があるというデータを論理的にみせるならば，5S運動の実施を納得させることができよう．[13]

トヨタでは「モノづくりは人づくり」といっているが，生産システムの移転は生産設備の移転だけでは完結せず，技術やスキルの移転，そして生産に携わる人の意識までも改革しなくては完全に移転できない．なぜ，意識改革が必要なのかを客観的に説明し，率先して模範を示すことにより，少しずつ日本の組織風土を定着させることができるであろう．

14.6 国際的な戦略的提携とM&A

今日，企業は単独で事業活動を行うことが難しくなってきた．研究開発には多額の費用がかかるようになってきており，それを自社だけでまかなうことは難しい．また，製品のライフサイクルの短縮化に伴い，開発，調達，生産，販売のすべての活動にスピードが求められるようになってきたため，他企業との協力関係にその解決の糸口を見出そうとする企業が増えてきた．

戦略的提携には，合弁事業のような資本関係を伴うものから，ライセンス協定や共同開発などの資本関係を伴わないものまでさまざまある．また，先進国の企業間の提携もあれば，先進国と発展途上国の企業がパートナーを組むこともある．近年，先進国の企業同士が提携を結び，同じ製品分野で競争

しながら協力するケースが増えてきた．さらには，同じ規格を採用する企業がグループを形成し，業界標準をめぐって他の企業グループと競争するケースもある．[14]

戦略的提携の他に，多国籍企業間の合併・買収（M&A）も急増している．たとえば，ダイムラー社とクライスラー社の合併や，中外製薬と日本ロシュ（株）との合併がその一例である．2社が合併して1社が残るならば吸収合併であり，2社とも消滅するならば新設合併である．積極的にM&Aを行っている企業にGEがあげられる．GEは世界的に高いシェアを占めることができない事業部を売却したり，反対に事業部の競争力を高めるために同じ分野の企業を買収したりして，積極的に事業の再構築を行い，企業全体の利益と競争力を高めてきた企業である．

多国籍企業のM&Aは，内部成長にはないメリットをもつと同時にデメリットもある．メリットは，① 海外市場に早く参入できる，② 参入のリスクが少ない，③ 自社のもっていない技術，ブランド，生産設備，販路などをセットで獲得できることである．しかしながら，デメリットもあり，① 合併後，文化の異なる組織を統合・管理することが難しく，② 買収の費用が多額なことである．[15]

買収対象企業の選別は非常に重要であるが，買収後の企業の統合プロセスも，買収の成否を決する重要な事項である．組織の統合・管理の職務は，担当者がフルタイムで行うべきものであり，生産，販売といった職能と同様に，一職能と考えるべきであろう．組織メンバーは，合併によって不安定な状態に置かれるため，その不安を早く払拭し，仕事へのインセンティブを高めてやるべきである．したがって，合併後の組織変革や，職務内容・報告体系の変更等については，組織メンバーにすぐに公表し，実行に移すべきである．[16]

14.7 グローバル企業の成功戦略

　多国籍企業は開発，生産，販売をどこで行うかということと，どの機能を自社で行い，どの機能を他企業に委託するかということを決定する必要がある．そこで，グローバル企業の成功戦略を分析し，どのような海外進出の仕方がもっとも企業の業績を高めるのかを検討する．

　日本の製造業の海外生産比率（海外進出企業の売上高のうち現地法人の割合）をみると，1995年度は20％弱，2001年度は30％弱と増加した．しかし，近年になって国内工場を建設する企業が増えつつある．その理由として，「集積する部材産業や熟練工の活用」「開発・生産の一体化による技術開発の加速」「ノウハウの海外流出の防止」があげられる．[17] 日本の企業は，従業員同士の密接な情報共有や連携から生み出される知識や技術力に大きな強みがある．特にエレクトロニクス産業では，このような強みを生かせる国内の工場で開発と製造を一体化させ，変化の激しい市場に対処している．ハイテク製品だけでなく，ローテク製品の靴下業界でもタビオ（旧社名ダン）という会社は国内の協力工場に生産を委託し，顧客が望む商品を素早く小売店に納入している．タビオは消費者の好みの変化を瞬時にとらえて開発し，即，生産することができる．国内製の靴下は中国製よりも価格が高いが，機会損失や不良在庫を防ぐことができる．スペインでも急成長をとげているアパレルメーカーのZARAは，自社内でデザイン，裁断，流通を管理しており，店舗展開も行っている．その結果，新商品の開発から発送までが圧倒的に短く，店舗に置く商品は2週間のサイクルで入れ替えられる．顧客は，店頭の商品を買い損ねまいと足しげく店に通うことになる．ZARAは在庫を多くもたず値引きが少ないため利益率も高い．

　日本企業では好業績の企業ほど国内生産を増加させる傾向にある．つまり，そういった企業は先端技術や最先端の製品を多くもつため，国内でなければ作れないからである．国内で作ることにより素早く商品を市場に導入

し，先行者利益を獲得している．中国の工場では労務コストは低いが離職率が高く，熟練労働者やそれを管理する者までも，長くても2～3年で辞めてしまうことが多く，技術変化の激しい製品の生産には向いていない．

このようにみてくると，企業のグローバル化を否定しているようだが，高品質で低価格の商品を販売して成功している衣料小売のユニクロは，日本で商品をデザインし，中国の工場に裁断・縫製を委託している．ユニクロは日本国内だけではなく，中国やアメリカにも店舗展開している．

眼鏡小売のゾフも日本でフレームをデザインし，中国へCADデータを送信して製造し，韓国製のレンズを入れて日本で販売している．顧客は視力検査をした後，40分の待ち時間で従来の半値以下で眼鏡を買うことができる．卸業者から眼鏡を仕入れる方式では，どうしても眼鏡の販売価格が高くなってしまっていたが，ゾフは海外工場を活用して製造小売となることで，低価格を実現できた．その結果，顧客はTPOに合わせて眼鏡をいくつももつようになり，ゾフは消費者の行動をも変えてしまった．ZARAとユニクロをみると，同じアパレル業界でも国内だけで経営活動を完結する企業もあるし，製造工程を海外に委託して成功している企業もあることがわかる．

アメリカ企業の場合は，もともとサプライチェーン内の分業化，モジュール化に強みをもっている．したがって，設計図をCADデータにして製造専門業者に送り，低コストで製品を作るというアウトソーシング戦略は，グローバル化の流れにうまく適合している．たとえば，デルは製品の企画や流通を自社で行っているが，製造の大部分をアウトソーシングしている．マイクロプロセッサー，マザーボード，マウス，液晶ディスプレイ等を調達し，デル自身は最終組立を数分で行うだけである．顧客は自分の好みのコンピュータを注文すると，短期間でカスタマイズされた製品を受け取ることができる．韓国企業のサムソンのような垂直統合企業と異なり，アメリカにはファブレス企業が多い．生産業務を行うファウンドリの発展が，集積回路を設計する会社を出現させたりした．衣料品やスポーツシューズの業界でも，

GAPやラコステ，ナイキやリーボックが生産を海外にアウトソーシングして成功している．

　多国籍企業が生産を海外に移転したり，協力企業に委託する主たる理由は，その労働コストの圧倒的な低さからであろう．しかし，全体のコストを計算すると，意外とコスト削減効果が少ないこともある．現地の政治リスク，貧弱なインフラ，民族紛争，ゲリラ，法の不整備，悪徳官僚等のために企業経営に支障をきたすかもしれない．労働コストが低くとも，単位労働コストでみると，生産性が低いために，かえって割高になることもある．反対に国内の工場では，熟練技術者や最新の設備を利用できるため，単位労働コストが海外の工場よりも低い可能性もある．

　ODM企業やOEM企業にアウトソーシングして，自社では得意分野だけに専念することは，限られた経営資源を有効活用する手段である．しかし，アウトソーシングすることにより自社の技術が流出してしまい，ライバル企業を作ってしまうこともある．日本の企業は先端技術の海外流出を避けるために，最先端の製品は国内で作るようになってきている．製造を委託した先で技術流出を防ぐには，製造の全工程を1社に任せず，各社に1工程だけ任せるという手段がある．そうすれば，製造委託企業がライバル企業になる可能性は低減する．韓国や台湾の企業が素早く液晶ディスプレイの技術を身につけられたのも，合弁事業から技術やノウハウが移転されてしまったからである．

　企業が国内に残る理由の1つに，産業集積のメリットがある．アメリカではIT企業の集積地としてシリコンバレーやボストン郊外のルート128沿いがある．そこでは人間が直接顔を合わせることによって初めて伝わるような知識の交換がなされている．特定の場所に企業を置かないと，最先端の業界の動向がわからなくなってしまうのである．イタリアには毛織物や靴，家具などの中小企業の集積地がある．分業化が進んでいるイタリアの産業集積では，技術力の高い下請企業を利用できる．[18)]

以上のように企業のグローバル化を考察してくると，企業が成功するための唯一絶対の経営のやり方はないということがいえる．むしろ，各企業の優位性は何かということを考え，それを生かすべきである．各企業の競争優位性は経路依存的なものもあろうし，国の比較優位や社会的条件からくるものもある．ZARAやサムソンのようにほとんどすべてを自社内で行い，部品も製品も自社で作る垂直統合企業もある．シャープも国内の亀山工場で液晶ディスプレイと液晶テレビを作り，高品質の製品を生み出している．インテルのように部品だけを作る企業もある．開発だけを手がける集積回路設計会社もある．半導体などの部品については，自社生産とアウトソーシングを組み合わせて，部品の需給が逼迫している時は自社で増産して自社製品に組み込むというビジネスモデルをとる企業もある．海外の工場に生産を委託するユニクロは，技術者を派遣して品質管理を徹底させ，低価格で高品質な商品を販売している．しかし，毎年品質を高めるか，またはコストを削減させて厳格に生産管理を行わなければ，同様のビジネスモデルをとるライバル企業にすぐに追いつかれてしまい，自社の競争力を維持することができないのが現実である．また，常に発注企業の方が受託企業よりもパワーをもつとは限らない．受託企業を支配する力がなければ，インテルのようにブランド力をもち付加価値の高い部品を製造する利益率の高い受託企業が増える結果になる．アパレルや靴のメーカーの中には，低コストよりも生産国名にこだわりブランドイメージを高く保つという戦略をとる企業も多い．「イタリア製の靴」や「スコットランド製のセーター」がそのよい例である．

　多国籍企業は，常にどの機能を自社で行うか，どの製品を国内で生産し国外に出すか，どのサプライヤーとパートナーを組むかということを再評価し変革していくことが，将来の成功につながるであろう．成功の源泉は，スピード，デザイン，独自性，ブランド，サプライヤーの調整能力等さまざまであるが，それさえも常に新しい付加価値を付け加えていかなければ陳腐化してしまう．また，自社の優位性を他社に漏洩しないように防御を固めるだけ

ではなく，常に積極的に新しいものを作り出していかなければ，企業はグローバルな市場で生き残ることはできないだろう．

注)
1) Hymer, S.H., *The International Operations of National Firms : A Study of Direct Foreign Investment* (MIT Press, 1960), (Pub. In 1976), pp. 1-34.
2) バックレー＝カッソン著，清水隆雄訳『多国籍企業の将来（第2版）』文眞堂，1993年，38-63ページ
3) Vernon R., International Investment and International Trade in the Product Cycle, *Quarterly Journal of Economics,* May, 1966, pp.190-207.
4) 吉原英樹監訳『地球市場時代の企業戦略』日本経済新聞社，1990年，18-96ページ
5) 富士ゼロックスのホームページより
6) 江夏健一・桑名義晴編著『理論とケースで学ぶ国際ビジネス』同文舘，2001年，186-190ページ
7) 科学技術研究調査報告，1995年
8) 江夏健一・桑名義晴編著，前掲書，142-143ページ
9) 榊原清則『日本企業の開発マネジメント』千倉書房，1995年，217-220ページ
10) 吉原英樹編著『日本企業の国際経営』同文舘，1996年，103-104ページ
11) 同上書，104-108ページ
12) 同上書，109-115ページ
13) 同上書，115-121ページ
14) 江夏健一・桑名義晴編著，前掲書，296-298ページ
15) 河野豊弘『新・現代の経営戦略』ダイヤモンド社，1999年，283-292ページ
16) 江夏健一・桑名義晴編著，前掲書，304-306ページ
17) 『日本経済新聞』2007年1月1日
18) スザンヌ・バーガー著，楡井浩一訳『グローバル企業の成功戦略』草思社，2006年，214-332ページ

第15章

現代企業における IT 戦略

15.1 はじめに

　ドラッカー (Drucker, P. F.) は『ネクスト・ソサエティ』の中で IT (Information Technology) を活用した「e コマース」が経済，市場，産業構造を根底から変え，製品，サービス，流通，消費者，消費行動，労働市場までも根底から変え，われわれの社会，政治，世界観，そして，われわれ自身にインパクトを与えると述べている[1]．

　実際，わが国のインフラなど IT 環境が高度化され，ベンダー (vender) が顧客の要望するシステムを構築することが可能になることで，われわれは日々驚かされる企業展開を目の当たりにしている．

　たとえば，ベンチャービジネスを目指す多くの経営者らは，このような IT 環境を活用し，従来では考えられないビジネスを創造し，わが国の経済の活性化に貢献している．

　しかし，このように IT を活用する企業がすべて成功しているわけではない．というのも，IT の活用が即時的に企業の本質的な経営強化に結びつき，戦略的に競争優位を実現することは決して容易にできることではないからである．したがって，これから企業が，IT を活用する際に求められることは，IT 戦略をどのように構築し，実行していくかである．

　本章では，以上の点を踏まえ，わが国の企業にとって必要な IT 戦略の構造とその発展可能性を確認する．

15.2 わが国の目指す IT 戦略の現状

わが国の IT 戦略は，1999年に成立された IT 基本法を契機に注目された．というのも，多くの企業で中心的に行われてきた IT 活用は戦略性が求められてきたにもかかわらず，仕事の効率化や業務のスピード化といった限定されたものであったからである．したがって IT の戦略化が図られることは企業の目標とされてきたのである．

そのため，2001年に施行された「e-Japan 戦略」では，2005年までの「5年以内に世界最先端の IT 国家になる」ことがうたわれ，この IT 戦略を展開できるブロードバンド環境の整備が推進された．さらに，2003年には，「e-Japan 戦略 II」が施行され，この環境整備はさらに強化された．

この結果，わが国のブロードバンドは，価格の低廉化，通信の高速化，また，多様なサービスをもつこととなり，「e コマース」である電子商取引などが飛躍的に拡大していった．

これは，わが国が当初から目標としてきた「世界最先端の IT 国家」をブロードバンド環境の面で実現しただけではなく，その環境を利用した電子商取引による「果実」も獲得できたという意味で，IT 戦略が多くの企業で実現可能になったといえよう．

しかしながら，その一方で，世界最先端のブロードバンド環境を最大限に活かし，収益に結びつける IT 戦略を構築することに苦戦している企業も存在する．というのも，コンピュータが企業に導入された1960年当時から現在に至るまで，企業はコンピュータに戦略性をもたせようと試み，挫折してきた経緯がある．したがって，企業にとって最適な IT 戦略を構築することは，けっして容易なことではないのである．

このような状況の中で，2006年，政府は「e-Japan 戦略 II」に続く IT 戦略として「IT 新改革戦略」を打ち出した．これは，「いつでも，どこでも，だれでも」といったユビキタス社会の実現に向けたものであり，「IT の恩恵

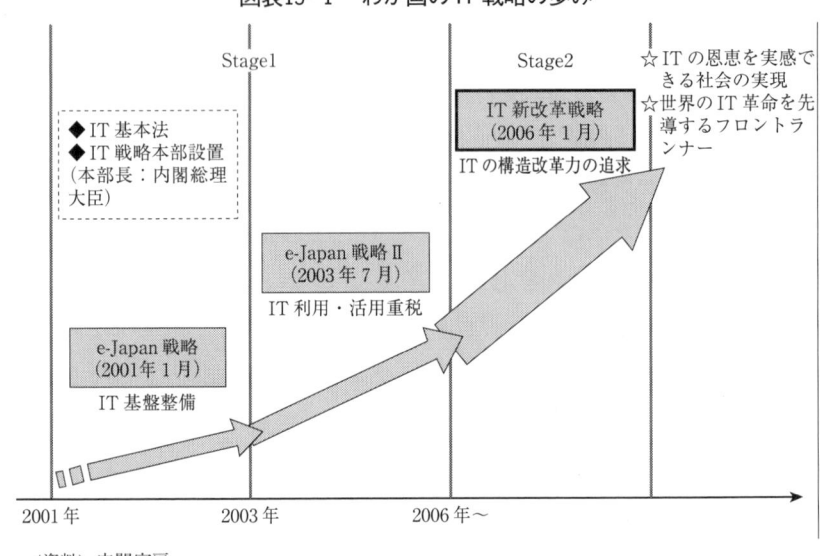

図表15-1　わが国のIT戦略の歩み

- Stage1
  - ◆IT基本法
  - ◆IT戦略本部設置
    （本部長：内閣総理大臣）
  - e-Japan戦略（2001年1月）　IT基盤整備
  - e-Japan戦略Ⅱ（2003年7月）　IT利用・活用重視

- Stage2
  - IT新改革戦略（2006年1月）　ITの構造改革力の追求
  - ☆ITの恩恵を実感できる社会の実現
  - ☆世界のIT革命を先導するフロントランナー

2001年　2003年　2006年〜

〈資料〉内閣官房

を実感できる社会の実現」，「世界のIT革命を先導するフロントランナー」といった「ITの構造改革力の追求」を示し，IT戦略の重要性を明らかにするものである（図表15-1）．

　この「IT新改革戦略」は，「構造改革による飛躍」，「利用者・生活者重視」，「国際貢献・国際競争力強化」の3つの理念をもっている[2]．

　特に，これらの内容で重要なことは，IT戦略本部の傘下である評価専門調査会が民間の有識者のメンバーも組織に加え「e-Japan戦略Ⅱ」を評価したことである[3]．これは，政府がITによってわが国の有する従来のあらゆる枠組みを打破することができ，経済をはじめ社会の活性化を促すものであると認識していることを意味する．したがって，「IT新改革戦略」には，いかにITを有効に活用し，世界最先端のIT国家の建設を構築するかといった意思が示されている．言い換えれば，わが国は国策としてIT戦略を構築する土壌を培っているといえよう．

15.3 IT戦略の本質

　上述のように，ブロードバンド環境が整備されるなど国策としてIT戦略が支援されているにもかかわらず，ITを企業の経営強化のツールとして活用していくには，さまざまな困難に直面する．したがって，企業はIT戦略の根幹をなすインターネットについてしっかりと学び，経営戦略とIT戦略との関係性にも踏み込んでいかなければならない．

　ポーター（Porter, M. E.）はこの点を踏まえ，インターネットの活用に際し，経営戦略の重要性を強調した．そして，ITを戦略的に活用するためにはまず経営戦略に回帰すべきであると言及する．

　というのも，ポーターは，インターネットを活用し商取引を行うことは，顧客との接点であるフロントエンドを変化させたに過ぎず，ITを経営戦略に活用し，経営強化のツールにするには，「産業構造」や「持続的な競争優位」といった経営の基本要因にまず目を向けるべきであると考えている．

　この点を，ポーターは競争戦略の5つの要因とインターネットが産業構造に与える関係性から明らかにしている[4]．

① 代替製品・サービスの脅威

　インターネットは，産業全体の効率を向上させることにより，市場規模を拡大させる可能性があるため，産業の収益性にとってプラスになる．一方，インターネットを利用者の増加により，新たな代替製品・サービスの脅威が生まれ，産業の収益性にとってマイナスになる．

② サプライヤーの交渉力

　インターネットを利用した調達は，サプライヤーに対する交渉力を高める傾向がある．ただし，サプライヤー側からみても，より多くの顧客にアクセスできる可能性がある．したがって，産業の収益性の面では長短兼ね備えている．

一方，インターネットによって，サプライヤーはエンドユーザーに到達するチャネルをもつことになり，仲介企業の力が弱まる．また，インターネット調達とデジタル・マーケットプレイスにより，すべての企業が対等にアクセスできるようになる．そのため，調達する製品が規格品に移行し，差別性に乏しくなる．さらに，参入障壁の低下と競合他社の増大によって，主導権がサプライヤー側に移行してしまう．したがって，これらは産業の収益性の面ではマイナスである．

③ 参入障壁

インターネットの活用により，販売部門が整備され，流通チャネルへのアクセスが容易になり，物理的資産の必要性といった参入障壁が低下する．さらに，インターネット技術が従来よりも簡単にできるようになると，参入障壁は低下する．また，インターネット・アプリケーションは，新規参入企業も容易に利用することができる．さらに，多数の新規参入企業が多くの産業に殺到する．したがって，インターネットの活用により，産業の収益性は低下する．

④ 顧客の交渉力

a）流通チャネルの交渉力

インターネットの活用により，強力な流通チャネルが消滅し，あるいは従来チャネルへの交渉力が改善される．したがって，産業の収益性は向上する．

b）エンドユーザーの交渉力

インターネットの活用により，交渉の主導権が最終消費者にシフトし，スイッチング・コストが低下する．したがって，産業の収益性は低下する．

⑤ 既存企業同士の競合状況

インターネットの活用は，提供する内容の独自性を維持するのが困難になり，企業間の差異が薄れてくる．また，価格競争へシフトしたり，市場が地理的に拡大し，競合他社の数が増える．さらに，固定費と比べ変動費が低下

第15章　現代企業におけるIT戦略　223

図表15-2　インターネットが産業に与える影響

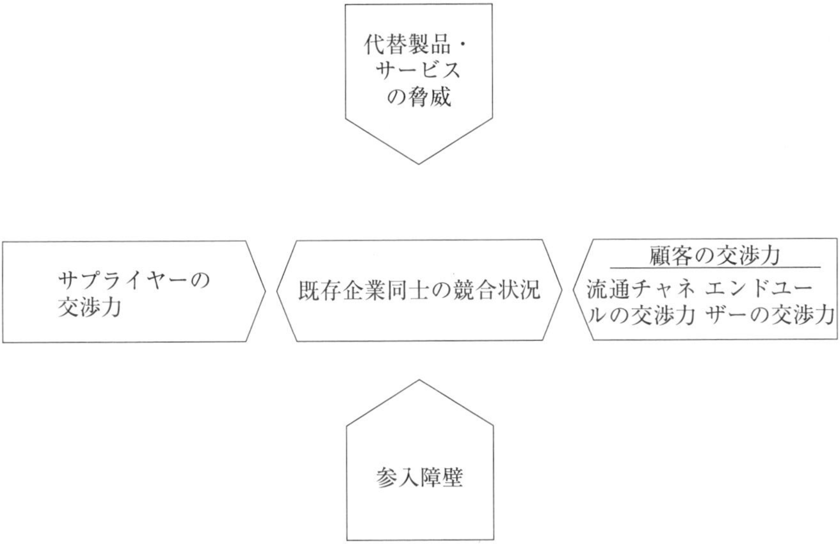

```
                    ┌─────────────┐
                    │ 代替製品・   │
                    │  サービス    │
                    │   の脅威     │
                    └─────────────┘

┌─────────┐    ┌─────────────┐    ┌─────────────────────┐
│サプライヤーの│    │既存企業同士の│    │   顧客の交渉力      │
│  交渉力   │    │  競合状況   │    │流通チャネ エンドユー│
│         │    │            │    │ルの交渉力 ザーの交渉力│
└─────────┘    └─────────────┘    └─────────────────────┘

                    ┌─────────────┐
                    │  参入障壁    │
                    └─────────────┘
```

出所）Michael E. Porter, Strategy and the Internet, *Harvard Business Review*, March, 2001, p. 67.

し，値下げの圧力が増大する．したがって，産業の収益性は低下する．

　ポーターは，これらの5つの要因に加え，持続可能な競争優位を実現するには，他社よりも優れた技術，優れたインプット，十分訓練された従業員，効果的な経営組織を構築し「オペレーション効率」をあげることと，競合他社とは違うやり方で，独自の価値を顧客に提供するといった，競合他社とは異なる機能の製品，異なる種類のサービス，独自のロジスティックスを提供する「戦略的ポジショニング」を明確にしていくことが重要であると述べている（図表15-2）．

　このように，IT戦略の本質を貫徹するには，まず本来の経営戦略を産業構造の面と，持続的な競争優位の面とに着目し，構築していかなければならない．さらに，その構築の過程で重要なことは，そのIT戦略がその企業の独自性を生み出し，経営強化に結びつくものでなければならない．したがっ

て，他の企業で成功したビジネスモデルを単に利用するのではなく，その企業の身の丈にあったカスタマイズ化されたIT戦略の構築が望まれるのである．

つまり，ポーターは，企業がITをいかに活用しようとも「戦略の本質」は変わらない．だからこそ，ITを補完的手段と考え，本来の経営戦略を整えるべきであると言及している．

15.4 企業に最適融合するIT戦略

企業にとって有効なIT戦略とは，その企業が今まさに実行している経営戦略と合致し，その企業のもつ能力に融合していくものでなければならならない．具体的には，企業がIT戦略を実施することで，成長し，収益を得るものでなければならない．

ヘンダーソン（Henderson, J. C.）らは，企業に最適に融合するIT戦略の構造を，「ITスコープ」「ITコンピタンス」「ITガバナンス」の3つの基軸を体系的に融合させていく「戦略的整合モデル（Strategic Alignment Model）」を利用し説明している[5]．

これにより，ヘンダーソンらは企業組織の構成員に対しIT戦略を明確化，さらには共有化することができ，IT戦略にとって重要な経営戦略との関係性を強化することが可能であると言及している（図表15-3）．

このような考え方は，ポーターのIT戦略の考え方を具体化したといえよう．

① ITスコープ

「ITスコープ」は，ターゲットとする顧客の選定，提供する製品やサービスを決定する「ビジネス・スコープ」と同様に，ITの範囲とその内容を定義するものであり，重要なIT戦略の1つでもある．

したがって，「ITスコープ」は，まず，ITがカバーする業務領域といった業務プロセスとその支援内容，さらに，自社のITとして取り扱うものの

図表15-3　IT戦略検討のポイント

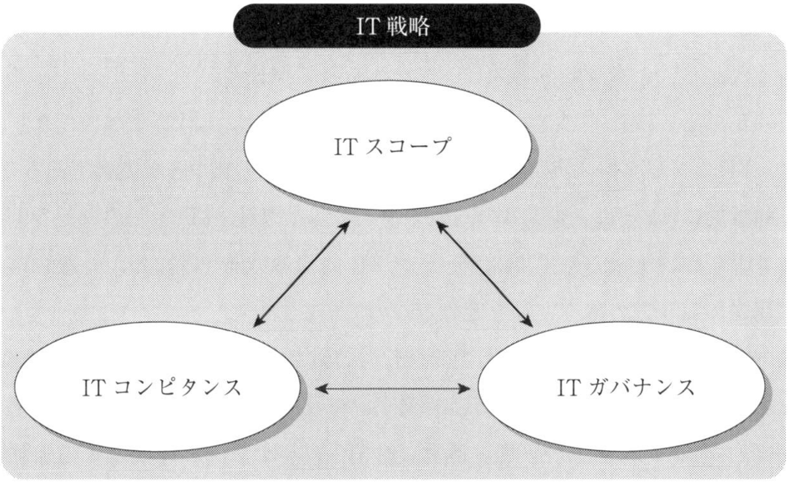

```
        ┌─ IT戦略 ─┐
        
         ITスコープ
            ↕
     ↙          ↘
ITコンピタンス ←→ ITガバナンス
```

（出所）　Henderson, J. C. and N. Venkatraman, "Strategic alignment : Leveraging information technology for transforming organizations," *IBM Systems Journal*, Vol. 32, No. 1, 1993, p. 8の図より一部抜粋

範囲も定める．そのために，「ITスコープ」をなすために，IT基盤として考えられるITシステム担当者とユーザー双方のスキルや，データの意味・フォーマットや使用するコードなどの標準化などが必要とされる．

② ITコンピタンス

企業が，独自の価格戦略の設定，他社より高い製品品質の提供，効率的流通チャネルの形成などの「コアコンピタンス」と同様に，「ITコンピタンス」とは，経営課題への対応や，ねらいとするIT価値の実現のために必要欠くべからざるITの能力，すなわち中核となるITの機能・性能のことである．

たとえば，「ワンクリックシステム」などのウェブを使った簡便な受発注の仕組み，荷物の配送状況を顧客のリクエストに応じてリアルタイムに知らせる仕組み，非常に高い信頼性をもったITシステム，非常に高い接続性を実現するITシステムなどといったものである．

③ IT ガバナンス

ビジネスを行うにあたって，ハイリスク・ハイリターンをねらって単独で行うか，それとも身軽さとスピードをねらって他社とのパートナーシップで行うか，といった「ビジネスガンバナンス」と同様に，「IT ガバナンス」とは，IT コンピタンス実現のための，組織としてのアプローチ方針である．

対外的には，IT システムの内製や購入の基本方針，IT ベンダーとのジョイント・ベンチャーやアウトソーシングに対する方向づけなど，外部企業との協業のあり方の基本方針を定めるものである．

一方，社内的には，IT 部門の分社化の方針などのように組織のあり方や，たとえば，企業グループ全体，企業本体のみといった，拠点単位の企業グループ内の IT システムの管理・運営に対するガバナンスの範囲とその強制力の大きさなどを決定するものである．

以上，IT 戦略を具体化する3つの基軸について説明したが，この3軸を自社の経営戦略と融合させていくことが，IT 戦略の重要な策定の基本であり，企業にとって有効な IT 戦略を構築することができるのである．

15.5 事例研究

企業にとって経営強化に結びつく有効な IT 戦略とは，経営戦略の補完を成すものでなければならないことをすでに確認してきた．

ところで，IT の基盤をなすインターネットは距離や地域といった障害をなくし，産業を活性化するといわれてきた．そのため，IT 戦略もおおむねその考え方に沿って構築されてきた．

しかし，実際，IT をいかに駆使しようとも産業構造における地域格差のためにデジタル・ディバイドといった情報格差も存在し，IT 戦略にさまざまな影響を与えてきた．

次に示す2つの企業は，第二創業を果たしたベンチャー企業である．さらに，この2社はたとえどのような状況であっても明確な経営戦略をもってお

り，IT 戦略を補完的に構築し，成功してきたのである．

(1) 株式会社 USEN

株式会社 USEN（代表取締役社長　宇野康秀）は1964年，有線音楽放送の配信を事業とした企業であった．この有線放送はわが国の歌謡界の発展に寄与し，わが国のライフスタイルの一端を担ってきた．

現在 USEN は，電気通信事業社として有線音楽放送だけでなく，USEN グループとしては有線音楽放送や，FTTH サービスなど，常に新しい社会価値を創造してきた．現在は「GyaO」を通じて社会にさまざまな価値ある情報を発信し，「事業ごとのコンテンツを他の事業にも相互的に提供・活用するモデル」を通じたグループ各社の経営資源との相互活用の相乗効果により，グループ価値の増大，顧客満足度向上，と企業収益の極大化を図っている．

実際「GyaO」は既存のメディアでは，考えられないオンディマンド（on demand）で，完全無料といったビジネスモデルを構築した．この構造は視聴料が無料であるため，多くの視聴者を獲得することができ，その獲得した視聴者にダイレクトに登録している企業を宣伝する仕組みになっている．したがって，ここに関わる費用及び収益は，すべてこの「GyaO」に広告を出している企業が賄うのである．

これまで学んできた IT 戦略は，経営戦略を核とし生み出すものであったが，これは USEN の IT 戦略にも通じる．宇野康秀はこの「GyaO」の仕組みを活用して，さらなる事業拡大を企図している．

たとえば，光ファイバーを活用したインターネット接続サービス『GyaO 光』により，新たな顧客創出に挑戦するなど，その進化はとどまることを知らない．思い返せば，この「Gyao」の仕組みは民法のテレビ局が現在も行っている方法に重なるものであり，その意味で USEN の IT 戦略は経営戦略から発生したものである．

現在わが国はブロードバンドの整備を世界最高水準にまで引き上げ，残すところは，デジタル・ディバイドといったブロードバンドの地域格差をなくすことである．USENは競合するNTTやソフトバンクにはない，メディアという経営資源を最大限に活用し，全国展開を果たしているのである[6]．

(2) 株式会社ナリタ工業

新潟県三条市に位置する株式会社ナリタ工業（代表取締役社長　成田秀雄）は，創業の昭和29年当時から，二輪車，自動車，建機などの搭載工具などの製造を主に行ってきた資本金1,500万円，従業員31名の中小企業である．

この企業の転機は，昭和62年に成田秀雄がインターネットの必要性を感じ，企業展開の中にIT業務を組み込むことを決定した時であった．実際，現在のナリタ工業は，従来の搭載工具などの製造を行う工具部門と，ホームページ制作，データベース構築，ネットワーク構築，インターネットプロバイダー事業などを行うIT部門の2部門をもつ企業となった．

その中で，ナリタ工業は三条工業会のB to Bサイトである「越後ものづくりネットワーク」を構築するなど，地域のベンダーとして中心的な存在となった．このサイトは，三条市の地場産業を支える三条工業会の会員に新たな顧客を創出するために造られたマッチングサイトである．地域のこのようなサイトは，2000年に「e-Japan戦略」が策定される中で多くの地域で構築されたが，その運営はむずかしく，現在閉じられているサイトもけっして少なくない．

しかし，「越後ものづくりネットワーク」は成田秀雄のIT戦略が功を奏し，全国の模範的な地域サイトとして現在も収益を上げている．

この地域サイトの成功は，ナリタ工業が製造業で得た経営戦略をIT戦略に重ねたことによるものであった．

これは，ナリタ工業が昭和29年から搭載工具の性能を高めていこうとする企業努力の中で培ってきたノウハウであり，そこにITというツールを戦略

的に活用させることで，三条工業会の全会員にITの恩恵をもたらす結果となったのである．

この成功のポイントには，以下の3つの視点が存在する．
① 参加している会員がこのサイトに対し信頼したこと．
② 会員の間にITスキルを向上させようとする意思が生まれたこと．
③ このサイトから情報の共有が促進され，技術の移管が可能となったこと．

実のところ，この3点を実現できなかったために，地域サイトが閉じられてきたケースは少なくないのである．

ナリタ工業はIT戦略の具体的な実践により，このような地域サイトがもつ限界性を打破した．つまり，地域産業の活性化にもIT戦略は重要な核となっているのである[7]．

15.6 おわりに

これからのユビキタス社会におけるIT戦略は，われわれが経験したことのない，斬新なものであるに違いない．ただし，そのIT戦略が有効に機能し，企業に収益をもたらずものである前提は，経営戦略に沿ったものであるか否かである．

仮に企業を成功に導いたIT戦略がその企業のもつ経営戦略から逸脱したものであったとしても，その成功は短期的なものとなる可能性がある．また，ITを導入したためにより多くの試練を経験し，危機的状況に陥った企業などは，IT戦略と経営戦略との整合性を持たず，IT戦略だけが先行したケースが多い．

特に，競争優位の実現のために，高度なITを強行に導入した企業などは，そのITを組織に根付かせようとするために，本来企業の持つ潜在能力を引き出せずに，発展の可能性を摘み取ってしまった事例もある．つまり，IT戦略と経営戦略と関係性が無ければ，成功を生み出すはずのITが企業

経営を逼迫させるツールにもなってしまうのである．そういった危機に陥らないためにも，IT戦略をあくまでも経営戦略を強化する補完的なものと考えていかなければならない．

事例研究で示した企業も，ともに揺ぎのない経営戦略をもっており，そこから強固なIT戦略が生み出された．

このように，IT戦略が経営戦略を補完するものとしてその整合性の実現をなしえたとき，IT戦略は経営強化のツールとなって企業に収益をもたらすのである．

注)
1) Peter F. Drucker, *Managing In The Next Society*, Tuttle-Mori Agency, Inc., 2002.（上田惇生訳『ネクスト・ソサエティ』ダイヤモンド社，2002年，71ページ）
2) IT戦略本部『IT新改革戦略』2006年．
3) 日本情報処理開発協会『情報化白書2006』BCN，2006年，160-167ページ．
4) Michael E. Porter, "Strategy and the Internet," *Harvard Business Review*, March, 2001, pp. 62-78.
5) IBMコンサルティング・グループ『[第2版]最適融合のITマネジメント』ダイヤモンド社，2000年，100-105ページ．
　このグループは，ハンダーソンの考えにIBM社のコンサルティングの考え方を注入し，「Systemic」を「IT」にするなどわかり易くIT戦略をまとめている．
6) 2006年10月2日に株式会社USEN・社長室の岡根麻実よりヒヤリングを行った．
7) 成田秀雄「越後ものづくりネットワークについて」『地域活性化ジャーナル』新潟経営大学地域活性化研究所第9号，2005年．
　また，筆者は佐久間信夫編著『現代企業論の基礎』（学文社，2006年，299，301ページ）においてこのネットワークを論じている．

◆参考文献
甲賀憲二・林口英治・外村俊之『ITガバナンス』NTT出版，2002年
IBMコンサルティング・グループ『[第2版]最適融合のITマネジメント』ダイヤモンド社，2000年

Michael E. Porter, "Strategy and the Internet," *Harvard Business Review*, March, 2001, pp. 62-78.
日本情報処理開発協会『情報化白書2006』BCN，2006年
総務省『平成18年版情報通信白書』ぎょうせい，2006年
J. C. Henderson, et al., "Strategic alignment : Leveraging information technology for transforming organizations," *IBM Systems Journal*, Vol. 32, No. 1, 1994, pp. 4-16.

第16章

日本型企業システムの変容

16.1 はじめに

　日本型企業システムとは，典型的には高度成長期から80年代頃までの製造業大企業を中心に様式化された見方であり，メインバンク制度や株式持合などの金融システム，終身雇用や年功制などの雇用システム，知的熟練や下請け制度に支えられた生産システム，系列や企業集団などの企業間関係など，それぞれ日本にユニークな特徴をもつサブシステムから企業が構成されているとする見方である．そして，これらの諸要素がトップ・マネジメントの特徴，戦略やガバナンスの特徴とも深く関連し合い，日本的といわれる経営スタイルを形成した．この日本型企業システムを構成する諸要素に共通した特徴は，ステークホルダーとの長期的な関係を重視する点であり，市場よりも組織に近い原理である．また，諸要素間には高い整合性があり，全体として調和のとれたシステムを構成しているという点も重要である．すなわち，サブシステム間には相互補完性が存在する．たとえば，経営困難時に救済パッケージを提供するというメインバンクの相対的なモニタリングは，企業の過剰な清算を回避し，長期雇用慣行の下で蓄積された企業特殊的スキルの価値損失を防ぐ役割を果たした．金融システムと雇用システムは補完的な関係にあったのである．

　日本型企業システムは高い経済合理性を発揮してきたが，潜在的なコストも抱えていた．ただし，そのコストは高度成長と安定成長という恵まれた環境条件の下では顕在化しなかった．安定的な経済成長は，日本型企業システ

ムが有効に機能するための必要条件であったのである．株価の上昇は株式持合を可能にし，安定的な企業業績と低い倒産確率はメインバンクのリスク負担を軽減した．また，企業規模の拡大は長期雇用と年功制の維持に貢献した．しかし，主にバブル経済の崩壊を契機として，持続的な企業成長を前提にした日本型企業システムの問題点が次第に明確化し，大きな変容を経験することになった．

16.2 金融システムの変容

(1) メインバンク関係の分化

80年代後半のバブル期には，株高を背景にして資金調達におけるエクイティ・ファイナンスの利用が拡大した[6]．つまり，伝統的に銀行借入に対する依存度が高かった日本企業の資金調達面での特徴はこの時期に変化をみせ始め，資本市場から直接調達する傾向を強めた[7]．そして，この間接金融から直接金融へのシフトは，主に優良企業を中心に発生していた．つまり，80年代に進展した規制緩和の恩恵を享受し[8]，利用可能な資金調達オプションを拡大できたのは，主に市場でのレピュテーションが確立した優良大企業であった[9]．高い信用力を背景に資本市場から直接低コストで資金を調達でき，倒産リスクが低いためメインバンクが提供する救済パッケージの必要性も低く，また，豊富な内部資金の蓄積を背景に，銀行の経営介入を避けて高い自由裁量を保ちたいというインセンティブをもつ優良企業は，緊密なメインバンク関係から一定の距離を置くようになった．すなわち，企業の銀行離れとよばれる現象は優良企業を中心に発生した．他方，資本市場から直接資金を調達することが困難な企業は，依然として銀行借入に依存せざるを得ず，従来のメインバンク関係を継続させた．したがって，これまで資金調達面で比較的同質的であった日本企業は，分化をみせ始めたのである．

この分化を銀行側からみれば，顧客企業のプールが相対的に高リスク・低収益の企業群に偏るという意味で劣化したことになる[10]．この顧客プールの劣

化は，その後の銀行の企業に対する態度に変化をもたらした．優良な大口顧客を失った銀行は，資金の貸出先として建設や不動産などの非製造業部門や中小企業のウェイトを増加させたが，その際，審査コストを圧縮するため，主に土地を担保とした貸出への傾斜を強めた．[11] 融資先企業の投資プロジェクトを厳密に評価しないという意味での，すなわち，厳格な事前的モニタリングを欠くという意味での銀行のソフトな貸出行動は，80年代後半にバブル経済を増幅させる一因にもなった．また，顧客プールの劣化は，90年代の銀行部門における不良債権問題を深刻化させる一因にもなった．BIS規制への[12] 対応からバランスシートの健全性を高める必要があった銀行は，中小企業に対する融資態度を硬化させ（貸し渋り），さらに銀行危機が深刻化した97年頃からは融資を引きあげるといった事態（貸し剥がし）も発生した．なお，財務状態が悪化した企業に対する救済慣行にも変化がみられた．従来メインバンクは，その地位にあることで企業との総合的な金融取引からレントを得[13] ることができたため，救済放棄は代表的監視者としてのレピュテーションを[14] 低下させるリスクを伴った．しかし，銀行自身の不良債権問題が深刻化すると，すべてを救うという慣行は変化した．

　2002年以降の景気回復で不良債権問題にも目処がつき，銀行自身の財務的健全性も回復しているが，従来のメインバンク関係への単純な回帰がみられるわけではない．[15] 今後メインバンクの役割が重要な意味をもつのは，銀行借入以外の資金調達方法に乏しく，銀行に依存せざるを得ない企業群，特に中小企業などとの関係においてであろう．また，融資関係も従来の暗黙的な契約から，クレジット・ラインの設定など，より明示的な契約の側面が強まっ[16] ている．さらに，統合されたモニタリングにも変化の兆しがみえる．[17] 融資先企業の投資プロジェクトを審査する事前のモニタリングでは，資本市場やベンチャー・キャピタルの役割が上昇している．融資実行後の債権管理活動である期中のモニタリングでは，事後的な清算の脅威が規律づけの意味で重要になっている．業績悪化企業の再生プロセスである事後的なモニタリングで

は，M&Aや再生ファンドの役割が拡大している．したがって，企業に対するモニタリングでは，メインバンクと資本市場の役割分担がより進展すると予想される．

(2) 所有構造の変化

　経営者を株式市場の短期的な利益圧力から解放し，長期的な視野に立った経営戦略の策定を可能にした株式の相互持合は，90年代に解消の方向に向かった．株価の上昇局面では含み益の源泉であった持合株は，バブル崩壊後の株価低迷で一転して含み損の原因となり，株式持合のコストが顕在化したのである．特に90年代半ば以降は，銀行の不良債権問題の深刻化，住専問題，長銀や拓銀の経営破綻，ジャパンプレミアムの発生などを経て銀行株のパフォーマンス低下が顕著となり，銀行株保有のリスクが次第に明確化した[18]．その結果，持合の解消は事業会社が銀行株を売却する形で，すなわち，銀行と事業会社との間で主に進展することになった．一方，事業会社間の持合は維持ないし強化された．ところで，相手保有の自社株も売却されるという報復措置の可能性を含む持合株の売却は，株価下落と企業買収の脅威拡大というリスクを伴うため，意思決定が難しい問題である．そのため，持合株の処分が可能だったのは，相対的に敵対的買収の脅威が少ない高株価企業であった．他方，株価が相対的に低く潜在的な企業買収の脅威にさらされることが予想される企業は，安定株主確保の観点から銀行株の保有を継続させた．興味深いことに銀行側も，不良債権の償却原資を確保するため，高株価企業の株式を中心に売却した．したがって，メインバンク関係の変容と同様に，株式持合の解消も優良企業と銀行との間で進展したのである．

　このように，株式持合は90年代を通じて解消の方向へ向かったが，その受け皿となったのが，外国人株主や機関投資家である[19]．安定保有比率と外国人保有比率の対照的な推移を示した図表16-1によると，安定保有比率が90年代後半の約40％から2003年の約25％まで急速に低下する一方，外国人保有比

図表16-1　安定保有比率と外国人持株比率の推移

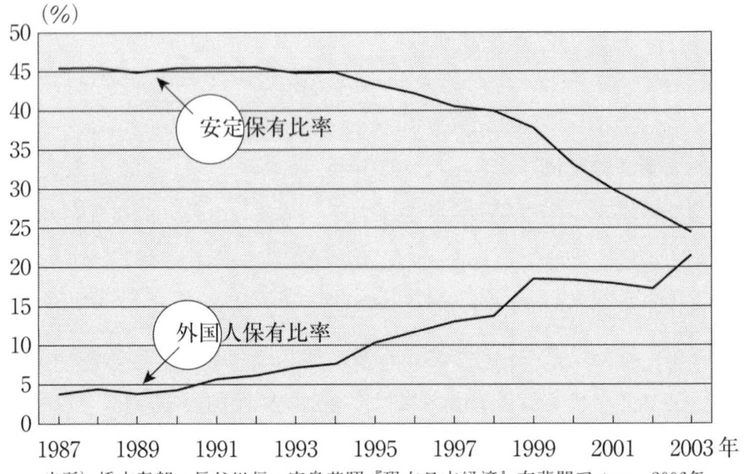

出所）橋本寿朗・長谷川信・宮島英昭『現在日本経済』有斐閣アルマ，2006年，425ページ

率は91年の約5％から2003年の20％強まで大きく増加している．金融自由化・グローバル化を背景に，分散投資の観点から優良な投資先を探していた海外の機関投資家にとって，バブル崩壊後の株価低迷で割安となった日本株は魅力的だったのである．したがって，日本企業の株式所有構造は，持合株主・安定株主の減少と外国人・機関投資家の増大という変容をみせたことになる．

16.3　雇用システムの変容

長期雇用の下で企業特殊的スキル，知的熟練を蓄積させた従業員は，効率性の高い生産システムの維持に貢献したが，バブル崩壊に伴う企業業績の低迷は雇用システムにも影響を与えた．長期雇用関係の維持を前提にすれば，企業は不況期であっても人員整理を伴う下方の雇用調整[20]が困難になる．このことは，固定費的性格の強い人件費負担を増大させるとともに，事業再編の

フレキシビリティを低めることにもなる．その結果，雇用ポートフォリオの構成を見直す企業が増加した．すなわち，暗黙の長期雇用契約が適用される層である正規従業員の割合を減らし，非正規従業員のウェイトを増加させる施策である．また，業績低迷に団塊の世代の高齢化という要因も加わり，従来の年功賃金・年功昇進は見直しを迫られた．その結果，賃金や人事評価における業績連動部分のウェイトを高める企業が増加した．すなわち，成果主義・能力主義の導入である．これは，採用から定年退職までのトータルの期間で賃金と貢献のバランスを保とうとする従来の報酬システムから，賃金と貢献の乖離をできるだけ小さくし，適宜マッチングさせようとする考え方へのシフトである．さらに，労使協調関係の基盤となった企業別の労働組合も，近年では組織率が一貫して低下している．

　また，雇用関係の入口である採用の面でも，従来の新卒一括採用だけでなく，即戦力を中途採用する動きが活発化している．他方，雇用関係の出口である退職の面でも，割増退職金を支払って早期退職者を募集する希望退職制度の活用によって，中高年の雇用調整が頻繁になった．もっとも，近年では，高度成長を支えた団塊の世代の大量退職によって知識・技術・ノウハウが断絶することが懸念されており，雇用の継続・技術の継承問題に対する施策も重視されている．

　以上は企業側の変化を捉えたものであるが，雇用システムの変容は労働者側からも起こっている．従来の雇用慣行のもとでは，従業員は会社のために個人の生活を犠牲にする面もあった．しかし近年では，働き方に対する意識も変化してきた．すなわち，経済の成熟化によって物質的な豊かさが満たされ，精神的な豊かさの追求に価値観の比重が移ってきた．自分のライフスタイルを充実させるため，趣味の時間や家族との時間を大切にするようになった．その結果，自由度の高い働き方へのニーズが増大している．近年の非正規従業員の増加は，事業展開のフレキシビリティを高めたい企業のニーズと，会社に縛られない自由な働き方を求める労働者のニーズがマッチした結

果であろう．なお，特定の企業で生涯にわたって働くことに固執する傾向が後退したため，あるいは安定志向よりも向上志向が強くなったため，企業間の労働移動も活発化した．これは，労働者に求められる能力において，企業特殊的スキルよりも一般的スキルの重要性が高まったことを意味する．[21]

16.4 企業間関係の変容

　企業間の長期継続的な取引慣行は，ホールドアップ問題を緩和し関係特殊的投資を促進させるなどの効果をもったが，[22]バブル崩壊後の長期不況に伴う事業戦略の見直しを背景に，企業間関係も変容した．日本企業の事業多角化は80年代後半から進展したが，[23]90年代に入ると事業ポートフォリオの選択が重要な戦略的課題となった．いわゆる事業の「選択と集中」である．ここでは，自ら手がける事業とアウトソースする事業の見極めが重要な課題となる．内部的には自社の強みがいかせる事業に経営資源を集中するとともに，不採算事業の縮小・撤退を図り，外部的には戦略的アライアンス（提携）を積極的に進めるようになった．したがって，「選択と集中」は企業単体での現象にとどまらず，戦略的グループ経営の重要性も増大させたのである．特に90年代の前半には子会社のパフォーマンス悪化が顕著になり，これが90年代半ば以降のグループ再編を促した．[24]グループ会社統廃合の象徴的な事例は，経営不振によってルノーからカルロス・ゴーンを社長（当時）として迎えることになった日産自動車の系列廃止宣言である．ゴーン社長は，「1,145社ある取引部品メーカーは，2002年までに600社以下に減らす」と宣言した．[25]この系列・下請け企業の絞り込みは，伝統的な企業間関係，生産システムに大きなインパクトを与えた．

　また，企業集団においても重要な変化が確認できる．象徴的な出来事は，これまで6大企業集団で中核的な地位を占めてきた大銀行同士の合併である．2001年にはさくら銀行（元太陽神戸三井銀行）と住友銀行が合併し，三井住友銀行が誕生した．また2002年には第一勧業銀行・富士銀行・日本興業

銀行が合併してみずほ銀行が誕生した．さらに2006年には，三和銀行と東海銀行が合併して誕生したUFJ銀行（2002年）と東京三菱銀行が合併し，三菱東京UFJ銀行が誕生した．これらの銀行大合併によって，従来の6大企業集団という枠組みは大きく変容を遂げたことになる．

以上のように，企業間関係の変容は，系列や下請けなどのタテの関係と企業集団というヨコの関係の双方で，戦略的グループ経営の強化を背景に進展した．なお，雇用システムとの関係でいえば，多角化の方法として従来は内部拡大が重要な意味をもっていた．すなわち，正規従業員の長期雇用を維持するため，あるいは企業特殊的な熟練を有効に活用するためには，シナジー

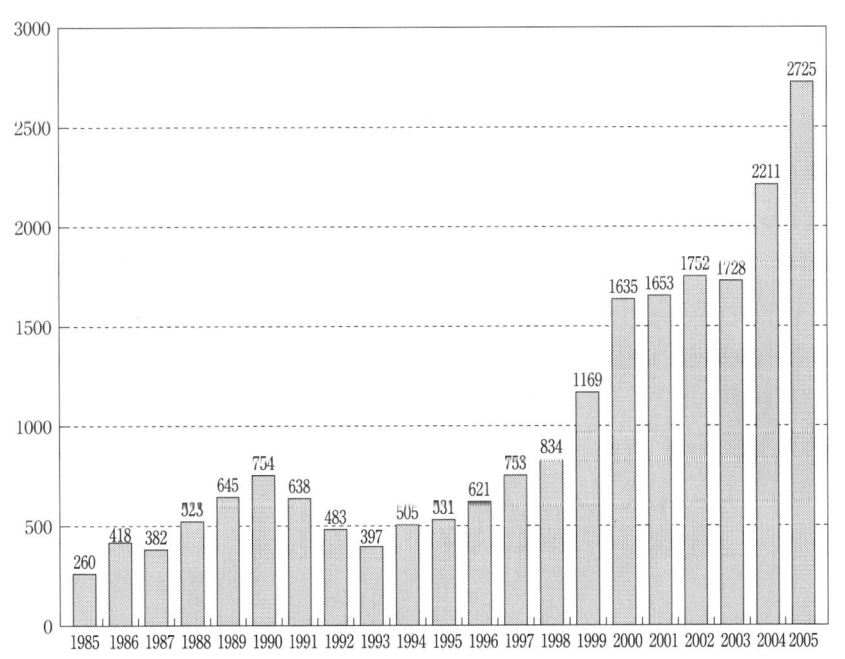

図表16-2　M＆A件数の推移

年	件数
1985	260
1986	418
1987	382
1988	523
1989	645
1990	754
1991	638
1992	483
1993	397
1994	505
1995	531
1996	621
1997	753
1998	834
1999	1169
2000	1635
2001	1653
2002	1752
2003	1728
2004	2211
2005	2725

出典：レコフ社MARRより作成
出所）蟻川靖浩・宮島英昭「M&Aはなぜ増加したのか」『経済産業ジャーナル』2006年6月号，66ページ

効果が期待される関連分野に進出を図ることで企業成長を維持することが重要であった．しかし近年では，M&Aを活用した外部拡大も目立つようになった．M&Aの件数は図表16-2に示されるように，増加傾向が顕著である．従来M&Aは，本業と異質性の高い分野への進出，すなわち，比較的リスクの高い分野への進出に用いられることが一般的であったが，近年では規模の経済などによる競争力強化を狙った同業他社とのM&Aも多くなった[26]．なお，純粋持株会社の解禁（1997年）や株式交換・株式移転制度（1999年）の導入など，事業再編を促すための制度整備も進んでいる[27]．

16.5 コーポレート・ガバナンスの変容

(1) メインバンクから資本市場の規律へ

バブル崩壊を契機に，企業のガバナンスが問題とされるようになった．そもそも景気がよい時には，分配の原資自体が拡大するためステークホルダー間の利害相反は深刻化しない．実際にバブル期までは企業の高業績と株価上昇を背景に，従業員や株主などの利害は比較的満たされていた．しかし，バブルが崩壊すると限られたパイを分け合う必要性が増大し，「企業は誰のものか」が改めて問われるようになった[28]．

ここで重要なのが，金融システムの変容の影響である．企業の銀行離れと直接金融の増加によって，これまで企業のガバナンスにおいて重要な役割を果たしてきたメインバンクのモニタリングが後退した[29]．また，発言も退出もしない安定株主が減少し，経営に対して積極的にコミットする機関投資家・外国人株主が増加したことの意味も大きい．経営状態が悪化した場合，株主総会での説明責任の追及や議決権行使，あるいは株式売却の可能性が高まるからである．つまり，経営の規律づけの観点から重要な意味をもつのは，議決権行使によって経営者が罷免される可能性があること，および株式売却による株価下落が企業買収のターゲットになる脅威を高めることである[30]．特に，株式の持分が大きく市場での売却が容易でない機関投資家は近年[31]，株主

総会での議決権行使を通じて経営に大きな影響を与えている[32]．

したがって，日本企業の資金調達パターンや所有構造の変化は，企業のガバナンスの面で，従来のメインバンクや負債の規律から資本市場の規律へのシフトを伴ったのである．その結果，近年では，株主重視の経営が重要な課題となり，情報公開，IR活動，アカウンタビリティ（説明責任），経営の透明性，ROE重視経営などが重要なキーワードとして注目されるようになった[33][34]．

(2) 進展するトップ・マネジメント改革

ガバナンス議論の活発化により効率的で透明性の高い経営システムに対する要請が高まった影響から，近年では執行役員制[35]，社外取締役，委員会等設置会社，ストック・オプションの導入など，トップ・マネジメント改革が大きく進展している．これらの改革は，従来の日本型取締役会が抱えていた戦略的意思決定と監督・評価の問題点に対処する形で進められた．

取締役会の規模縮小自体は90年代を通じて進展していたが，97年にソニーが導入した執行役員制は，従来の取締役会の機能，すなわち戦略的意思決定（Plan），業務執行（Do），監督・評価（See）の役割分担を見直す契機になった点で重要な意味をもつ．執行役員制の狙いは，取締役の役割（戦略的意思決定と監督・評価）と執行役の役割（業務執行）を明確に区分することで，双方の機能強化を図ることにある．特に，従来の取締役会特性でガバナンス上問題なのは，執行者と監督・評価者が同一主体であるために，監督や評価が甘くなる可能性が高いことである．そこで，「経営と執行の分離」によって監督・評価機能の強化を図ったのである．ただし，経営と執行を分離したとしても，外部の投資家からみれば依然として内部者同士の監督・評価であり，厳密性に問題が残る．この点に対処するのが社外取締役の導入であり，監督・評価の客観性を高め，実効性を担保することが期待されている[36]．ただし，社外取締役も人材不足や独立性，インセンティブなどの面で問題点は

多い.なお,2002年の商法特例法改正(2003年4月施行)により委員会等設置会社への移行が可能になった.これは,執行役を導入して経営と執行を分離した上で,社外取締役が過半数を占める監査・報酬・指名の各委員会を取締役会内に設置すれば,従来の監査役会を廃止できる制度である.移行は各企業の判断に任されているが,監査・報酬・指名の各機能が外部者の判断に委ねられることになるため,ガバナンス機能の向上に期待されている.

なお,経営組織改革によって戦略的意思決定やチェック機能の強化が図られるのと並んで,ストック・オプションや業績連動報酬の導入など,経営者の報酬改革によるインセンティブ強化も進められている.

16.6 おわりに

日本型企業システムは,金融システム,雇用システム,生産システム,企業間関係などのサブシステムが,戦略やガバナンスも含めて相互に補完的な関係をもち,高い経済合理性を発揮してきた.この相互に整合性の高いシステムは全体として,企業と各ステークホルダーとの長期的な関係を重視するという1つの均衡点にあった.そしてこの均衡は,戦後の経済成長という歴史的文脈の下に形成されたという意味で,歴史的経路依存性をもっていた.しかし,バブル崩壊という劇的な環境変化とその後の長期不況に直面した日本型企業システムは,変容を余儀なくされた.ステークホルダーとの関係は相対的で安定的,曖昧で暗黙的な関係からオープンで流動的,ドライで明示的な関係の方向へ,経営スタイルはコンセンサスと調整を重視するボトムアップ型から強いリーダーシップの下でスピードと戦略性を重視するトップダウン型の方向へ,人的資源の特性は変化への柔軟な対応能力の重視から高度な専門能力重視の方向へと,それぞれ変化をみせ始めた.

今後日本型企業システムは,アメリカ型へ収斂するのか,あるいは日本型をオーバーホールしたハイブリッド型に進化するのかが注目されている.アメリカ型の企業システムは,資本市場の規律づけ圧力が効きやすいこと,流

動性の高い労働市場が人的資源の再配分と産業再編を促進しやすいこと，オープンな企業間関係が競争を促進しやすいこと，経営トップの強いリーダーシップが断続的な変化への素早い対応を可能にするなどの点でメリットをもつ．反面，短期的な利益を過剰に追求するという近視眼的経営に陥りやすく，長期的な発展が犠牲にされる可能性もある．[42] これらのベネフィットとコストは日本型の企業システムとは表裏一体の関係にあり，サブシステム間の相互補完性から日本とは対照的な均衡を維持している．このことは，企業システムに唯一最良の解がないこと，すなわち，日本型とアメリカ型それぞれのよい部分だけを組み合わせて新たな企業システムを模索するのが困難であることを意味する．

　最後に2点指摘しておこう．第1に，日本型企業システムの変容はすべての企業に一律に発生しているわけではない．確かに，サブシステム間で変化の程度には差異があるものの，全体的にみれば市場ベースへの変化が明確である．しかし一方で，意図的に従来の日本型を維持する企業群も存在する．特に，自動車などの擦り合わせ型の技術特性をもつ部門で変化の度合いが相対的に小さいことの含意は重要である．[43] 合理的な企業システムのあり方は，技術特性や産業特性，すなわち企業ごとの特性に応じて判断されるべきものである．したがって強調されるべきは，これまで比較的同質的であった日本企業が分化し，市場型システムの特徴を重視する企業から伝統的な日本型の特徴を維持する企業まで幅広く分布するようになったという見方である．つまり，企業システムの多様化が進展したのである．

　第2に，近年の経営学では，企業の競争力の源泉として知識やノウハウといった無形資産・見えざる資産を有効に活用することの重要性が強調されている．これはまさに伝統的な日本型企業システムと親和的であり，人的資源に内包された知的熟練や暗黙知などを重視するといった従来の戦略ベクトルの延長線上にある見方である．競争優位の源泉を何に求めるかは市場環境との整合性に依存するが，従来の日本企業のメリットを全面的に否定すること

には慎重であるべきであろう．したがって，短期的には企業の基本スタンスが市場原理の方向に振れるとしても，より長期的な視点からは日本型企業システムのもつ経済合理性が再び見直されることも十分に考えうるのではないだろうか．

注）
1) 生産現場における変化と異常への対応能力．技術者に近い能力が必要とされる．詳細は小池，1989年参照．
2) ある特定の大企業を頂点として形成される企業間関係であり，通常は親会社と子会社・関係会社との間の垂直的な関係を指す．
3) 大企業同士の水平的な結合関係を指す．旧財閥系の三菱・三井・住友と金融系の芙蓉・第一勧銀・三和は，6大企業集団とよばれた．メンバー企業間の株式持合や役員派遣，社長会の存在，包括的産業体系（ワンセット主義）などが特徴とされる．
4) 市場原理とは，価格メカニズムによって資源配分が決定される方式であり，基本的には取引に参加する自由が不特定多数に開かれている．他方，組織原理とは，権限によって資源配分が決定される方式であり，長期継続的な関係が基礎になる．一般に欧米における取引慣行は市場原理重視の傾向が強いといわれる．
5) 企業（関係）特殊的スキルとは，企業横断的に通用する汎用性の高い一般的スキルと対比される概念であり，当該企業に特有な文脈的知識や仕事上のノウハウなどを意味する．したがって，従業員が当該企業に勤める限りは非常に高い価値をもつ反面，他企業に移籍した場合には価値の減少がいちじるしい．
6) ワラント債（新株予約権付社債）や転換社債などの株式関連債の発行が，特に欧州市場で活発になった．
7) もっとも，資金調達の変化は石油ショック後の減量経営の時点から発生していた．
8) 起債条件の緩和や有担保原則の撤廃など．
9) それまで起債に関する規制は厳しく，1979年時点で無担保社債の適格基準を満たしていた企業はトヨタと松下電器だけであった．このように日本企業の資金調達オプションは限定的で，銀行借入に依存せざるを得ない状況であった．
10) 詳細は宮島・蟻川，1999年参照．
11) 詳細は橋本・長谷川・宮島，2006年第24章・終章参照．

12) 国際業務には8％，国内業務でも4％以上の自己資本比率が必要とされる．
13) 競争的な市場で得られる以上の利益のこと．
14) 複数の金融機関が融資を行う場合，モニタリングの重複を避けるため最大の貸手であるメインバンクが代表して監視を行っていた．
15) 詳細は橋本・長谷川・宮島，2006年終章参照．
16) 自由に借り入れできる融資枠のこと．
17) 事前・期中・事後のモニタリングがメインバンクによって担われているという特徴．
18) 金融ビッグバンによる時価会計導入の影響もあった．なお，持合解消の詳細は宮島・稲垣，2003年，5章参照．
19) 相互持合が確認される持合株式に金融機関保有分と上場親会社の保有分を加えた合計が上場企業総発効株に占める割合．橋本・長谷川・宮島，2006年，終章参照．
20) 雇用調整には人員拡大方向への調整，すなわち上方調整も含まれる．なお，一般的に雇用調整とは，企業の労働サービス需要の量と質の変化に対応すべく，労働サービスの供給量と質的構成を変える施策であり，労働者数や労働時間を調整する数量調整と，報酬を調整する賃金調整に区分される．
21) 近年，資格取得にエネルギーを注ぐ労働者が増加していることはその反映であろう．
22) 他用途への代替可能性が低い金型などは，きわめて特異性の高い設備である．下請け企業がこのような関係特殊的な資産に投資する場合，事後的に取引条件の再交渉を求められるリスク（ホールドアップ問題）を考慮し，過少投資の問題が発生する可能性が高くなる．したがって，信頼関係に基づく継続的な取引関係が重要になる．
23) 宮島・青木，2002年参照．
24) 宮島・稲垣，2003年，第3章参照．また2000年3月期からの本格的な連結決算制度の導入を見据えた影響もあったと思われる．
25) 佐久間，2006年，ⅩⅧ章参照．
26) 買収先企業の合意を得ない敵対的M&Aも試みられるようになった．たとえば，2006年には王子製紙が北越製紙に対して，アオキインターナショナルがフタタに対してTOBを仕掛けたが，いずれも失敗に終わっている．
27) 純粋持株会社の採用には，いわゆる資本のねじれ現象（子会社が親会社よりも大きくなること）を狙った敵対的買収への対応という側面もある．
28) 90年代に続発した企業不祥事もガバナンスの議論を活発化させた一因である．
29) そもそもメインバンクが経営の規律づけの役割を果たしていなかったという見方も花崎・堀内，2005年に示されている．効率的な企業経営には密接な

メインバンク関係よりも国際的な市場競争が重要であったという見方である．
30) この場合も，新たな経営者の派遣などによって現経営者がその地位を失うか，経営に対する実質的な影響力を失うことが一般的である．
31) 自らの売却行動自体が株価の下落要因となる可能性があるため，ウォールストリート・ルールに基づいた株式の売却（退出）が困難になる．
32) 積極的な機関投資家として有名なカルパースは，議決権行使の際の基準を公表している．また，国内の機関投資家も近年では，問題企業をスクリーニングし議決権行使を検討するなど，白紙委任状を一括送付するといった従来の姿勢から変化をみせている．
33) 株主資本利益率，あるいは自己資本利益率のこと．株主が払い込んだ資本（自己資本）を用いてどれだけの利益をあげたかを測る指標であり，株主の利害を代表する指標である．
34) 情報公開の充実は資金調達コストを抑える点で重要である．外部投資家との間の情報の非対称性の緩和は，エージェンシー・コスト（リスク・プレミアム）の削減効果をもつからである．また，タイムリーかつネガティブ情報の開示も重要になるが，情報公開のルールが確立されていれば，業績悪化を報告したくない経営者が高い努力水準を維持する効果（自己規律・コミットメント強化）にも期待される．
35) 日本経済新聞社の主要約300社の調査では，2001年度末までに執行役員制度を導入している企業は44.1%である（『日本経済新聞』2002年6月20日）．
36) 社外取締役には，経営判断に対する客観的視点からのアドバイスや多様な視点の導入，したがって戦略的意思決定の質的向上に資する役割にも期待されている．
37) アメリカの企業統治を手本にした制度といわれるが，アメリカでもCEOの知人や会社の利害関係者が社外取締役に就任しているなどの点からチェック機能の実効性に疑問がもたれている．つまり，被監督者が監督者を選ぶという問題は日米共通である．さらに，独立性の担保が直ちに適切な監督・評価につながる訳ではなく，「誰が監督者を監督するのか」という問題が残る．つまり，独立性の問題が解決されてもインセンティブの問題が依然として残るのである．
38) 業務執行の分離や経営監視の強化，社外取締役の活用が特徴であり，アメリカ型企業統治モデルともよばれる．
39) 将来の権利行使期間にあらかじめ設定された価格（権利行使価格）で自社株を買うことのできる権利を付与するもの．将来株価が上昇し権利行使価格を上回れば，権利行使で割安に取得した株式を市場株価で売却することで利益を得られる．株価が下落した場合は権利を行使しなければよいため，マイナスの結果に対するペナルティーがないという意味で非対称なインセンティ

ブである．また，権利の付与だけで現金支出がないことも特徴であり，内部資金に乏しいベンチャー企業などで積極的に活用されている．
40) 詳述しなかったが，ステークホルダーとしての政府の役割，産業政策の役割もしばしば強調される．
41) アングロ・アメリカ型，アングロ・サクソン型ともいわれる．なお，各国にはそれぞれの歴史的経緯を背景に形成された企業システムが存在するため，米国型が全世界で支配的なわけではないが，グローバル・スタンダードと評されることもある．
42) 80年代のアメリカで起こったM&Aブームでは，買収後の事業間シナジーへの配慮が不十分であり，非関連多角化による企業価値のディスカウントが問題になった．
43) 他方，モジュール化が進展した金融や電機では変化が相対的に大きい．

◆参 考 文 献

小池和男「知的熟練と長期の競争」今井賢一・小宮隆太郎編『日本の企業』東京大学出版会，1989年

宮島英昭・蟻川靖浩「金融自由化と企業の負債選択－1980年代における顧客プールの劣化」『フィナンシャル・レビュー』大蔵省財政金融研究所，1999年

宮島英昭・青木英孝「日本企業における自律的ガバナンスの可能性－経営者選任の分析」伊藤秀史編『日本企業　変革期の選択』東洋経済新報社，2002年

宮島英昭・稲垣健一『日本企業の多様化と企業統治──事業戦略・グループ経営・分権化組織の分析』財務省財務総合政策研究所，2003年

花崎正晴・堀内昭義「日本の金融システムは効率的だったか？」伊丹敬之・藤本隆宏・岡崎哲二・伊藤秀史・沼上幹編『リーディングス　日本の企業システム 第II期・第2巻』有斐閣，2005年

佐久間信夫編『よくわかる 企業論』ミネルヴァ書房，2006年

橋本寿朗・長谷川信・宮島英昭『現在日本経済』（新版）有斐閣アルマ，2006年

編著者略歴	佐久間信夫	
		明治大学大学院商学研究科博士課程修了
	現　職	創価大学経営学部教授
	専　攻	経営学，企業論
	主要著書	

『企業集団支配とコーポレート・ガバナンス』文眞堂　1998年（共編著），『現代経営学』学文社　1998年（編著），『企業集団と企業結合の国際比較』文眞堂　2000年（共編著），『新世紀の経営学』学文社　2000年（編著），『現代経営用語の基礎知識』学文社　2001年（編集代表），『企業支配と企業統治』白桃書房　2003年，『企業統治構造の国際比較』ミネルヴァ書房　2003年（編著），『経営戦略論』創成社　2004年（編著），『増補版　現代経営用語の基礎知識』学文社　2005年（編集代表），『アジアのコーポレート・ガバナンス』学文社　2005年（編著），『現代経営戦略論の基礎』学文社　2006年（共編著），『現代企業論の基礎』学文社　2006年（編著），『現代経営学要論』創成社　2007年（共著）など

	壽永欣三郎	
		中央大学大学院商学研究科博士課程修了
	現　職	國學院大学経済学部教授
	専　攻	アメリカ経営学・経営史
	主要著書・論文	

「労働者の形成」土屋守章編『経営史―西洋と日本』有斐閣　1994年，「日本企業の経営管理の近代化」『中央大学商学論纂』第36巻第3・4号　1995年，「アメリカの技術援助計画と日本における生産性運動」『國學院大學大学院経済学論集』第27輯　1996年，「経営学の歴史になにを学ぶか」高柳暁編『経営学原理』英創社　1998年，『ケースブック　アメリカ経営史』有斐閣　2002年（共著），「『変革期における経営史学の課題―アメリカ・モデルは普遍的でありうるか』―問題提起」『経営史学』第38巻第2号　2003年，「日本における生産性運動の展開―日・欧比較を中心にして」『國學院経済学』第53巻第1号　2005年など

現代経営基礎シリーズ1

現代経営学の基礎	2007年4月30日　第一版第一刷発行

編著者　佐 久 間 信 夫
　　　　壽 永 欣 三 郎

発行所　㈱ 学 文 社

発行者　田 中 千 津 子

　　東京都目黒区下目黒 3-6-1　〒153-0064
　　電話 03(3715)1501　振替 00130-9-98842

落丁，乱丁本は，本社にてお取替えします。
定価は売上カード，カバーに表示してあります。

ISBN 978-4-7620-1571-7　検印省略
　　　　　　　印刷／シナノ印刷株式会社